LE LIVRE DU DISCOURS DÉCISIF

Dans la même collection

AVERROÈS, *L'Intelligence et la Pensée. Grand Commentaire du* De anima *d'Aristote* (livre I) (édition établie par Alain de Libera).

THOMAS D'AQUIN, *Contre Averroès* (édition bilingue établie par Alain de Libera).

AVERROÈS

LE LIVRE DU DISCOURS DÉCISIF

Introduction
par
Alain DE LIBERA

Traduction inédite,
notes et dossier
par
Marc GEOFFROY

Traduit avec le concours
du Centre national du Livre

GF Flammarion

I.S.B.N. : 2-08-070871-6

INTRODUCTION

Né à Cordoue en 1126, l'an 520 de l'Hégire, dans une célèbre famille de juristes mālikites, mort à Marrakech le 10 décembre 1198, après une période d'exil à Lucena (1195), médecin à la cour des souverains almohades, cadi, juriste [1], philosophe et commentateur, Ibn Rushd a laissé une œuvre capitale dans tous les domaines du savoir [2]; une légende où la part d'ombre dévore la lumière; un héritage ambigu, sinon contradictoire. Calomnié par les uns, magnifié par les autres, en fait rarement compris, il est encore livré au rôle crépusculaire où, depuis Ernest Renan [3], l'a mis certaine historiographie : celui du «dernier penseur» de l'Espagne musulmane, pour ne pas dire de l'Islam occidental, voire de l'Islam tout court, un

1. Sur l'aspect juridique de l'œuvre d'Ibn Rushd, cf. R. Brunschvig, «Averroès juriste», in *Études d'orientalisme à la mémoire de Levi-Provençal*, I, Paris, Maisonneuve et Larose, 1962, p. 3-68; A.M. Turki, «La place d'Averroès juriste dans l'histoire du malikisme et de l'Espagne musulmane», in J. Jolivet *et al.* (éd.), *Multiple Averroès*, Paris, Les Belles Lettres, 1978, p. 33-41 et, surtout, M.A. Makkī, «Contribución de Averroes a la ciencia jurídica musulmana», in A.M. Lorca (éd.), *Al Encuentro de Averroes*, Madrid, Editorial Trotta, 1993, p. 15-38, qui offre un panorama général.

2. Cf. M.-R. Hayoun & A. de Libera, *Averroès et l'averroïsme* («Que sais-je?» 2631), Paris, PUF, 1991. Cf., également, O. Leaman, *Averroes and his Philosophy*, Oxford, Clarendon Press, 1988.

3. Cf. E. Renan, *Averroès et l'averroïsme*, Paris, 1852.

rôle titre, mais un simple *rôle*, où, au mieux, la fiction littéraire et la rêverie érudite puisent de quoi alimenter leurs multiples nostalgies. Derrière les masques et les postures, les louanges et les interdits, un auteur est là pourtant, une œuvre aussi, qui reste à découvrir et à méditer, une époque, enfin, celle de cet «Âge d'or» de l'Espagne musulmane qu'on appelle *al-Andalus*[4]. De tous les textes d'Ibn Rushd, nul n'est plus représentatif de l'homme, de l'œuvre et de l'époque que le *Faṣl al-maqāl*, dont on lira ici une nouvelle traduction[5].

Faut-il le rappeler ? Ibn Rushd est un philosophe *musulman*[6]. Sa pensée n'en est pas moins inscrite dans l'histoire. Ibn Rushd a grandi sous le régime almoravide. Il avait passé vingt ans quand, surgie du Sud marocain, une nouvelle dynastie berbère fondit sur l'Afrique septentrionale et l'Espagne : les *muwaḥḥidūn* (champions de l'«unicité» divine) ou Almohades[7]. Avec leur

4. Sur Ibn Rushd et l'Andalousie, cf., sous l'angle politique, la mise en perspective de M. Cruz Hernández, «La crítica de Averroes al despostismo oligárquico andalusi», in A.M. Lorca (éd.), *Al Encuentro...*, p. 105-118. Cf., également, Th. Fabre (éd.), *L'Héritage andalou* (Penser la Méditerranée des deux rives), La Tour d'Aigues, Éd. de l'Aube, 1995.

5. Une première traduction française avait été donnée par L. Gauthier, *Ibn Rochd (Averroès): Traité décisif (Faṣl al-Maqāl) sur l'accord de la religion et de la philosophie, suivi de l'Appendice (Ḍamīmah)*, Alger, 1948. Il existe, en outre, une traduction anglaise de G.F. Hourani, *Averroes on the Harmony of Religion and Philosophy*, Londres, Luzac, 1967 et une traduction italienne de M. Campanini, *Averroè. Il Trattato decisivo sull'accordo della religione con la filosofia* (I classici della BUR), Biblioteca Universale Rizzoli, 1994.

6. Cf. G.F. Hourani, « Averroès musulman », in J. Jolivet (éd.), *Multiple Averroès*, p. 21-30.

7. Cf., *infra*, l'annexe de M. Geoffroy sur *Ibn Tūmart et l'idéologie almohade*. Sur l'Espagne musulmane, cf. W.M. Watt, *History of Muslim Spain*, Edinburgh, Edinburgh University Press, 1965. Sur les Almohades, cf., en outre, A. Huici Miranda, *Historia política del imperio Almohade*, Tétouan, 1956-1957, et, plus récemment, J. Abu'n Nasr, *History of the Maghreb in the Islamic Period*, Cambridge (G.-B.), Cambridge University Press, 1987. Sur les relations entre les trois religions du Livre en Espagne, cf.

prise de pouvoir, une profonde réforme religieuse s'est engagée, qui a accompagné, voire porté, la démarche personnelle et intellectuelle d'Ibn Rushd. En l'espace de quarante-cinq ans, sous le règne de trois souverains, 'Abd al-Mu'min (m. 1163), Abū Ya'qūb Yūsuf (m. 1184), Abū Yūsuf Ya'qūb al-Manṣūr (m. 1199), il a accédé à tous les honneurs, jusqu'à devenir une sorte de dignitaire du nouveau régime. Le mouvement almohade, né de la prédication et de l'activisme politico-religieux du *Mahdī* Ibn Tūmart (mort vers 1130, an 624 de l'Hégire), entendait intervenir à un double niveau, juridique et théologique, dans le corps social[8]. Dans le domaine du Droit, Ibn Tūmart prônait une démarche «fondamentaliste» (au sens d'un retour aux *Fondements du Droit* – littéralement : d'un retour aux *Sources*), opposée à la casuistique (*'ilm al-furū'*) et au conformisme imitatif de l'école juridique mālikite qui dominait sous les Almoravides[9]. En théologie, il mettait au premier plan la connaissance rationnelle du Créateur et de son unicité, dans une synthèse théologique originale, élaborée à partir de certaines thèses du *kalām* oriental (négation des attributs divins, nécessité d'une *interprétation*, *ta'wîl*, des passages anthropomorphiques contenus dans le Texte)[10]. On

---

H. Santiago-Otero (éd.), *Diálogo filosófico-religioso entre cristianismo, judaísmo e islamismo durante la edad media en la Península Ibérica* (Rencontres de philosophie médiévale, 3), Turnhout, Brepols, 1994.

8. Sur Ibn Tūmart, cf. l'«Introduction» d'I. Goldziher, in D. Luciani (éd.), *Le Livre de Mohamed ibn Toumert, mahdī des Almohades*, Alger, Imprimerie orientale P. Fontana, 1903. Sur les relations du mouvement almohade avec le mālikisme, cf. R. Caspar, *Traité de théologie musulmane*, Rome, Pontificio Istituto di Studi arabi, 1987 et H. Laoust, *Les Schismes dans l'Islam*, Paris, Payot, 1983.

9. Sur les différentes écoles de « droit » musulman (Ḥanafisme, Ḥanbalisme, Shāf'isme et Mālikisme), cf. N.J. Coulson, *A History of Islamic Law*, Edinburgh, Edinburgh University Press, 1964.

10. Sur le *kalām*, cf. L. Gardet & G.C. Anawati, *Introduction à la théologie musulmane. Essai de théologie comparée*, Paris, Vrin, 1970; H.-A. Wolfson, *The Philosophy of the Kalām*, Harvard Uni-

retrouve ces deux dimensions dans l'œuvre d'Ibn Rushd : dans son œuvre théologique, dans son œuvre juridique, et, *last but not least*, dans le *Faṣl al-Maqāl*. Fils et petit-fils de juriste, Ibn Rushd a donc mûri dans une société en crise, secouée par les soubresauts d'une *réforme imposée*. Pour devenir le plus grand philosophe aristotélicien du XIIe siècle, celui que l'Occident chrétien a appelé «le Commentateur» (comme Aristote était «le Philosophe»), il a fallu, toutefois, des conditions plus spéciales, créées par la politique du deuxième souverain almohade : Abū Ya'qūb Yūsuf. C'est, en effet, sous le règne de ce prince qu'est apparu un nouvel élément : la philosophie. Sans rien faire pour rendre la chose possible, la période almoravide avait eu son philosophe : Ibn Bājja (Avempace, m. 1139). Grâce au soutien actif du prince, la période almohade en a eu deux : Ibn Ṭufayl (Abubacer, m. 1185) et Ibn Rushd [11].

---

versity Press, 1976; R.M. Frank, *Beings and their Attributes. The Teaching of the Basrian School of the Mu'tazila in the Classical Period*, Albany, State University of New York Press, 1978; D. Gimaret, *La Doctrine d'al-Ash'ari* (Patrimoines), Paris, Cerf, 1990.

11. Sur la philosophie en terre d'Islam, cf. R. Arnaldez, *Aspects de la pensée musulmane*, Paris, Vrin, 1987, et, du même auteur, *À la croisée des trois monothéismes. Une communauté de pensée au Moyen Âge* (Bibliothèque Albin Michel, «Idées»), Paris, Albin Michel, 1993; M. Fakhry, *Histoire de la philosophie islamique*, traduit de l'anglais par M. Nasr, Paris, Cerf, 1989; G. Vajda, *Études de théologie et de philosophie arabo-islamiques à l'époque classique*, éd. par D. Gimaret, M.-R. Hayoun & J. Jolivet, Londres, Variorum Reprints, 1980; O. Leaman, *An Introduction to Mediaeval Islamic Philosophy*, Cambridge (G.-B.), Cambridge University Press, 1985. Pour des bibliographies récentes, cf. Th.-A. Druart & M.E. Marmura, «Medieval Islamic Philosophy and Theology. Bibliographical Guide (1986-1989)», *Bulletin de philosophie médiévale*, 32 (1990), p. 106-135 et G. Endress, «Die arabisch-islamische Philosophie. Ein Forschungsbericht», *Zeitschrift für Geschichte der arabisch-islamischen Wissenschaften*, 5 (1989), p. 1-47. Sur la philosophie en al-Andalus, cf. A. Martinez Lorca (éd.), *Ensayos sobre la Filosofía en al-Andalus*, Barcelone,

C'est Ibn Ṭufayl qui présente Ibn Rushd au prince[12]. De cette rencontre sortira l'œuvre de commentateur d'Aristote à laquelle le nom latin d'*Averroes* est resté associé jusqu'à nos jours. Entre 1168 et 1198, Ibn Rushd commentera sous diverses formes littéraires (grands commentaires, commentaires moyens, résumés) la quasi-totalité de l'œuvre d'Aristote, à une époque où les Chrétiens d'Occident commençaient à peine à se familiariser avec elle. Traduits en latin au début du XIIIe siècle, ses *commentaires* sur la *Physique,* le *De caelo*, le *De anima* et la *Métaphysique* régneront sur les universités européennes jusqu'à la fin du XVIe siècle. De 1230 à 1600, c'est donc Ibn Rushd qui, au côté d'Aristote, incarnera la rationalité philosophique dans l'Occident chrétien. D'où son formidable succès littéraire, puissamment relayé par l'imprimerie vénitienne; d'où aussi l'extraordinaire mélange de fantasmes et de polémiques qui s'est fixé sur lui : le statut d'Averroès dans le monde chrétien est aussi ambigu que celui de la philosophie, celui d'un instrument à la fois indispensable et indocile, et doublement étranger – comme philosophe et comme arabe. Mais il y a un autre Ibn Rushd : le savant musulman, le juriste, enraciné dans le monde arabo-musulman, à la jointure des deux moitiés de la culture islamique médiévale, l'orientale et l'occidentale. Placée au terme de la *translatio studiorum* en terre d'Islam, la pensée d'Ibn Rushd se déploie en divers sens, face à divers partenaires, en de multiples polémiques : contre une certaine philosophie, trop platonisante, l'alfarabo-avicennisme; contre la critique des philosophes par al-Ghazālī; contre les sectes «théologiennes»; contre le juridisme. Cette partie de l'œuvre d'Ibn Rushd n'a pas été connue d'emblée dans

---

Anthropos. Pour une synthèse, cf. A. de Libera, *La Philosophie médiévale* (Premier cycle), Paris, PUF, 1995 [2e éd.], p. 53-185.

12. Sur cet épisode, cf. P.N. Morata, «La presentación de Averroes en la Corte Almohade», *Ciudad de Dios*, CLIII (1941), p. 101-122.

l'Occident latin – pour prendre un seul exemple, le *Tahāfut at-tahāfut* (*Incohérence de l'incohérence*), la réplique d'Ibn Rushd à l'*Incohérence des philosophes* d'al-Ghazālī, a été traduite trop tardivement (par le savant et lettré juif Calonymos ben Calonymos, à la demande de Robert le Sage, roi angevin de Naples de 1309 à 1343) pour que la scolastique ait pu en tenir compte. L'œuvre d'Ibn Rushd penseur *musulman* a en revanche irrigué la pensée juive, car, contrairement aux scolastiques lecteurs de l'*Averroes Latinus*, les lecteurs de l'*Averroes Hebraeus*, dont la langue savante était l'arabe, avaient un accès direct à l'ensemble de son œuvre. C'est ce qui explique que le *Faṣl al-maqāl* ait eu une grande importance chez les penseurs juifs, alors qu'il n'en a pas eu chez les Latins.

*
* *

Qu'est-ce que le *Faṣl al-maqāl*? Le titre complet de l'œuvre, tel que le traduit ici M. Geoffroy, dit exactement quel est son sujet : la connexion existant entre la Révélation et la philosophie. Connexion n'est pas accord, ni harmonie, ni conciliation ni réconciliation – thèmes classiques de la réflexion philosophico-théologique en terre d'Islam. Le *Faṣl al-maqāl* n'est pas un livre de concordat. Mais il n'y a pas que le sujet qui doive ici nous retenir. L'intention, la destination, la nature du texte comptent autant, voire davantage, car le sujet n'est rien si l'on ignore le but poursuivi, le public visé, l'enjeu réel. Il faut le dire sans détour, le *Faṣl al-maqāl* n'est ni un livre de philosophie ni un livre de théologie. Indépendamment même des thèses soutenues, son titre ne pourrait être ni le *Fides quaerens intellectum* d'un Anselme ni le *De reductione artium ad theologiam* d'un Bonaventure. Est-ce un texte «rationaliste»? Le thème a fait florès depuis les travaux pionniers de L. Gauthier[13], alimentant des débats acharnés[14]. Nous le croyons sans objet, car fondé sur l'assimilation ethnocentrique du rationalisme à la raison philosophique grecque – la *falsafa* – et la méconnaissance de la pluralité des rationalités : philosophiques, juridiques, théologiques, scientifiques, religieuses. Le *Faṣl al-maqāl* n'est pas un manifeste du «rationalisme», mais la mise en œuvre d'une réflexion sur la philosophie au sein d'une certaine rationalité discursive. Le *Faṣl al-maqāl* est une *fatwā*. C'est un avis légal – les Latins diraient un *responsum*; les juifs, une *teshuvah* –, qui répond à une question formulée dans les termes et le registre de la juridiction religieuse. C'est comme juriste et cadi qu'Ibn Rushd intervient, et pour *persuader*. Face aux juristes mālikites, qui ont l'appui des masses, et aux théologiens ash'arites, dont il nous dit lui-même ailleurs qu'«ils sont considérés comme orthodoxes par la majeure partie des gens» de son temps[15], Ibn Rushd, dont les commentaires philosophiques d'Aristote ont dû, malgré la commande politique du Prince, ouvrir une crise de société, répond sur le terrain même où son activité de «philosophe» pourrait être mise en cause : le terrain *légal*. Le *Faṣl al-maqāl* n'est donc pas un éloge de la philosophie comparable à ceux des maîtres ès arts des universités médiévales latines (même si, en vertu d'un

13. Cf. L. Gauthier, *La Théorie d'Ibn Rochd (Averroès) sur les rapports de la religion et de la philosophie*, Paris, Leroux, 1909.

14. Voir l'excellent dossier de M. Campanini, *L'intelligenza della fede. Filosofia e religione in Averroe e l'averroismo* (Quodlibet, 5), Bergame, Pierluigi Lubrina, 1989, avec, en appendice, une anthologie italienne de textes «classiques», extraits d'E. Tornero, «Religión y filosofía in al-Kindi, Averroes y Kant», *Al-Qanṭara*, N.S., 2 (1981), p. 110-116 [texte complet p. 89-128]; M. Allard, «Le rationalisme d'Averroès d'après une étude sur la création», *Bulletin de l'Institut français de Damas*, 14 (1952-1954), p. 15-20 et 53-55 [texte complet p. 7-59] et d'A. Badawī, *Histoire de la philosophie en Islam*, II, Paris, Vrin, 1972, p. 785-789.

15. Cf. G.F. Hourani, *Averroes on the Harmony...*, p. 28, citant le *Kashf*.

paradoxe que nous avons analysé ailleurs, ces éloges ont été considérés comme la substance de l'« averroïsme » par les historiens)[16]. Il y a à cela une raison irréductible : le *Faṣl al-maqāl* n'est pas un texte universitaire, inscrit dans un système de distinctions réglées entre disciplines et produit dans un jeu complexe de contradictions et de conflits institutionnels entre maîtres ès arts, théologiens et juristes. La *falsafa* n'est pas la *philosophia*, enseignée par les *artistae* aux futurs théologiens ; le *fiqh* n'est pas le droit romain ou canonique ; le *kalām* n'est pas la « science théologique » fondée par les scolastiques du XIIIe siècle *sur le modèle de la science aristotélicienne*[17], mais une apologie défensive de la religion, dotée de moyens argumentatifs propres. Le *Faṣl al-maqāl* n'est pas un produit scolaire comme les *Philosophiae* des années 1250 : c'est un texte adressé au public – non pas à tout public, mais au public des gens éduqués dans la tradition juridique mālikite, et, enfin, au pouvoir, dont il accompagne et salue la réforme politico-religieuse[18]. C'est ce qui fait son actualité.

16. Cf. A. de Libera, *Penser au Moyen Âge* (Chemins de pensée), Paris, Éd. du Seuil, 1991 [3e éd., coll. « Points Sagesse », 1996].

17. La notion chrétienne, scolastique, de la théologie n'est en rien comparable au *kalām* (musulman ou juif). La *theologia* du XIIIe siècle est une « réflexion sur le donné révélé qui *utilise* les outils conceptuels fournis par la philosophie » aristotélicienne (y compris la philosophie dite « arabe ») pour se constituer en une « science autonome, envisageant la spéculation sur les réalités divines *avec les mêmes moyens* » que la philosophie utilise « pour aborder les problèmes métaphysiques ». Au fondement de la théologie scolastique *comme science*, il y a donc un paradoxe géoculturel propre à la chrétienté : « Alors que, pour différentes raisons, dans l'islam et dans le judaïsme, l'évolution n'est pas allée à son terme, c'est implicitement ou explicitement l'apport des pensées musulmane et juive qui a permis à la théologie chrétienne de se constituer ». Cf., sur tout cela, G. Dahan, « Foi, raison, politique. Averroès, Maïmonide, Thomas d'Aquin », *Le Trimestre psychanalytique*, 1 (1995), p. 137-147 (spéc. p. 141-142).

18. Sur le rapport d'Ibn Rushd au mouvement almohade, cf. E.J. Rosenthal, *Political Thought in Medieval Islam*, Cambridge

Afin de guider le lecteur dans l'univers, nécessairement dépaysant, d'un texte non philosophique traitant du statut légal de la philosophie, nous en analyserons ici chaque paragraphe, en essayant de suivre au plus près la structure argumentative originale d'un ensemble dont la rigueur et la subtilité forcent, aujourd'hui encore, l'admiration.

*

* *

Première partie : § 1-17.

L'objet du *Discours* est énoncé sous forme de question (§ 1) :

> Rechercher, dans la perspective de l'examen juridique, si l'étude de la philosophie et des sciences de la logique est permise par la Loi révélée, ou bien condamnée par elle, ou bien encore prescrite, soit en tant que recommandation, soit en tant qu'obligation.

Cet énoncé marque clairement la nature juridique du texte : l'objet du traité est le statut légal de la philosophie, plus exactement de l'étude de la philosophie (*an-naẓar fī l-falsafa*). Ibn Rushd se situe dans une grille, celle des cinq «qualifications» des actes humains selon le *fiqh* : (1) les actes permis, indifférents moralement ; (2) les actes prescrits, subdivisés en (2.1.) recommandés et (2.2.) obligatoires ; (3) les actes condamnés, subdivisés en (3.1.) blâmables et (3.2.) interdits. Ces actes sont distingués selon ce qu'entraîne leur accomplissement ou leur non-

---

(G.-B.), Cambridge University Press, 1958 (spéc. p. 182) ; D. Urvoy, *Ibn Rushd (Averroes)*, Routledge, London-New York, 1991 (notamment p. 1, 20, 23 et 34) et *Pensers d'al-Andalus. La vie intellectuelle à Cordoue et Séville aux temps des empires berbères (fin* XI*e siècle - début* XIII*e siècle)*, Paris-Toulouse, CNRS/PUM, 1990. Cf., aussi, *infra*, l'analyse du § 72 avec les notes afférentes de M. Geoffroy.

accomplissement : soit une récompense, soit un châtiment; le châtiment des actes condamnés étant soit possible, soit nécessaire. On peut représenter ainsi cette classification (où (+) signifie «entraîne», (-) signifie «n'entraîne pas», P(+) signifie «peut entraîner» et N(+) signifie «entraîne nécessairement») :

	accomplissement	non-accomplissement
permis	(-) récompense	(-) châtiment
recommandés	(+) récompense	(-) châtiment
obligatoires	(+) récompense	(+) châtiment
blâmables	P(+) châtiment	(-) récompense
interdits	N(+) châtiment	(-) récompense

Les § 2-17 sont consacrés à justifier et à préciser la thèse générale.

Le § 2 explique en quoi consiste l'acte de philosopher : «L'acte de philosopher ne consiste en rien d'autre que dans l'examen rationnel des étants et dans le fait de réfléchir sur eux en tant qu'ils constituent la preuve de l'existence de l'Artisan.»

Cette définition de la philosophie la fait culminer dans une sorte de preuve téléologique de l'existence de Dieu[19].

19. Elle passe intégralement dans l'*Igeret ha-vikuaḥ* du penseur juif espagnol Shemtov ibn Falaqera, «adaptation du *Faṣl al-maqāl* à une problématique juive qui cherche un appui, des arguments et une légitimation dans un texte juif "consacré" : le *Guide des égarés*» de Maïmonide. Sur ce point, cf. G. Dahan, «*Epistola Dialogi*. Une traduction latine de l'*Igeret ha-vikuaḥ* de Shemtov ibn Falaqera. Étude et traduction», *Sefarad*, 39 (1979), p. 67 [texte complet p. 1-112], qui, commentant la citation (muette) du *Faṣl al-maqāl* par Ibn Falaqera, rappelle que le thème en est bien attesté par ailleurs dans la littérature juive (voir p. 68 les textes d'Abraham bar Ḥiya et de Maïmonide, spécialement *Guide des égarés*, I, 34 : «Il n'y a aucun moyen de percevoir Dieu autrement que par ses œuvres : ce sont elles qui indiquent son existence et ce qu'il faut croire à son égard»). Traduit en latin sous le titre d'*Epistola Dialogi*, l'*Igeret ha-vikuaḥ* est, avec le *Beḥinat ha-dat* d'Eliya Delmédigo, un des grands témoins de la reprise du *Faṣl al-maqāl*

Bien qu'elle soit au cœur du *credo* almohade, l'assimilation de Dieu à un Artisan suprême n'est pas propre à Ibn Rushd ni à la philosophie musulmane : c'est un lointain surgeon du Démiurge platonicien. Elle dépasse, en tout cas, l'identification du Dieu de la philosophie à un Premier Moteur de style aristotélicien, pour rapprocher, à travers la métaphore de l'Artisan, le Dieu « Premier Agent de l'être » selon les néoplatoniciens (le « Vieillard Grec ») et les philosophes d'Orient (Avicenne) influencés par le néoplatonisme[20], d'une part, et, d'autre part, le Dieu créateur selon Ibn Tūmart, dont tout homme perçoit l'existence par le fait même qu'il saisit le monde comme créé.

Le même paragraphe énonce ensuite la thèse à démontrer, *i.e.* que « l'activité désignée sous le nom de philosophie est, de par la Loi révélée, soit *obligatoire,* soit *recommandée* »[21].

---

par la pensée juive. La traduction latine de l'*Igeret*, qui date de la fin du XVe siècle italien, est contemporaine du *Beḥinat ha-dat* et, ainsi, des derniers feux de l'averroïsme « padouan ».

20. Cf., par exemple, la distinction d'Avicenne (*Metaph.*, VI, 1, éd. Van Riet, p. 292, 17-22) entre le point de vue des « philosophes divins » (les « théologiens » des Grecs) qui appellent « Cause efficiente » celui qui *confère l'être* aux essences – le Premier Agent des *Dits du Vieillard grec* – et celui des « philosophes naturalistes » (les « physiciens ») qui s'en tiennent au Premier Moteur. Sur le *Vieillard grec*, cf. la synthèse de M. Aouad, « La *Théologie d'Aristote* et autres textes du *Plotinus Arabus* », dans le *Dictionnaire des philosophes antiques*, I, Paris, Éd. du CNRS, 1989, p. 541-590, qui fait, notamment, le point sur les écrits, d'origine porphyrienne alléguée, apparentés à la *Théologie* (l'*Épître sur la science divine* et, surtout, les *Dits du Sage* [ou *Vieillard*] *grec*). Cf., également, F. W. Zimmermann, « The Origins of the So-Called *Theology of Aristotle* », dans *Pseudo-Aristotle in the Middle Ages. The Theology and Other Texts* (Warburg Institute Surveys and Texts, XI), Londres, The Warburg Inst.-Univ. of London, 1986, p. 110-240 et, du même auteur, « Proclus Arabus Rides Again », *Arabic Science and Philosophy*, 4 (1994), p. 9-51.

21. La même problématique gouverne l'*Igeret ha-vikuaḥ*. Ibn Falaqera, qui présente les thèses du *Faṣl al-maqāl* sous la forme d'un dialogue mettant aux prises un *ḥakham* (= philosophe) et un

Pour prouver que «la Révélation nous appelle à réfléchir sur les étants en faisant usage de la raison, et exige de nous que nous les connaissions par ce moyen», le § 3 invoque une série de versets du Coran : LIX, 2 («Réfléchissez donc, ô vous qui êtes doués de clairvoyance»); VII, 185 («Que n'examinent-ils le royaume des cieux et de la terre et toutes les choses que Dieu a créées»); VI, 75 («Ainsi fîmes-Nous voir à Abraham le royaume des cieux et de la terre»)[22]; LXXXVIII, 16-17 («N'ont-ils point examiné les chameaux, comment ils ont été créés ? Et le ciel, comment il a été élevé ?») et III, 191 («et qui méditent sur la création des cieux et de la terre»).

Bien que, selon G.F. Hourani, les textes allégués au § 3 prouvent seulement que l'Écriture *recommande* l'étude de la philosophie, non qu'elle la rend *obligatoire*, le § 4, considérant qu'il est «bien établi que la Révélation

---

ḥasid (= religieux), dénoue heureusement leur confrontation: «d'abord fermé à toute spéculation», le religieux «se laisse gagner par les arguments du *ḥakham*, ardent défenseur de la philosophie, jusqu'à lui demander une instruction en bonne et due forme». Parmi les thèses du *ḥakham*, la principale est que la philosophie n'est pas *interdite* par la Loi, mais *permise* («recommandable et utile») à une élite.

22. Le § 3 dit : «Dieu – exalté soit-Il – a enseigné que parmi ceux qu'Il a distingués et honorés en leur conférant cette science fut Abraham – sur lui soit la paix.» Comme l'a montré G. Dahan, le même thème est courant dans la littérature juive médiévale. Il est présent chez Maïmonide, *Mishneh Torah*, *Sefer ha-mada'*, IV, 1, 2-3 ; *Guide des égarés*, I, 63 et III, 29. On le retrouve chez Joseph ibn Kaspi, *Sefer ha-musar*, chap. 7 : «Abraham, notre premier père, que Dieu appela son aimé [amant], découvrit de lui-même, par l'acuité de son intelligence, cette croyance qui nous est commune à tous : qu'au-dessus de la sphère, il y a un Être unique», et chez Abba Mari, dans l'introduction à *Minḥat qenaot*, chap. 11-13 : Abraham, «le Prince des philosophes authentiques», a découvert par le raisonnement et la sagesse l'existence d'un Dieu unique, et «il apporte des preuves pour détruire les croyances antérieures», «se consacrant à la disputation et à la prédication, au moyen de preuves rationnelles». Cette description d'Abraham (qui évoque le passage du Coran, XVI, 125 cité au § 17) se retrouve dans l'*Igeret ha-vikuaḥ* d'Ibn Falaqera. Sur ce point, cf. G. Dahan, «*Epistola Dialogi...*», p. 65-66.

déclare obligatoire l'examen des étants au moyen de la raison et la réflexion sur ceux-ci», énonce «l'obligation de recourir au syllogisme rationnel pour l'examen des étants», et, en l'occurrence, à «l'espèce de syllogisme la plus parfaite» : la démonstration.

Repartant de la définition de la philosophie dont l'étude est «encouragée par la Révélation» – *i.e.* «connaître par la démonstration Dieu et toutes les choses auxquelles Il a donné l'être» – Ibn Rushd en infère la nécessité de l'apprentissage des différentes sortes de syllogismes : démonstratif, dialectique, éristique et rhétorique (le syllogisme poétique, habituellement ajouté – avec le rhétorique – aux trois premiers types de syllogismes distingués par Aristote, n'est pas mentionné). Ainsi, «le croyant a l'obligation, en vertu de la Loi révélée», d'apprendre la syllogistique – et plus généralement la logique – à grands traits : ce qui correspond aux *Analytiques* d'Aristote, aux *Topiques*, aux *Réfutations sophistiques* et à la *Rhétorique*[23].

Le § 6 entame un nouveau développement qui courra jusqu'au § 17 : la défense de l'étude du syllogisme rationnel contre l'accusation d'«innovation blâmable»[24].

23. Sur la place de la rhétorique dans l'œuvre d'Ibn Rushd, cf. Ch. E. Butterworth, «Averroes : Politics and Opinion», *American Political Science Review*, 66 (1972), p. 894-901. Cf., également, M. Blaunstein, «The Scope and Methods of Rhetoric in Averroes' *Middle Commentary on Aristotle's Rhetoric*», in Ch. E. Butterworth (éd.), *The Political Aspects of Islamic Philosophy*. Essays in Honor of Muhsin S. Mahdi (Harvard Middle Eastern Monographs), Cambridge (Mass.), Harvard University Press, 1992, p. 262-303.

24. Aux notions musulmanes d'«innovation blâmable» ou «hérétique», fondées sur le concept de *bid'a* (innovation, «coutume qui ne s'appuie pas sur un précédent datant de l'époque du Prophète»), Ibn Falaqera substitue globalement celle d'hérésie, *kefirah*. Il utilise aussi le terme *apiqoros*. Dans l'*Igeret,* pensant avoir établi que les philosophes sont des hérétiques, le Religieux tire la conséquence *légale* qu'ils doivent être mis au nombre des épicuriens, que la Mishnah, *Sanhedrin* X, 1, «exclut du monde futur», ainsi que leurs lecteurs. Cf. G. Dahan, «*Epistola Dialogi...*», p. 58-59, 62 et 72-73. Le *Beḥinat ha-dat* d'Eliya Delmédigo associe «blasphémateurs», «hérétiques» et «épicu-

Mettant en œuvre le raisonnement analogique des juristes, le § 6 prouve que si, de l'énoncé de Coran, LIX, 2 («Réfléchissez donc, ô vous qui êtes doués de clairvoyance»), le docteur de la Loi peut inférer «l'obligation de connaître le syllogisme juridique», «celui qui connaît vraiment Dieu», autrement dit le philosophe, a plus de raison d'en inférer «l'obligation de connaître le syllogisme rationnel» – le nerf de la preuve analogique (qui ne sera exprimé qu'au § 20) étant que celui-ci confère la certitude, tandis que celui-là ne dépasse pas le niveau de l'opinion.

Le § 7 poursuit l'analogie : l'usage du syllogisme juridique s'est développé chez les musulmans après la période du «premier âge de l'Islam» sans être considéré comme une «innovation blâmable»; il n'y a donc pas à reprocher au syllogisme rationnel des philosophes ce que l'on ne reproche pas à l'instrument des juristes. Les paragraphes suivants modulent le thème de l'obligation : si l'art syllogistique n'avait pas été produit et perfectionné dans le passé, le musulman serait obligé d'«inaugurer cette recherche» (§ 8); mais cette recherche ayant été faite, il est aujourd'hui obligé d'étudier «ce qu'en ont dit les Anciens» dans la période préislamique, à charge, pour lui, de recevoir ce qui s'y avère juste et de signaler ce qui ne l'est pas (§ 9). De là, il doit passer à l'étude des étants et de leur production, «suivant la méthode» démonstrative «acquise à partir de la science des syllogismes» (§ 10) et en s'appuyant sur les acquis de ses prédécesseurs, comme l'ont fait les mathématiciens pour leur science (§ 11) et les juristes tant pour le Droit que pour les «fondements du Droit» (§ 12). Le même § 12 définit la juste attitude à l'égard des auteurs du passé : pour toutes les sciences et *a fortiori* pour la «science des sciences», la philosophie, le recours aux Anciens est

riens», qui «ne prendront pas part au monde futur». Cf. *Examen de la religion. Le Testament philosophique du judaïsme à la veille de l'expulsion*, trad. M.-R. Hayoun, Paris, Cerf, 1992, p. 68.

obligatoire, dès lors qu'ils ont «réfléchi [...] d'une manière conforme» aux canons de la démonstration : ce qu'ils ont dit de vrai doit être reçu avec joie et reconnaissance; ce en quoi ils se sont trompés doit être non pas blâmé, mais «excusé». Ainsi, la Loi rendant obligatoire l'étude des Anciens, quiconque interdit à ceux qui y sont aptes l'étude d'une science appelée par la Révélation leur interdit l'accès à la «connaissance de Dieu» et contrevient, lui seul, à l'appel adressé à l'homme par Dieu (§ 13).

On ne saurait ici alléguer les errances de certains, qui ne sont pas aptes à la science – le défaut des uns ne doit pas rejaillir sur les autres : comme le Prophète lui-même l'a montré à propos du miel[25], on ne doit pas rejeter «une chose bénéfique par nature et par essence» sous prétexte qu'elle peut mener «accidentellement à un inconvénient» (§ 14). Bien plus, interdire l'étude de la philosophie à ceux qui y sont aptes revient à «interdire à une personne assoiffée de boire» sous prétexte que certains sont morts d'avoir trop bu. Le tort causé par l'eau est toujours «accidentel», celui causé par la soif est, en revanche, «essentiel». La même chose vaut pour la science et la philosophie (§ 15).

Les § 16-17 tirent la conclusion : la philosophie est réservée à ceux qui sont naturellement capables d'assentir à des arguments démonstratifs. Elle ne convient pas à ceux qui n'entendent que les arguments dialectiques ou les arguments rhétoriques (§ 16). Il y a ainsi non pas une, mais trois méthodes d'acquisition de la connaissance religieuse, comme il y a trois sortes d'arguments et trois classes d'esprits – distinction qui sera la clé de voûte de toutes les analyses ultérieures. Le «Texte divin» n'en exclut aucune. Comme le dit le Coran, XVI, 125, chacun

25. La comparaison avec le miel (Coran, XVI, 69) est reprise par Ibn Falaqera pour illustrer une tout autre idée : à qui en prend en trop grande quantité, la philosophie, comme le miel, donne du dégoût. L'idée de la comparaison vient sans doute de Maïmonide, *Guide des égarés*, I, 32 (d'après Proverbes 25, 16). Cf. G. Dahan, « *Epistola Dialogi...* », p. 70.

est appelé sur son propre chemin (§ 17) : « Appelle les hommes dans le chemin de ton Seigneur, par la sagesse et par la belle exhortation ; et dispute avec eux de la meilleure manière. »

*

* *

Deuxième partie : § 18-48.

Les § 18-48 sont consacrés à répondre à des objections contre la thèse de l'*obligation de philosopher* établie dans la première partie. La première, générale, porte sur la possibilité d'une discordance entre les enseignements de la philosophie et ceux de la Révélation (= O1) ; la seconde, légale, sur l'hétérodoxie factuelle alléguée de certaines thèses philosophiques (= O2).

O1 n'est pas formulée directement, mais impliquée par une déclaration liminaire, qui vaut comme réponse à une objection implicite (§ 18). Cette déclaration pose qu'il est *certain* aux yeux d'un musulman que la philosophie ne *peut* entrer en contradiction avec l'écriture :

> Puisque la Révélation est la vérité, et qu'elle appelle à pratiquer l'examen rationnel qui assure la connaissance de la vérité, alors nous, Musulmans, savons de science certaine que l'examen [des étants] par la démonstration n'entraînera nulle contradiction avec les enseignements apportés par le Texte révélé : car la vérité ne peut être contraire à la vérité, mais s'accorde avec elle et témoigne en sa faveur.

L'énoncé a la forme d'une inférence ($P \rightarrow Q$). P : *la Révélation est la vérité et elle appelle à l'étude qui mène à la connaissance de la vérité*, Q : *donc la communauté sait par là que la science démonstrative ne conduit pas à des conclusions conflictuelles avec ce que le Texte nous a légué.*

L'inférence ne vaut que par l'introduction d'une seconde prémisse, exprimée après coup : *la vérité ne contredit pas la vérité, mais s'accorde avec elle et lui rend témoignage.*

Une fois reconstruite comme réponse à une objection implicite, la déclaration du § 18 permet à la fois de cerner l'objection – la possibilité d'une contradiction entre le Texte et la philosophie – et la démarche suivie ensuite : étant donné que la vérité ne contredit pas la vérité, la vérité atteinte par la démonstration ne *peut* contredire celle du Texte, donc (a) toute contradiction entre elles ne peut être qu'*apparente*, donc (b) il faut montrer que, comment et pourquoi elles ne se contredisent pas.

Le § 19 entame la démonstration du point (a). Étant donné une connaissance philosophique quelconque = X, et l'énoncé philosophique = 'p' affirmant X, de deux choses l'une : (1) ou le Texte ne dit rien concernant l'objet de X, (2) soit « il énonce une connaissance » = 'q' portant sur l'objet de X. Dans le cas (1), il n'y a pas matière à contradiction, selon la définition logique de la contradiction, qui veut que deux énoncés se contredisent lorsque l'un affirme et que l'autre nie la même chose *de la même chose*, en même temps et sous le même rapport. Ce cas est donc exactement comparable à celui des « statuts légaux non édictés par le Texte », que le juriste déduit par le syllogisme juridique. Dans le cas (2), on a une nouvelle alternative : (2.1.) soit le sens obvie (*ẓāhir*) de 'q' est conforme à celui de 'p', soit (2.2.) il le contredit (en sorte que la conjonction 'p & q' revient à poser 'p & ~p'). Le cas (2.1.) ne pose pas de problème. Seul le cas (2.2.) fait difficulté. Pour la résoudre, Ibn Rushd propose une solution claire et tranchée : « interpréter le sens obvie » de 'q', de manière à lever la contradiction – ce qui revient à *interpréter* 'q' dans le sens de 'p'.

Le type d'interprétation requis pour mettre 'q' en conformité avec 'p' est le *ta'wīl*, défini précisément au § 20 comme « le transfert de la signification du mot de son sens propre vers son sens tropique, sans infraction à l'usage tropologique de la langue arabe ». Ce passage du sens propre au sens figuré est couramment attesté dans la littérature chrétienne tardo-antique : au VIe siècle, Boèce l'a même érigé en automatisme, en posant comme une loi interne au langage que toute utilisation théologique des mots du langage ordinaire ou philosophique ou, plus précisément, des « catégories attribuées universellement à toutes choses » (les dix catégories selon Aristote), suppose qu'ils « changent de sens », c'est-à-dire soient l'objet d'une « transformation », conformément au principe qui veut que les « catégories sont ce que leurs substrats » (*i.e.* les sujets auxquels on les applique) « leur permettent d'être ».

> Il y a en tout dix catégories attribuées universellement à toutes choses : la substance, la qualité, la quantité, la relation, le "où", le "quand", l'*habitus* ou manière d'être, la position, l'agir et le pâtir. Ces catégories sont telles que leurs substrats peuvent les admettre, car, parmi elles, une partie sert de substrat à l'attribution des autres choses et l'autre partie consiste dans les accidents (attribués à ce substrat). Mais, si l'on tourne ces catégories vers Dieu pour les lui attribuer, tous ces attributs subissent une transformation[26].

Au XIIe siècle, les commentateurs chrétiens de Boèce caractérisent cette transformation comme « métaphore » ou « métonymie », suivant en cela certaines indications d'Augustin et de Jean Scot Érigène. C'est le même type de distinction que propose le § 20 du *Faṣl al-maqāl* dans son analyse de l'« usage tropologique de la langue arabe » : à la métaphore correspond la désignation d'une chose « par son analogue » ; à la métonymie, la désignation d'une chose par « sa cause, son effet, sa conjointe, ou par d'autres choses mentionnées comme faisant partie des classes de tropes ».

L'objectif d'Ibn Rushd est, cependant, bien distinct de celui de Boèce et de ses commentateurs : il ne s'agit pas, pour lui, de déterminer les phénomènes linguistiques à l'œuvre dans la constitution du discours théologique au sens chrétien du terme, mais de définir une procédure

26. Cf. Boèce, *De Trinitate*, chap. 4, éd. Rand-Stewart, p. 16, 1-9.

exégétique permettant de mettre en accord *un* énoncé du Texte contredisant, s'il est pris dans son sens obvie, celui d'*un* énoncé philosophique obtenu par la démonstration. Cette procédure interprétative est spécifiée dans le cadre consensuel de la rhétorique arabe, de la théologie musulmane et de l'interprétation habituelle du Texte coranique. C'est celle que met en œuvre le juriste dans l'établissement de certains statuts légaux. Le philosophe, «celui qui connaît vraiment Dieu», est donc encore plus fondé à appliquer la même procédure, lui qui a établi par syllogisme démonstratif, donc certain, l'énoncé auquel celui du Texte révélé doit être rendu conforme par le *ta'wīl*.

Les § 21-22 font un pas supplémentaire dans la justification de la démarche de mise en conformité : (1) en posant que toute contradiction entre un énoncé 'p' et le sens obvie d'un énoncé 'q' peut être levée, car tout énoncé 'q' est «susceptible d'être interprété suivant des règles d'interprétation conformes aux usages tropologiques de la langue arabe» de manière à obtenir un sens lui-même conforme à celui de 'p' (§ 21) ; (2) en affirmant que toute interprétation assurant la mise en conformité de 'q' peut être elle-même confirmée ou au moins étayée par un autre énoncé du Texte = 'z' pris, lui, dans le sens obvie (§ 22). Le point (2), qui suppose «l'examen inductif de la totalité des énoncés particuliers du Texte révélé», affirme la *consistance* du Texte révélé au sein même de sa *conformité* avec les énoncés obtenus par la voie démonstrative, puisque (a) 'z' est directement conforme à 'p' et (b) l'interprétation de 'q' assurant sa mise en conformité avec 'p' assure, en même temps, sa mise en conformité avec 'z'. Cette possibilité permanente de confirmation directe et de double mise en conformité se reflète dans la situation historique concrète – le § 22 insiste sur le fait que c'est *pour cette raison* qu'il y a, d'une part, «consensus chez les musulmans pour considérer» que «les énoncés littéraux de la Révélation n'ont pas tous à être pris dans le sens obvie» ni à être interprétés («étendus au-delà du sens obvie par l'interprétation »), et, d'autre part, « divergence » sur le fait de savoir quels énoncés doivent être ou non interprétés. En outre, elle présuppose la vérité du Texte révélé, car dans l'hypothèse où 'p' est considéré comme vrai et où il existe des énoncés du Texte portant sur X, le point (1) asserte qu'il y a nécessairement une interprétation de 'q' conforme à 'p', et le point (2) qu'il y a nécessairement un énoncé 'z' qui est soit directement conforme à l'interprétation de 'q' conforme à 'p', soit capable de l'étayer (« qui tend à le confirmer »).

Le § 23 a une importance stratégique dans l'économie générale du *Faṣl al-maqāl*. Ibn Rushd y reprend, implicitement, la classification cognitive des esprits et la distinction corrélative des méthodes introduites au § 16, en affirmant que l'existence de deux sortes d'énoncés dans le Coran, les énoncés de type 'z' (de sens obvie) et les énoncés de « sens lointain » qui réclament une interprétation, s'explique par une différence entre les « dispositions innées » et le « fonds mental » des destinataires du Texte révélé.

L'existence de textes réclamant une interprétation, *i.e.* de textes qui, pris dans le sens obvie, paraissent se contredire n'a qu'une raison d'être : « signaler aux "hommes d'une science profonde" » la nécessité de l'interprétation, « pour les concilier » entre eux, c'est-à-dire pour mettre celui qui ne l'est pas en conformité avec la vérité démonstrative, donc aussi avec l'autre, et par là même lever la contradiction apparente au sein du Texte révélé, selon la méthode décrite aux § 21-22. Cette réponse, appuyée par un texte capital de Coran III, 7, qui sera repris plus bas (§ 28), n'est compréhensible que par ce qu'elle implique logiquement, à savoir que, compte tenu de la diversité des classes d'esprits, la Révélation ne peut se faire de manière uniforme. Les esprits qui ne sont pas aptes à la vérité démonstrative ne peuvent recevoir certaines vérités révélées *dans le sens où elles sont conformes aux vérités établies par la démonstration.* Certains versets sont donc exprimés de manière telle que leur sens obvie est en contradiction apparente avec ce que les «hommes d'une science profonde» savent être la vérité démontrée, mais cette contradiction n'est pas destinée à être perçue par l'ensemble des destinataires du Texte (tous n'ayant pas accès aux conclusions de la science démonstrative par la voie de la démonstration), elle est adressée aux seuls «hommes d'une science profonde» pour leur *signaler* que la vérité X objet de la démonstration ne peut être révélée à l'ensemble des destinataires du Texte. De tels énoncés peuvent et doivent donc être mis en conformité avec les vérités démontrées par ceux qui en sont capables *pour ceux qui en sont capables* – une conclusion dont les conséquences et la signification véritable ne seront examinées que dans la dernière partie du *Discours* (§ 49-72).

Le § 24 exploite, sous forme d'objection, la distinction entre le consensus et la divergence, énoncée rapidement au § 22. Cette objection, O2, formulée comme *question* dans le langage juridique du *permis* et de l'*inter-dit*, sera orchestrée, dans toute son ampleur, jusqu'au § 48, en se développant progressivement en une discus-sion sur l'hétérodoxie factuelle des thèses philosophiques.

O2 s'énonce sous forme interrogative. S'il y a trois types d'énoncés dans le Texte : (a) ceux que tous les Musulmans s'accordent à prendre dans le sens obvie, (b) ceux que tous les Musulmans s'accordent à interpréter, (c) ceux pour lesquels il y a divergence – certains pensant qu'il faut les prendre dans le sens obvie, d'autres, qu'il faut les interpréter –, on se trouve instantanément confronté à un problème posé non par la classe (c), mais par les classes (a) et (b) : est-il *permis*, quand on est «homme d'une science profonde», de décider, contraint par le résultat de la démonstration scientifique, d'interpréter un énoncé de la classe (a) ou, réciproquement, de prendre au sens obvie un énoncé de la classe (b) ? Ibn Rushd répond en mettant en question la modalité d'existence du consensus allégué. Si l'existence de l'*ijmāʿ* est établie de manière *certaine*, l'interprétation des énoncés (a) et le choix du sens obvie des énoncés (b) sont *interdits*. Si l'existence de l'*ijmā'* n'est que conjecturale, les deux sont *permis*. La rupture du consensus n'est pas, dans ce cas, synonyme d'infidélité – Ibn Rushd invoque ici deux autorités : al-Ghazālī et al-Juwaynī. La réponse à l'objection dicte la stratégie des paragraphes suivants : prouver l'impossibilité d'établir de manière certaine l'existence d'un consensus sur les questions théoriques.

Le § 25 fixe le cadre de la démonstration : on ne peut établir de manière certaine l'existence d'un consensus sur une question théorique sans satisfaire à deux conditions : (1) délimiter une période historique précise, y dénombrer exactement les sources pertinentes, en corroborer le contenu par une pluralité significative de témoignages concordants; (2) s'être assuré que les auteurs allégués comme témoins n'ont pas eu deux enseignements, l'un «apparent», l'autre «caché». La formulation du point (2) permet de déceler le sens général de la conclusion voilée du § 23 – à la fin du § 25, Ibn Rushd brosse, en effet, le portrait de ce que doit être l'attitude des «hommes d'une science profonde», compte tenu de la diversité cognitive des esprits, face aux énoncés du Texte dont le sens obvie n'est pas directement conforme à celui des vérités établies par la démonstration :

> [Il faut] qu'il soit avéré que les savants qui vivaient à l'époque [alléguée] étaient d'accord pour penser que la Révélation ne comprend pas de l'apparent et du caché, qu'aucune connaissance touchant quelque question que ce soit ne doit être cachée à quiconque, et que tout un chacun doit accéder selon une seule et même méthode à la connaissance des vérités révélées.

Le § 26 poursuit sur le terrain de l'histoire : on ne peut établir, par la «tradition» l'existence d'un «consensus à propos d'une question théorique quelconque», car, dès le «premier âge de l'Islam», puis *à toutes les époques de l'histoire*, certains, en tête desquels 'Alī lui-même, troisième des califes *rāshidūn*[27], ont estimé (a) que «la Révé-

27. Cf., *infra*, trad. § 26, le dit du cousin et gendre du Prophète, rapporté par al-Bukhārī, avec les notes 63 et 64 de M. Geoffroy.

lation comprend de l'apparent et du caché» et (b) que «tout un chacun» n'a pas à connaître le «sens véritable» de tous les énoncés. Autrement dit, jouant sur deux acceptions des mots *bāṭin* et *ẓāhir*, il y a toujours eu des savants pour estimer que le sens lointain (*bāṭin*), «véritable», d'un énoncé révélé devait demeurer *caché*, le sens obvie (*ẓāhir*) restant *apparent* pour tous. La réponse d'Ibn Rushd ne porte donc pas sur une *partie* des questions théoriques, mais bien sur leur *intégralité*. Ce que pose le § 26, c'est que, de toutes les conditions qui permettent d'établir une certitude historique, il en est une qui n'a *jamais* été remplie : la publicité, l'accessibilité ou la divulgation de ce que les savants estimaient, au contraire, devoir laisser *caché*. Si l'*ijmā'* est historiquement accessible pour les «questions religieuses pratiques», il en va donc différemment des «questions théoriques» : en ce domaine, et légitimement, il y a toujours eu des Musulmans qui ont réservé leur opinion véritable à un petit cercle de disciples.

Le § 27 aborde la version factuelle de O2. Malgré ce qui vient d'être dit, à savoir : (1) qu'on ne saurait taxer d'infidélité la rupture de l'*ijmā'* en matière théorique, puisque (2) aucun consensus n'y est historiquement accessible ni, de ce fait, concevable, certains «philosophes musulmans», en l'occurrence al-Fārābī et Avicenne, n'en ont pas moins été «catégoriquement» considérés comme «infidèles». Ibn Rushd pense ici à la réfutation des philosophes par al-Ghazālī dans le célèbre *Tahāfut al-falāsifa*. Sans quitter le terrain juridique – il s'agit de montrer que l'accusation d'infidélité (*kufr*) portée par al-Ghazālī contre les deux «philosophes» n'est pas fondée –, le *Faṣl al-maqāl* entre donc, inévitablement, dans un débat proprement philosophique. Dans l'*Incohérence des philosophes*, al-Ghazālī recense vingt thèses philosophiques contraires au dogme (seize de métaphysique, quatre de physique). Ces thèses sont toutes des «innovations blâmables», mais trois tombent sous le chef d'hérésie, car elles contredisent formellement la parole du Prophète. Ibn Rushd les présente ainsi :

La thèse de l'éternité *a parte ante* du monde ; celle d'après laquelle Dieu – exalté soit-Il – ne connaît pas les particuliers – mais Dieu est bien au-dessus de cela ; et pour avoir interprété les énoncés révélés concernant la corporéité de la résurrection et les modalités de la vie future.

C'est sur elles que se concentre initialement la discussion (dans un ordre différent de l'énumération initiale). L'objectif avoué d'Ibn Rushd est d'établir qu'« Abū Ḥāmid s'est trompé sur les philosophes péripatéticiens » (§ 29) – une formule qui laisse clairement entendre qu'il ne se soucie pas de défendre les deux philosophes orientaux, mais le péripatétisme, et d'abord Aristote, auquel il se rattache et dont il veut préserver l'héritage (alors qu'il ne revendique pas celui d'Avicenne, qu'il élimine silencieusement du *Faṣl al-maqāl* et qu'il critique *ici* implicitement, là explicitement).

Les trois thèses discutées ne sont pas formulées de la même manière. Les deux premières s'expriment sous forme de propositions : le monde est éternel *a parte ante*, Dieu ne connaît pas les particuliers. Contrairement à ce que l'on dit, la troisième ne nie pas formellement la résurrection des corps : ce qui est reproché aux deux philosophes musulmans est seulement d'*avoir interprété* les énoncés révélés concernant la résurrection et la vie future[28]. On est donc bien ici dans le langage et la problématique du § 24 : la rupture de l'*ijmāʿ* par l'interprétation d'énoncés que tous les Musulmans s'accordent à prendre au sens obvie.

28. Dans l'*Igeret*, Ibn Falaqera ne mentionne que l'éternité du monde et l'ignorance par Dieu des particuliers. Il laisse de côté la résurrection des corps, qu'il remplace par l'immutabilité des lois naturelles, qui peut être déduite de l'éternité du monde (et dont le *Tahāfut at-tahāfut* discute en détail). Cet abandon du thème de la résurrection peut s'expliquer soit parce qu'il avait été au cœur de la deuxième controverse autour de Maïmonide (entre 1230 et 1232), comme le suggère G. Dahan (*op. cit.*, p. 58), soit parce que le vrai problème repris par Ibn Rushd est celui de l'« interprétation ».

On notera que, chez les Latins, les mêmes thèmes se retrouvent dans les condamnations universitaires des «thèses philosophiques» au XIIIe siècle[29]. La liste des propositions censurées le 10 novembre 1270 par l'évêque de Paris, Étienne Tempier, contient : «Le monde est éternel» (thèse no 5) et «Dieu ne connaît pas les singuliers» (thèse no 6). Les deux se retrouvent dans les 219 propositions condamnées le 7 mars 1277 : l'éternité du monde *a parte ante* constitue la thèse no 83 (sur laquelle nous reviendrons)[30], l'affirmation que «Dieu ne connaît pas le particulier» est une partie de la thèse no 15 (dont l'aspect général porte sur l'impossibilité pour Dieu de connaître les futurs contingents)[31]. La troisième «thèse» figure seulement dans le *syllabus* de 1277 : la négation de la résurrection des corps est impliquée dans les thèses no 214 («Il est impossible à Dieu de faire subsister perpétuellement une réalité transformable et corruptible» = Il est impossible à Dieu de doter de vie éternelle les corps corruptibles des hommes), no 215 («Il n'est pas possible qu'un corps corrompu revienne à l'existence numériquement identique au corps qu'il était précédemment» = Il est impossible d'entendre la résurrection de la chair comme le retour à la vie du corps numériquement identique à celui qui existait avant la mort) et no 216 («La résurrection future ne doit pas être concédée par le philosophe, car il est impossible d'en traiter par la raison» = Le philosophe ne doit pas admettre la résurrection des morts, car elle est inaccessible à la

29. Sur les condamnations de 1277, cf. l'ouvrage fondamental de L. Bianchi, *Il Vescovo e i Filosofi. La condanna parigina del 1277 e l'evoluzione dell'aristotelismo scolastico* (Quodlibet, 6), Bergame, Pierluigi Lubrina, 1990. Sur l'éternité du monde, on consultera du même L. Bianchi, *L'errore di Aristotele. La Polemica contro l'Eternità del Mondo nel XIII Secolo*, Florence, 1984.

30. Cf. R. Hissette, *Enquête sur les 219 articles condamnés à Paris le 7 mars 1277* (Philosophes médiévaux, XXII), Louvain, Publications universitaires-Paris, Vander-Oyez, 1977, p. 147-149.

31. Cf. R. Hissette, *Enquête...*, p. 39-43.

raison) ; celle de la vie future par la thèse nº 213 (« La mort est le terme des choses redoutables » = La mort est la fin de tout – proposition qui implique la négation de la survie de l'âme et des sanctions de la vie future). Il y a donc, à distance, un parallélisme entre les attaques d'al-Ghazālī contre les thèses des *philosophes de terre d'Islam* et celles de l'évêque de Paris contre les thèses des *philosophes*. Le paradoxe est que, s'appuyant sur la déclaration liminaire d'Étienne Tempier dans le syllabus de 1277, stigmatisant ceux qui, à Paris même, soutiennent l'existence de deux « vérités contraires », celle de la Révélation et celle de la philosophie, attitude censée caractériser la doctrine d'Ibn Rushd, les thèses incriminées sont imputées par certains Latins, relayés par une partie des historiens modernes, aux disciples « chrétiens » d'Averroès.

Ce déplacement sur Ibn Rushd et ses partisans latins de l'attaque portée initialement par al-Ghazālī contre al-Fārābī et Avicenne est le résultat d'une opération complexe : (a) l'invention d'une doctrine spécifique, la doctrine dite de la « double vérité », (b) l'attribution de cette doctrine à Averroès et à ses disciples parisiens, (c) l'attribution aux mêmes d'un ensemble de thèses hétérodoxes, dont le noyau dur est identique aux thèses imputées par Ghazālī aux *falāsifa*. Le passage de (b) à (c) est le fruit d'un amalgame, qui suppose lui-même : (d) l'attribution à Averroès d'une autre doctrine spécifique, la doctrine dite de *l'unité de l'intellect*, pour laquelle Leibniz a, au XVIIe siècle, inventé le titre (à succès !) de « monopsychisme », et dont la formule est que « l'homme ne pense pas » (*homo non intelligit*), (e) l'association de la doctrine de l'unité de l'intellect à celle de l'éternité du monde *a parte ante* comme plate-forme du programme commun des « philosophes ». La combinaison de tous ces facteurs donne l'« averroïsme » : l'affirmation d'une vérité philosophique contraire à celle de la Révélation, mais fondée en son ordre propre et, en cet ordre, non moins valable qu'elle, car non réfutable par la raison, dont les thèses centrales sont le monopsychisme, l'éternité du monde, l'affirmation que Dieu ne connaît pas les singuliers, la négation de la résurrection des corps et de la vie future. Ce montage historique, dont les acteurs sont Bonaventure, Thomas d'Aquin, Étienne Tempier, Ramon Lull et Pétrarque, relayés après maints intermédiaires par Ernest Renan, est, dans son principe même, indépendant du *Discours décisif* et de l'*Incohérence de l'Incohérence* – les deux œuvres où Ibn Rushd affronte explicitement les problèmes posés par l'attaque d'al-Ghazālī contre al-Fārābī et Avicenne. Son résultat n'en est que plus frappant : dans l'Occident latin, Averroès devient le porte-parole d'une doctrine objectivement hérétique, présentée sous le masque hypocrite d'une «double vérité». Cette suite de déformations réglées imposée aux doctrines d'Ibn Rushd rend encore plus nécessaire de suivre la démarche authentique du *Faṣl al-maqāl*.

Le § 28 prouve par un dernier argument «l'impossibilité d'établir *au sujet d'interprétations, qui sont l'apanage des savants*, l'existence d'un consensus généralement répandu». Les philosophes sont accusés d'infidélité sur trois points précis. La qualification d'infidélité pour rupture de l'*ijmā'* est, de l'aveu même d'al-Ghazālī, «sujette à caution» (§ 27), mais, avant d'aller plus loin, il faut se demander s'il *peut y avoir* rupture du consensus en matière d'interprétation «scientifique». L'argument d'Ibn Rushd est qu'il ne peut y avoir rupture du consensus que là où le consensus est possible. Or, et c'est le nerf de la démonstration, le consensus est précisément impossible en de telles matières, puisqu'elles sont l'apanage des savants. Ce que le § 28 doit donc établir, c'est qu'il y a «des interprétations qu'on ne doit exposer qu'à ceux qui sont» aptes à les comprendre – précisément : les hommes de science, et *eux seuls*. Il le fait en revenant sur le passage du Coran III, 7 déjà allégué au § 23. Dans une exégèse serrée, fondée sur une double possibilité de ponctuation du Texte, Ibn Rushd pose : (a) qu'il y a deux sortes de «croyants en Lui [= Dieu]» : ceux dont la croyance «provient de la démonstration» et ceux «qui croient en Lui sans le biais de la démonstration»; (b) que la croyance des gens de démonstration, que Dieu Lui-même «a qualifiés de "croyants en Lui"», «va *nécessairement* de pair avec la connaissance de l'interprétation», puisqu'elle «provient de la démonstration»; (c) que le «type de croyance» absolument «spécifique» des «hommes d'une science profonde» passe par la connaissance d'une «interprétation» à laquelle ils sont les seuls à pouvoir accéder, car ils y aboutissent par la démonstration. Il ne peut donc y avoir consensus au sujet de leurs interprétations, car, pour accéder au sens lointain de certains énoncés coraniques, il faut passer par une démonstration, et pour concevoir en quoi le sens lointain de ces énoncés non seulement coïncide, mais *coïncide nécessairement* avec le résultat de la démonstration, il faut être capable de démonstration et effectuer cette démonstration. Au sujet de telles «interprétations», le consensus est ainsi *logiquement impossible* et *non exigible* – au contraire – *sur une base coranique*, puisque c'est par le Coran lui-même que nous comprenons l'impossibilité logique d'un *accord* entre les deux types de croyants *là où se distinguent* leurs deux types de croyances. De ce fait, l'accusation de rupture de l'*ijmā'* est à son tour, et pour les mêmes raisons, conceptuellement incohérente : c'est une «évidence par soi pour quiconque est de bonne foi».

Cela posé, il reste à examiner les accusations portées par al-Ghazālī contre les philosophes, car leur reprocher de rompre le consensus en matière d'interprétation est une chose (et l'on vient de voir que le reproche n'a pas à être formulé), mais, si l'on veut absolument se situer sur ce terrain, leur prêter des thèses qu'ils n'ont pas soutenues est une autre chose, et leur attribuer comme absolument propre une thèse qu'ils ne sont pas seuls à avoir soutenue en est une troisième : dans un cas, en effet, on les fait rompre un consensus qu'ils n'ont pas rompu, dans l'autre, on les fait rompre un consensus qui n'existe pas. Si le

§ 28 faisait potentiellement justice de la troisième allégation d'Abū Ḥāmid (« avoir *interprété* les énoncés révélés concernant la corporéité de la résurrection et les modalités de la vie future »), dirigée contre Avicenne et al-Fārābī, en montrant qu'il ne pouvait y avoir sur ce point rupture de l'*ijmā'*, les § 29 et suivants analysent précisément les thèses effectives des « philosophes péripatéticiens » sur les deux questions en suspens.

Le § 29 montre que, contrairement à ce qu'affirme al-Ghazālī, les philosophes ne soutiennent pas que Dieu ne connaît *absolument* pas les particuliers, mais seulement qu'« Il les connaît d'une science génériquement différente de celle que nous en avons ». Dans son explication de la différence entre les deux types de connaissance, Ibn Rushd s'appuie sur un principe que le Moyen Âge latin lui empruntera jusqu'à l'ériger en *auctoritas* : la science humaine est causée par son objet, la science divine est cause de son objet[32]. Le mot « science » appliqué aux deux est donc homonyme : la science humaine est à la fois « adventice » et « mutable », comme le sont les particuliers qui constituent son objet, la science divine ne l'est évidemment pas, car son objet « est l'être » (*al-wujūd*) – un thème développé en détail dans l'*Appendice* (*Ḍamīma*), le traité mentionné à la fin du § 29, probablement rédigé par Ibn Rushd à la demande d'Abū Ya'qūb Yūsuf.

Le § 30 précise l'analyse en soulignant (a) que les péripatéticiens sont si loin de refuser à Dieu la connaissance des particuliers qu'ils recourent à elle pour expli-

32. Le comm. 51 du *Grand commentaire sur la Métaphysique*, livre XII, explique clairement que la science divine est homonyme à notre science, car les *species* (formes intelligibles) qui les constituent sont elles-mêmes homonymes – les unes étant causes des choses, les autres causées par les choses. Cf. Averroès, *In Metaph.* XII, comm. 51 ; *editio Veneta*, t. 8, f° 351F. Le thème de l'homonymie des deux « sciences » est repris spécialement par Albert le Grand. Cf. *De causis et processu universitatis*, I, 2, 7 ; éd. W. Fauser (*editio Coloniensis*, XVII/2), Münster/Aschendorff, 1993, p. 32, 26-51.

quer philosophiquement la divination par les songes (et l'on pourrait ajouter, passant d'Aristote aux péripatéticiens de terre d'Islam, la prophétie naturelle) ; (b) que leur thèse véritable – l'homonymie du terme « science » appliqué à l'homme et à Dieu – ne valant pas pour les seuls particuliers, mais s'appliquant, de la même manière et selon la même distinction de la science-cause et de la science-causée, aux universaux, leur position authentique, fondée sur la démonstration, est que la « Science [divine] transcende le fait d'être qualifiée d'universelle ou de particulière »[33]. Le vrai point de vue des péripatéticiens n'est donc ni celui qu'al-Ghazālī leur impute (« Dieu ne connaît pas les particuliers ») ni – et la critique est implicite – celui qu'Avicenne, qui l'adopte, croit être le leur (« Dieu connaît les particuliers de science universelle »)[34],

33. C'est la position que défend Ibn Rushd dans ses commentaires d'Aristote. Le même comm. 51 d'*In Metaph.* XII pose que la science de Dieu n'est ni universelle ni particulière, ni en puissance ni en acte. Sur ce point, cf. Albert le Grand *De causis et processu universitatis*, I, 2, 6, *ed. cit.*, p. 31, 82-32, 25.

34. La thèse d'Avicenne est aussi *rapportée* sous cette forme par al-Ghazālī dans les *Intentions des philosophes*. La version latine, qui a influencé nombre d'auteurs médiévaux, dit clairement : « *Primus non scit* [Muckle *sit* !] *particularia nisi secundum maneriam universalem, et talis intelligendo est ab eterno sine fine, quoniam non permutatur* » (cf. Algazel, *Metaphysica*, pars 1, tr. 3, sent. 6 ; éd. Muckle, p. 72, 24-26). Le contexte de la discussion doit être rappelé : il s'agit d'expliquer comment Dieu peut connaître des particuliers arrivant dans le temps, sans que sa connaissance soit modifiée par le déroulement de l'événement (savoir qu'une éclipse aura lieu demain, savoir qu'elle a lieu aujourd'hui et savoir qu'elle a eu lieu hier ne sont pas le *même* savoir : comment éviter que la mutabilité du connu ne détermine une mutation du connaissant ?). La réponse des « philosophes » (= Avicenne) relatée par al-Ghazālī consiste à dire (1) que tout particulier ayant une cause, (2) Dieu le connaît par sa cause, mais (3) sur un mode universel sans marque temporelle, et donc (4) de toute éternité. L'universalité est destinée à garantir le caractère prééternel (*ab eterno*) et immuable de la science divine. Cf. Algazel, *Metaphysica*, *ibid.*, p. 73, 1-8) : « *Nullum particulare est adeo minimum quod non habeat causam, et ipse scit illud per causam suam sed admodum universaliter nec est in illo designacio aliqua temporis vel hore. Unde restat quod ipse scit illud sciens ab eterno sine fine. Nichil igitur adeo mini-*

mais celui qui *limite à la science humaine* la pertinence de la distinction entre connaissance particulière et connaissance universelle. La question de l'« infidélité » des philosophes, les péripatéticiens véritables, autrement dit les Anciens, dont Ibn Rushd se fait l'avocat, est donc « sans objet ».

Entamant une confrontation, que la suite du texte va déployer dans toutes ses conséquences, entre *théologiens ash'arites* et *philosophes anciens*, le § 31 montre que leurs thèses respectives sur l'éternité du monde *a parte ante* ne sont pas si différentes qu'on veut bien le dire. Ce qui les sépare est, d'abord, une *question de mots*. Ils sont, en effet, tous d'accord pour distinguer trois types d'êtres : deux extrêmes et un intermédiaire. Le premier extrême est constitué par les corps soumis à la génération, laquelle est (comme eux) perçue par la *sensation* ; l'autre extrême est l'Être prééternel, « l'Agent de tout, qui fait venir et maintient tout à l'Être », lequel Être, appréhendable « par la *démonstration* », est Dieu. L'intermédiaire entre les deux extrêmes, c'est le « monde [lui-même] dans sa totalité ». La distinction des trois sortes d'être résulte d'une combinatoire. Étant donné deux prédicats : 'p' = être (tiré) de quelque chose et 'q' = être (causé) par quelque chose, leur affirmation (= +) et leur négation (= –), on a le tableau suivant :

	p	q
Corps	+	+
Monde	–	+
Dieu	–	–

mum est quod scienciam eius effugiat; preter hoc eciam omnes eius disposiciones semper hedem sunt, nec permutantur, nec variantur. » C'est cette thèse et solution avicennienne du problème de la connaissance des particuliers que rejette ici implicitement Ibn Rushd comme *non péripatéticienne*.

La quatrième classe possible logiquement (celle d'êtres qui seraient tirés de quelque chose, *i.e.* engendrés dans le temps à partir de quelque chose d'autre préexistant, sans être causés en cela par autre chose) n'est pas remplie : tout ce qui est est produit par quelque chose (*ab alio*) à partir de quelque chose (*ex aliquo*), ou produit par quelque chose sans être produit à partir de quelque chose, ou n'est ni produit par quelque chose ni produit à partir d'autre chose. On notera que le système conceptuel mis en place par Ibn Rushd se retrouve chez les auteurs latins du XIIIe siècle, où il est lexicalisé par les termes *elaboratum* et *factum*[35].

Le § 32 se concentre, dans ce cadre, sur l'être du monde. Les théologiens ash'arites ont ici trois thèses précises : (a) ils admettent ou *devraient admettre*, puisque le temps est pour eux «connexe au mouvement et aux corps», que «l'être du monde n'est pas précédé par le temps»; (b) ils admettent que le temps futur et l'être dans le futur sont infinis; (c) ils posent que le temps passé et l'être dans le passé sont finis. Les philosophes partagent avec eux les thèses (a) et (b). La thèse (c), en revanche, n'est pas l'objet d'un *consensus philosophique* : les platoniciens la soutiennent, les aristotéliciens la rejettent. Cette divergence s'explique aisément : comme l'être du monde, qui est *intermédiaire* entre celui des corps engendrés et celui de Dieu, présente une *similitude avec l'un et avec l'autre* (*i.e.* avec l'être des corps : +q, avec l'être de Dieu : ~p), on peut, selon la similitude que l'on choisit de faire prévaloir, attribuer indifféremment à l'être du monde le nom de «prééternel» (si l'on choisit ~p) ou celui d'«adventice» (si l'on choisit +q). Il s'agit dans tous les cas de dénominations par similitude, non de détermi-

35. Cf., entre autres, Pseudo-Adam de Bocfeld, *Scriptum super Librum de Causis*, ms. Venise, Biblioteca Marciana, Lat. VI, 1 (2821), f° 20va ; Roger Bacon, *Questiones supra undecimum prime philosophie Aristotelis (Metaphysica XII). Primae et secundae*, éd. R. Steele et F.M. Delorme (*Opera Hactenus Inedita Rogeri Baconi*, VII), Oxford, Clarendon Press, 1926, p. 114, 16-115, 14.

nations au sens propre : le mot «prééternel» n'est pas pris au sens propre, car ce qui est proprement prééternel est *incausé* (ce qui n'est pas le cas du monde, de par +q), mais celui d'«adventice» ne l'est pas davantage, car ce qui est proprement adventice est nécessairement *corruptible* (ce qui n'est pas le cas du monde, de par ~p). En vertu de la définition même de l'être du monde par la paire ~p/+q aucune dénomination ne peut donc prévaloir sur l'autre. Les platoniciens, qui soutiennent (c), ont choisi d'appeler l'être du monde «adventice-éternel», mais ce qu'ils signifient par là n'est pas incompatible avec (a) : cela revient à dire que l'«être du monde n'est pas précédé par le temps», parce que le temps «a eu un commencement dans le passé», alors que les aristotéliciens, qui rejettent (c), soutiennent que l'«être du monde n'est pas précédé par le temps» parce que «le temps passé et l'être dans le passé» sont infinis. En conséquence, (1) on ne peut, comme les théologiens, soutenir que «les noms de "prééternité" et d'"adventicité" *appliqués au monde dans sa totalité* sont des opposés», puisqu'un chiasme des dénominations est imposé par les propriétés du défini (~p/+q) en fonction du choix d'un type de similitude avec les extrêmes dont il participe en tant qu'intermédiaire; et (2) ils ne peuvent taxer d'infidélité la thèse péripatéticienne, puisque s'accordant (à leur insu) avec les platoniciens, ils s'inscrivent, ce faisant, à l'intérieur d'un débat philosophique tel qu'il faut soit qualifier d'«infidèle» *l'une et l'autre* position, soit n'en qualifier ainsi *aucune*.

Le § 33 rebondit en portant un coup *décisif* aux théologiens. La discussion de la thèse des philosophes sur l'éternité du monde *a parte ante* nous a, momentanément, fait perdre de vue le Texte révélé. Or, si l'on «procède à l'examen inductif» du Coran, si l'on revient au Texte, comme on doit le faire avant de taxer quiconque d'«infidélité», on constate que la thèse (c), partagée par les Ash'arites et les platoniciens, n'est tout simplement pas «conforme *au sens obvie* du Texte révélé»! Ce que dit le Texte, *au sens obvie*, c'est, en effet, que si «la *forme* du monde effectivement est adventice, l'*être* même et le *temps* sont sans fin dans les deux directions» (*a parte ante* et *a parte post*). Le sens obvie des énoncés du Coran portant sur le monde (XI, 7 ; XIV, 48 ; XLI, 11) est du côté des péripatéticiens. Soit, par exemple l'énoncé de Coran XI, 7 : «C'est Lui qui a créé les cieux et la terre en six jours – Son trône alors était sur l'eau.» Cet énoncé dit de manière obvie que Dieu a créé le monde en *formant l'être*, il ne dit pas «de manière univoque» qu'il l'ait créé *ex nihilo* ; il y a donc eu un être dans le passé (désigné par les mots «trône» et «eau»), avant que le monde ne reçût la forme que nous lui connaissons ; de même, puisqu'il est dit que «[Son trône] *alors était* [sur l'eau]», l'existence d'un temps qui «s'écoulait antérieurement à ce temps-ci», d'un temps antérieur à notre temps physique, «nombre du mouvement de la sphère suprême» (selon Aristote), est également posée par le Texte révélé. Dieu a créé ce monde-ci en donnant forme à l'être et, par là même, ce temps-ci ; un temps non «apparié à cette forme d'existence-ci» a précédé ce temps-ci et l'être créé par Dieu a précédé la formation qui a créé ce monde-ci. Ce sont donc les Ash'arites qui, sur la question du monde, *interprètent* le Texte révélé. Certains philosophes, en revanche, soutiennent une doctrine conforme au sens obvie du Coran. La stratégie argumentative d'Ibn Rushd apparaît ici dans toute sa force. Les «philosophes» en question ne sont pas *les* platoniciens, qui ont la même thèse que les Ash'arites. Ce sont *des* péripatéticiens. Mais de qui s'agit-il ? Des Anciens ? Un nouveau chiasme apparaît : de même que les Ash'arites sont *sans le savoir* sur des positions philosophiques platoniciennes, les péripatéticiens anciens sont *sans le savoir* sur des positions conformes au sens obvie du Texte. Rien n'empêche donc de faire figurer dans cette «école de philosophes» les *Musulmans* qui soutiendraient *en pleine connaissance de cause* la «thèse conforme au sens obvie du Texte à propos de l'existence du monde». De tels philosophes ne sauraient être accusés de rompre l'*ijmā'*, car personne ne peut s'accorder avec les théologiens ash'arites sur une interprétation contraire au sens obvie du Coran, quand *une* école de philosophes soutient une thèse qui lui est conforme. En s'appuyant sur les Anciens, Ibn Rushd fait donc un argument destiné *au présent* : comme le note subtilement G.F. Hourani, les Ash'arites ne peuvent invoquer l'*ijmā'* à propos de leur doctrine, car *il y a* un groupe de *savants musulmans* qui, et à juste titre, ne l'accepte pas – les philosophes péripatéticiens (sous-entendu : Ibn Rushd lui-même). Le point est capital, car il implique, par contrecoup, que ces philosophes, s'ils existent, appartiennent aux *'ulamā'* dont l'accord est indispensable à l'établissement d'un consensus.

Le § 34 reprend donc sur le terrain juridique. Il n'est pas au pouvoir de l'homme de refuser son consentement à une «preuve établie dans son esprit». L'assentiment à la conclusion d'une démonstration est «un acte contraint et non libre», car une démonstration qui ne serait pas *contraignante* ne serait pas une démonstration. Or, le libre arbitre est une des «conditions de la responsabilité légale». Dès lors, de deux choses l'une : ou l'homme de science se comportant en homme de science aboutit au vrai, et il doit être récompensé, ou il se trompe, et il doit être *pardonné*. Se tromper en des domaines aussi ardus que ceux évoqués dans les paragraphes précédents n'a rien de surprenant. Ce que le Prophète a dit du juge dans un célèbre *ḥadīth* vaut *a fortiori* du juge plus éminent encore qu'est «le savant auquel Dieu a réservé – et à lui seul – le droit d'interpréter». Il y a donc deux sortes d'erreurs en matière théorique, comme il y a deux sortes d'erreurs en matière pratique. En matière pratique, l'erreur commise par le juge réunissant toutes les conditions légales qui l'habilitent à juger (l'effort de jugement personnel, la connaissance de la Tradition prophétique, la maîtrise du raisonnement analogique) est pardonnable, celle du juge «ignorant» ne l'est pas : c'est un «pur péché». De même, et *a fortiori*, l'erreur commise par «celui qui juge des étants» (le philosophe), quand il réunit les conditions requises au jugement (philosophique) est pardonnable, mais c'est «péché ou infidélité» que d'errer par ignorance ou inaptitude (§ 35). Plus précisément encore, il y a *erreur pardonnable* «du point de vue de la Loi» quand un savant se trompe en suivant les règles de son art, qu'il s'agisse de l'«examen rationnel», de l'acte médical ou du jugement légal, et il y a erreur impardonnable quand celui qui se trompe «n'est pas de la partie», soit qu'il ne maîtrise pas les principes de son art, soit qu'il ne possède aucunement les principes de cet art. «*De qui qu'elle vienne*», l'erreur impardonnable comprend toutefois deux catégories : l'impiété, si elle touche aux «principes fondamentaux de la Loi révélée»; l'innovation blâmable, si elle reste en deçà (§ 36).

L'infidélité ne concerne que les choses à la connaissance desquelles peut aboutir toute méthode d'argumentation, qu'elle soit démonstrative, dialectique ou rhétorique : les principes fondamentaux, qui sont «la reconnaissance de l'existence de Dieu, des prophéties, de la béatitude et des tourments dans l'au-delà». Nier ces principes est impardonnable, que l'on fasse partie des gens de démonstration, des gens de dialectique ou de ceux d'exhortation (§ 37). En reprenant la distinction des trois classes d'arguments et des trois classes d'esprits introduite au § 16, Ibn Rushd prépare la conclusion générale qu'il va formuler au § 40, en donnant une *typologie complète* des cas d'infidélité et d'innovation blâmable.

Le § 38 explique l'existence d'un double sens du texte révélé : le sens obvie et le sens lointain (introduits au § 20), l'explication fournie permettant de distinguer ensuite (§ 39) deux modes du sens obvie. L'axe des deux distinctions est l'existence de deux types de choses révélables (ce qui ne signifie pas deux types de vérité ni une «double vérité»!) : celles qui sont accessibles aux trois méthodes «conduisant à la croyance»; celles qui ne sont accessibles qu'à une seule, la méthode démonstrative. La Révélation étant *pour tous les hommes*, il y a donc une différence dans la révélation du révélable. Pour les «choses qui, en raison de leur abscondité, ne peuvent être connues que par la démonstration», Dieu a «fait la grâce» à ceux qui sont incapables de démonstration «de leur en présenter des symboles», pour qu'ils puissent, malgré tout, «y assentir au moyen des arguments qui sont communs à tous [les hommes], c'est-à-dire les dialectiques et les rhétoriques». Dans ce cas précis, le *sens obvie* n'est donc qu'un *moyen de substitution* utilisé par Dieu pour conduire ceux de ses Serviteurs qui en sont incapables à une vérité dont ils ne sauraient être exclus : c'est un «*symbole* employé pour représenter les idées» accessibles par la seule démonstration – le *sens lointain* étant «ces idées [elles-mêmes], qui ne se découvrent qu'aux gens de démonstration» (§ 38). En revanche, pour les choses auxquelles les trois méthodes de connaissance peuvent conduire, aucun moyen de substitution n'est nécessaire : il n'y a donc pas présentation symbolique. Dans ce cas, le sens obvie est non seulement le seul réel, mais le seul requis, et le seul licite : toute interprétation est infondée et impie. Le § 39 est donc sans équivoque : s'agissant des principes fondamentaux de la Loi, toute interprétation est *infidélité*. Statuant sur la question de la «béatitude et des tourments dans l'au-delà» évoquée au § 37, Ibn Rushd répond alors qu'elle n'est pas objet d'interprétation. On peut estimer qu'il y a là une contradiction. Ibn Rushd n'a-t-il pas démontré précédemment que l'on ne pouvait, comme le fait al-Ghazālī, taxer d'infidélité les philosophes «pour avoir *interprété* les énoncés révélés concernant la corporéité de la résurrection et les modalités de la vie future»? Il nous paraît que non, pour deux raisons : (1) Ibn Rushd a démontré qu'on ne pouvait attaquer une interprétation en ce domaine précis sous prétexte qu'elle romprait l'*ijmā'*; (2) il a, au § 36, distingué deux types d'erreurs : l'impiété, qui touche aux «principes fondamentaux de la Loi révélée», l'innovation blâmable, qui reste en deçà. Or, sur quoi l'énoncé du § 39 porte-t-il ? Sur la négation radicale de la *béatitude* et des *tourments* futurs, sur une thèse *matérialiste* (« l'homme n'a d'autre fin que son existence sensible »), réduisant le dogme à une *fable socialement utile* (un « subterfuge » destiné à « prémunir les hommes les uns contre les autres » en leur inspirant l'espoir d'une récompense et la crainte d'un châtiment dans l'au-delà), non sur une interprétation concernant « la corporéité de la résurrection et les modalités de la vie future ». En d'autres mots : c'est infidélité que de nier le dogme de la vie future, car le Texte l'a rendu directement accessible à tous les hommes (*i.e.* sans recourir à des symboles). Le § 39 ne dit pas en revanche qu'il y ait infidélité à en interpréter les modalités. L'interdiction de l'interprétation, qui ne concerne que ce qui touche au *principe fondamental*, ne contredit donc pas les analyses précédentes. La qualification de l'interprétation concernant « la corporéité de la résurrection et les modalités de la vie future » réclame, toutefois, d'autres analyses.

Afin de préparer sa réponse, qu'il donnera à partir du § 43, Ibn Rushd dresse une typologie générale des énoncés de la Révélation (§ 40). L'ensemble est subtilement agencé. Il y a deux classes d'énoncés : les « versets univoques » (expression que nous empruntons au § 23) et les « versets équivoques » (expression que nous empruntons au § 41). Pour les versets univoques, l'attribution du sens obvie est obligatoire pour tout le monde, et l'interprétation interdite à tout le monde (l'interprétation interdite étant *infidélité* si elle touche aux principes du dogme et *innovation blâmable* si elle reste en deçà, cf. § 36). Pour les versets équivoques, il faut distinguer entre les classes d'esprits. Pour les gens de démonstration : l'interprétation est obligatoire et l'attribution du sens obvie est interdite (l'attribution du sens obvie étant infidélité) ; pour les autres : l'attribution du sens obvie est obligatoire, et l'interprétation interdite (l'interprétation étant soit infidélité soit innovation blâmable). En d'autres termes, le rapport des gens de dialectique et d'exhortation aux versets équivoques est le même que celui des trois classes d'esprits aux versets univoques.

Partant d'exemples précis, le § 41 met en œuvre la typologie du § 40. Face à des énoncés évoquant, par exemple, l'« assise divine » ou la « descente de Dieu », on doit répondre aux gens d'imagination (= d'exhortation) comme aux gens de dialectique (dont la réflexion est supérieure, puisqu'ils « rejettent la croyance en la corporéité divine », mais insuffisante au regard de la raison démonstrative) qu'il s'agit de versets *équivoques*, dont « nul ne connaît l'interprétation sinon Dieu » (Coran III, 7) : ce qui revient à leur interdire toute interprétation, et produit un bel effet de résonance avec le § 23. Au § 23, la première ponctuation de Coran III, 7 (marquant la pause après « et les hommes d'une science profonde ») était, en effet, alléguée pour empêcher les esprits non rationnels d'interdire aux gens de démonstration leurs interprétations rationnelles, alors qu'au § 41 c'est la seconde ponctuation (marquant la pause après « Dieu ») qui est invoquée pour interdire aux gens non rationnels leurs interprétations (non démonstratives). Le même § introduit, en outre, une distinction dans le camp même des gens de démonstration : face à un verset équivoque, il y a entre eux consensus sur la nécessité de l'interprétation, mais divergence sur sa nature, car tous ne sont pas au même « degré dans la connaissance de la démonstration ».

Se fondant sur la remarque finale du § 41, le § 42 enchaîne en pointant l'existence d'une troisième sorte d'énoncés révélés, « hésitant », « oscillant » entre les univoques et les équivoques. Cette « hésitation » (ici considérée comme une propriété de l'énoncé) vient de ce qu'une partie des gens de démonstration les classe parmi les énoncés qu'il faut, comme tout le monde, obligatoirement prendre au sens obvie, tandis qu'une autre partie les range parmi ceux qu'il est interdit aux savants de prendre au sens obvie. Pour les savants, ces énoncés

« hésitants » ne sont pas occasion d'erreur impardonnable, en raison même de leur « difficulté et de leur ambiguïté ».

Étant entendu qu'il y a trois sortes d'énoncés : les équivoques, les univoques et ceux qui hésitent entre eux, le § 43 répond à la question laissée en suspens au § 39. Il le fait en demandant où classer les énoncés révélés portant « sur les caractères et les modalités de la vie future ». Le problème est vite résolu : ce sont des énoncés « hésitants », car ceux qui se réclament de la démonstration ou la pratiquent divergent sur la qualification de leur interprétation. Pour les Ash'arites, ici classés parmi les gens de démonstration (ce que laissent échapper les historiens qui identifient simplement théologiens et dialecticiens), l'attribution du sens obvie est obligatoire, puisque aucune démonstration ne peut les falsifier quand ils sont pris en ce sens ; pour d'autres praticiens de la démonstration, en revanche, l'interprétation est de règle et même, le cas échéant, la pluralité des interprétations. Non sans habileté, Ibn Rushd range dans ce second groupe al-Ghazālī et « de nombreux soufis » – ce qui achève de ruiner les attaques portées, sur ce point, contre les philosophes dans le *Tahāfut al-falāsifa* et porte un dernier coup à la fiction d'un *ijmā'*.

Les § 44-48 tirent la conclusion de l'ensemble de la discussion et ouvrent la question *politique* qui va dominer toute la dernière partie du *Faṣl al-maqāl*.

Le § 44 commence par résumer les conclusions partielles : les savants qui commettent une erreur sur la « qualité de la vie future », sans « mettre en jeu son existence même », seront pardonnés par Dieu, car il n'y va pas des principes fondamentaux ; ceux qui, n'étant pas hommes de science, interprètent les énoncés portant sur ces principes au-delà de leur sens obvie sont infidèles – comme tout le monde, sera-t-on tenté d'ajouter (car les hommes de science doivent eux aussi prendre dans le sens obvie les énoncés univoques portant sur la substance du dogme). Puis le paragraphe introduit un thème nouveau : celui qui, n'étant pas homme de science, pratique l'interprétation (des énoncés équivoques ou hésitants) est infidèle à la fois parce qu'il viole l'obligation qui lui est faite de prendre les textes dans leur sens obvie et parce que cette interprétation le conduit à l'infidélité (disons : au scepticisme privé). La même remarque vaut pour ceux qui, étant hommes de science, pratiquent légitimement l'interprétation, mais divulguent leurs thèses à ceux qui ne peuvent les entendre, car ils les provoquent à l'infidélité.

Le § 45 formule la thèse coercitive, par laquelle Ibn Rushd pense établir sur des bases sûres la possibilité sociale de la philosophie. Les «interprétations ne doivent être couchées par écrit» que dans les livres du genre démonstratif, «puisque seuls les gens de démonstration y auront accès». Les mettre en circulation dans d'autres types de livres, en usant de moyens «poétiques, rhétoriques et dialectiques», c'est «pécher et contre la Révélation et contre la philosophie», même si, comme al-Ghazālī, on croit bien faire. Savoureuse pointe : l'intention d'Abū Ḥāmid, de nouveau rangé parmi les hommes de démonstration, était bonne – accroître le nombre des hommes de science –, le résultat réel obtenu est déplorable – il a produit autant de dépravés que de savants. La dépravation visée par Ibn Rushd est une manière habile d'énoncer la véritable *connexion* entre la Révélation et la philosophie, en considérant les effets produits par la mise en circulation des œuvres d'Abū Ḥāmid sous la forme, non démonstrative, où il les a exposées : soit un dénigrement de la philosophie, soit un dénigrement de la Loi révélée, soit une conciliation accidentelle de l'une et de l'autre. Qu'al-Ghazālī ait cherché la conciliation par des moyens inappropriés, *i.e.* en s'adressant à un auditoire fondamentalement inapproprié, Ibn Rushd en veut pour preuve qu'il change d'école et d'appartenance à chaque nouveau livre : il est ash'arite avec les Ash'arites, soufi avec les Soufis, philosophe avec les philosophes – désastreux éclectisme, qui ne sert ni la Révélation ni la philosophie.

Le § 46 en appelle alors au Prince, c'est-à-dire aux «chefs politiques des musulmans». Pour établir socialement la science rationnelle, il n'y a qu'une solution : politique et coercitive. Il faut : (a) commencer par interdire à ceux qui ne sont pas aptes à la science les livres d'al-Ghazālī, qui exposent des connaissances scientifiques sous une forme dialectique ou rhétorique; (b) il faut ensuite leur interdire la lecture des livres (d'autres auteurs qu'al-Ghazālī) où ces connaissances sont exposées selon la méthode démonstrative – bien que le péril soit, là, moindre, car il va de soi que seuls des hommes qui sont naturellement aptes à la science, mais qui en sont empêchés par quelque accident, risquent quelque chose à les lire – ce qui diminue singulièrement le danger social.

En revanche, comme le souligne énergiquement le § 47, interdire *totalement* les livres de démonstration, donc empêcher la circulation de la science chez ceux qui y sont parfaitement aptes, serait une erreur irréparable. Ce serait s'opposer à la Révélation qui «appelle» les hommes «à pratiquer» la démonstration, et faire tort à la fois à la classe d'hommes la plus parfaite (= les sujets les plus capables de connaître) et à la classe d'êtres la plus parfaite (= les objets les plus dignes d'être connus) – un «tort immense» (selon l'expression de Coran XXXI, 13).

On objectera qu'Ibn Rushd lui-même transgresse son principe en écrivant un livre de facture et d'essence argumentative juridiques (recourant massivement au *qiyās*) sur un sujet qu'il aurait dû exposer dans des livres de démonstration. Le § 48 formule lui-même l'objection. Sa réponse est que le débat sur la «relation entre la Révélation et la philosophie» et sur le statut «de l'interprétation du Texte révélé» est *déjà public*, qu'il ne peut donc s'y soustraire, et qu'il a, de toute façon, traité ailleurs démonstrativement des trois questions litigieuses soulevées contre les philosophes par al-Ghazālī. Dans cette réplique, le premier trait est le plus important : il indique l'urgence politique et la dimension idéologique, qui, de fait, réclament d'Ibn Rushd, «*juge* et savantissime », un texte ayant l'allure et le style, sinon exactement la portée, d'une *fatwa*.

*
* *

Troisième partie : § 49-72.

Ayant posé « la finalité de la Révélation » – « enseigner la science vraie et la pratique vraie » –, le § 49 définit la science vraie : la philosophie première, « connaissance de Dieu et des étants tels qu'ils sont », en particulier « les plus sublimes d'entre eux » (*i.e.* les Intelligences ou substances séparées), en tant qu'elle aboutit à la « connaissance de la béatitude » et à l'eschatologie. La pratique vraie se définit par rapport à son objectif – « l'accomplissement des actes qui assurent la béatitude et l'évitement de ceux qui valent les tourments » – et par rapport à son moyen – la science pratique, qui est « la connaissance de ces actes ».

Le § 50, en digression, donne une description sommaire des actes objets de la science pratique (les actes « extérieurs et corporels », objet de la « science de la Loi », les actes « psychiques » – les vertus et les vices –, dont la science est « l'ascétisme ») et situe sur ce second terrain le sens général de l'entreprise d'al-Ghazālī dans la *Revivification des sciences de la religion.*

Reprenant le fil, le § 51 revient sur la double finalité *pédagogique* de la Révélation. Puisqu'il s'agit d'*enseignement*, Ibn Rushd rappelle les deux opérations sur lesquelles repose, du point de vue *logique*, tout enseignement : la production d'une « représentation », la production d'un « assentiment ». Il y a deux façons de produire une représentation : se représenter une chose ou se représenter un symbole (distinction que tous les théologiens chrétiens du Moyen Âge placent au fondement de leur exposé de la science théologique, dans une formulation voisine qu'ils empruntent à Augustin : « Toute science porte sur des choses ou sur des signes »), et trois façons de « produire l'assentiment » : la démonstrative, la dialectique et la rhétorique. Cette double distinction explique *a priori* les diverses voies empruntées par la Révélation : étant donné les différences de disposition entre les hommes, «il fallait nécessairement que le Texte révélé comprît *tous les types* de production de *l'assentiment* et de la *représentation*».

La combinaison de tous ces facteurs permet de définir conceptuellement la manière dont se présente le Texte révélé (§ 52). Les méthodes de production de l'assentiment sont hiérarchisées extensionnellement : les rhétoriques concernent la majeure partie des hommes ; les dialectiques, une partie plus restreinte ; les démonstratives, une partie infime. Donc, (1) comme la finalité *première* de la révélation est de «se soucier du *plus grand* nombre», et (2) comme la Révélation ne peut pas ne pas être parfaite, c'est-à-dire adressée aussi au *plus petit* nombre, les arguments rhétoriques ont une extension plus large, ce qui satisfait à (1), et le Texte contient des «signaux» adressés à l'élite – *i.e.* des énoncés qui les appellent à l'interprétation – ce qui satisfait à (2).

Le § 53 dresse une typologie de tous les arguments destinés au plus grand nombre utilisés dans le Texte révélé, en combinant deux modalités (au sens logique) pour les prémisses : *probable* (= communément admise) et *certaine* (implicitement analysée en certaine *par soi* et certaine *par accident*), et deux types de signification pour les conclusions : au sens propre et au sens symbolique. On peut représenter ainsi la typologie des arguments destinés au *plus grand nombre* (où «Acc» signifie *par accident*) :

		PRÉMISSES	CONCLUSIONS	
	probables	certaines	sens propre	sens figuré
arguments [1]	+	+ Acc	+	
arguments [2]	+	+ Acc		+
arguments [3]	+	~[+ Acc]	+	
arguments [4]	+	~[+ Acc]		+

Cette combinaison permet de classer ces arguments du point de vue de l'interprétation : les arguments [1] sont ceux dont *aucune* interprétation n'est possible ; les arguments [2] sont ceux dont les *conclusions* peuvent être interprétées (mais pas les prémisses) ; les arguments [3] sont ceux dont les *prémisses* peuvent être interprétées (mais pas les conclusions) ; les arguments [4] sont ceux dont l'interprétation est *obligatoire* pour l'élite et *interdite* à la foule.

Dans ces quatre types d'arguments, ce qui est susceptible d'interprétation étant coextensif à ce qui peut être véritablement appréhendé par la démonstration, on peut dire que peuvent être véritablement appréhendés démonstrativement : pour [1], *rien* ; pour [2], les *conclusions* ; pour [3], les *prémisses* ; pour [4], *tout*. Mais comme « être véritablement appréhendé démonstrativement » signifie « être interprété », on peut dire que, face à [2]-[3]-[4], les obligations légales des croyants sont *nécessairement* différentes : l'obligation de l'élite est de « procéder à l'interprétation », l'obligation de la foule est de leur attribuer leur sens obvie (a) quant à la représentation (*i.e.* au *contenu* de la croyance), (b) quant à l'assentiment (*i.e.* à l'*acte* de croyance).

Le § 54 caractérise les arguments de la partie moyenne (*i.e.* non pas le *plus grand nombre* = la foule, ni *le plus petit nombre* = l'élite) : parmi les « méthodes communes » (*i.e.* les méthodes rhétoriques et dialectiques), certaines ont une force *persuasive* plus grande (= les méthodes dialectiques). Dans certains cas, donc, un énoncé ainsi interprété (= dialectiquement) produit une persuasion plus forte que son sens obvie. Le statut légal de telles interprétations, qui sont « vulgaires », pose un problème qu'Ibn Rushd laisse partiellement ouvert : ces interprétations sont une *obligation* pour la partie moyenne, intermédiaire entre la foule et l'élite – autrement dit les Ash'arites et les Mu'tazilites (ceux-ci étant, *la plupart du temps*, plus fiables que ceux-là) ; en revanche, pour la foule, qui a l'obligation de s'en tenir dans tous les cas au sens obvie, il est *nécessairement* («absolument») *interdit* de connaître ces interprétations dialectiques.

Le § 55 tire la synthèse de toutes ces analyses en reprenant la classification cognitive des esprits introduite aux § 16-17. Il y a trois classes d'hommes, distingués selon deux variables : (a) leur aptitude à connaître l'interprétation (interprétation qui peut être soit dialectique, soit certaine, *i.e.* démonstrative), (b) leur manière d'assentir.

La première classe est la foule (la «grande masse des humains») : (a) non habilitée à connaître toute interprétation et (b) dont l'assentiment est obtenu par la rhétorique; la deuxième classe est (a) habilitée à connaître l'interprétation dialectique et (b) son assentiment est obtenu par la dialectique, de par la nature de chacun de ses membres, renforcée, le cas échéant, par l'habitude; la troisième classe est (a) habilitée à connaître l'interprétation certaine et (b) son assentiment est obtenu par la démonstration, de par la nature de chacun de ses membres et la science qu'ils ont acquise (la philosophie).

Le § 56, reprenant la conclusion du § 55, reformule la thèse coercitive exprimée au § 46. Les interprétations philosophiques ne doivent être exposées ni aux dialecticiens ni à la foule, car cela conduit à l'infidélité. L'interprétation certaine a deux effets : elle invalide le sens obvie, elle dévoile un sens nouveau. Invalider le sens obvie chez certains esprits, sans que le sens nouveau puisse *s'avérer pour lui*, c'est le conduire immanquablement à l'infidélité. Comme dans le § 45, Ibn Rushd souligne donc qu'il n'est permis ni de révéler les interprétations démonstratives à la foule, ni (comme l'a fait al-Ghazālī) de les insérer dans les livres contenant les autres types d'argument. Le § 57 reprend, à son tour, la thèse du § 41 : concernant les énoncés de sens obvie susceptibles de poser un problème à tous les hommes sans que tous les hommes puissent en connaître l'interprétation, il *faut dire* (*i.e.* répondre à qui s'en enquiert sans y être habilité) que ce sont des énoncés équivoques dont Dieu seul connaît le sens, conformément à la seconde ponctuation de Coran III, 7, déjà alléguée dans le même § 41. Le § 58 répète avec insistance la conclusion du § 56 : qui, s'agissant des principes fondamentaux de la Révélation, communique une interprétation, quand il ne le devrait pas, autrement dit qui *répond* à une demande de la foule – qui, par définition, ne doit pas être satisfaite – est et doit être traité comme un infidèle, qui cause à la fois la perte de la foule et sa propre perte, «dans ce monde comme dans l'autre». Ceux qui le font, comme «certains de nos contemporains», dit Ibn Rushd sans préciser davantage, se comportent comme quelqu'un qui démontrerait à des gens simples que la médecine prévue pour eux par un médecin habile n'est pas la vérité médicale ultime (§ 59) et, les ayant ainsi désabusés de ce qui leur convenait spécialement, les mettrait du même coup dans l'incapacité de préserver leur santé et même, le cas échéant, les ferait douter qu'il y ait quelque chose comme la santé et la maladie (§ 60). Il en va de même pour la Révélation : exposer l'interprétation des énoncés révélés à la foule, c'est la détourner de la Révélation. L'analogie avec la médecine ici mise en œuvre n'est pas une métaphore poétique, c'est une analogie de proportion rigoureuse, qui a valeur de certitude, car le rapport du médecin (= M) à la santé du corps (= SC) est celui du Législateur (= L) à la santé des âmes (= SA) : M / SC // L / SA (§ 61). La santé des âmes, la «piété révérencieuse», la crainte de Dieu, est ce que vise le Législateur par l'institution de la science et de la pratique légales, comme la santé des corps est ce que vise le médecin par la science et la pratique médicales (§ 62).

Il ne faut donc rien communiquer à la foule : ni les interprétations vraies ni les interprétations viciées (§ 63). Le manquement à ce précepte est la cause de l'apparition des «sectes de l'Islam». La caractéristique des sectes, c'est-à-dire des différentes écoles théologiques et mystiques, est de s'accuser mutuellement d'infidélité et d'innovation blâmable. C'est une conséquence inéluctable de leur pratique de l'interprétation. Dans ce qui est probablement la page la plus souvent citée du *Faṣl al-maqāl*, le § 64 impute ainsi formellement aux Mu'tazilites et aux Ash'arites la responsabilité de la «haine», de l'«exécration mutuelle» et des «guerres» qui «divisent les hommes» autant qu'elles «déchirent la Révélation». Le § 65 explique pourquoi il ne peut en être autrement : les méthodes des théologiens ne conviennent ni à la foule ni à l'élite. À la foule, parce qu'elles sont abstruses, à l'élite, parce qu'elles ne démontrent rien – elles aboutissent même souvent à des thèses *sophistiques*, contraires aux vérités *nécessaires*. Parmi ces vérités nécessaires, spécialement niées par les Ash'arites, Ibn Rushd mentionne la permanence des accidents, l'action des choses les unes sur les autres, l'existence de causes nécessaires aux effets, l'existence de formes substantielles et de causes secondes. Ce qui se dégage de la pratique ainsi déchaînée n'a qu'un nom. Ibn Rushd ne recule pas devant lui : *oppression*. Les théoriciens ash'arites sont des «oppresseurs pour les Musulmans». Le § 66 souligne, non sans ironie, qu'une fraction de la secte ash'arite, autrement dit la fraction d'une fraction, n'a pas hésité à taxer d'infidélité ceux qui ne reconnaissaient pas l'existence du Créateur *d'après leurs propres méthodes*. Cet esprit de secte est l'essence du *sectarisme* : la méconnaissance radicale de la diversité des méthodes dans lesquelles la Révélation appelle chaque homme à s'engager selon sa nature propre. Le Législateur a voulu la pluralité car la Révélation est plurielle, et elle est plurielle parce qu'elle est universelle. Le Dieu des Ash'arites est un Dieu sectaire, un Dieu ash'arite. Un Dieu qui n'appellerait pas chaque homme à lui selon la manière dont il l'a créé.

Si, contrairement à ses sectateurs, Dieu n'est pas sectaire, quels sont alors «les procédés par lesquels la Révélation *entend* que soit enseignée la foule»? Cette question, qui ouvre le § 67, n'a qu'une réponse : le «Livre précieux», et lui seul! Qui observe véritablement le Coran voit bien, en effet, qu'il contient lui-même «les trois genres de procédés existant pour tous les humains » : les procédés communs au plus grand nombre (rhétoriques et dialectiques) et les procédés particuliers au plus petit nombre (démonstratifs).

Les hommes du « premier âge de l'Islam » arrivaient à la perfection de la vertu et à la « piété révérencieuse » en utilisant les arguments contenus dans le Texte pris au sens obvie, ils n'en donnaient aucune interprétation, et ceux qui étaient capables d'interpréter s'abstenaient de toute exposition. Les âges postérieurs, au contraire, ont été des âges d'interprétation marqués par la diminution de la piété et l'exaspération des divergences, des âges de fractions et de factions (§ 68).

Pour soustraire le « Livre précieux » à l'innovation blâmable, il faut donc revenir à des principes clairs et simples. Les arguments contenus dans le Texte révélé enseignent tous les hommes. Les gens de démonstration, qui sont les seuls à pouvoir *et à devoir* retirer leur sens obvie à un certain nombre d'entre eux, sont aussi les seuls à savoir que c'est la propriété distinctive des arguments coraniques que de se passer d'interprétation tout en appelant certains hommes à les interpréter (§ 69). C'est que le supplément apporté là ne regarde pas le Texte lui-même, mais d'abord et exclusivement celui qui répond à l'appel.

Comme l'énonce le § 70, les arguments du Texte révélé ont trois propriétés qui prouvent son caractère miraculeusement inimitable, son *insupérabilité* (*i'jāz*) : (1) ils sont les plus propres à engendrer la persuasion et l'assentiment de *tous les hommes*, car ils sont véridiques ; (2) leur force est telle que seuls les hommes de démonstration peuvent les interpréter, s'ils sont interprétables ; (3) ils sont si essentiellement véridiques qu'ils ont toujours en eux un « indice signalant l'interprétation vraie » à qui est habilité à la vérité. En fait, le Texte révélé est le contretype exact du discours théologique : qu'elles soient ash'arites ou mu'tazilites, les doctrines des théologiens (1) ne sont pas véridiques, (2) ne se soutiennent pas par leur seule force et (3) ne portent aucun «indice qui signale la vérité».

En va-t-il autrement de la philosophie? C'est la question que pose le § 71, qui affronte à sa manière le problème posé par le titre du *Faṣl al-maqāl* : la connexion de la Révélation et de la philosophie. Il ne suffit pas de se dire philosophe pour être philosophe. Philosophie et révélation ne sont pas une seule et même personne, mais «des compagnes et des sœurs de lait»[36]. Le mauvais philosophe est donc un mauvais ami, non pas seulement de la sagesse, mais de la Révélation elle-même. Rien ne le distingue du théologien sectaire.

Les dernières lignes du § 71 s'enchaînent avec la conclusion finale du § 72 : en dépit des déchirements sectaires, Dieu, qui guide chacun «vers l'amour de Lui» et délivre les hommes de «la haine» par «Sa grâce et Sa miséricorde» (§ 71), «a mis fin à beaucoup de maux, d'ignorances et de tendances pernicieuses», grâce à ce qu'Ibn Rushd appelle «*ce* pouvoir vainqueur». L'hommage appuyé rendu ici aux souverains almohades permet de dissiper certaines obscurités antérieures. À de certains moments, en effet, Ibn Rushd s'exprime comme s'il admettait implicitement l'existence d'une *voie* qui ne serait ni celle, purement rhétorique, de la foule, ni celle, purement dialectique, des théologiens : un niveau plus relevé, qui ne se confondrait pas pour autant avec la voie démonstrative réservée à l'élite. Le § 72 pose clairement l'existence d'une telle voie, qu'il appelle *moyenne*, et désigne précisément en quoi elle consiste : il s'agit moins,

36. Le thème des sœurs se retrouve dans l'*Igeret ha-vikuaḥ*. Chez Ibn Falaqera, la philosophie est même davantage qu'une sœur de lait : c'est la *sœur jumelle* de la Loi. Cf. G. Dahan, «*Epistola Dialogi...*», p. 60 et 87 (texte latin : *Legis gemella soror*). L'idée ne faisait pas plus l'unanimité chez les penseurs juifs que chez les juristes musulmans. Dans sa célèbre lettre à David Qimḥi, Judas Alfakhar écrit que, même si Maïmonide a voulu les faire paraître comme deux «faons jumeaux d'une biche», «la terre ne supporte pas» que Torah et «sagesse grecque soient ensemble comme deux sœurs». Cf. G. Dahan, *ibid.*, p. 56.

au fond, de la nature des procédés mis en œuvre – rhétoriques ou dialectiques – que des ensembles concrets où ils s'insèrent et qui dictent leur modulation. La voie moyenne ne passe donc pas entre deux classes d'arguments et deux classes d'esprits, voire deux classes sociales : la foule et les théologiens, mais entre deux manières de mettre en œuvre les méthodes réservées au grand nombre : le *conformisme imitatif* et le raisonnement *éristique*. Ce que salue Ibn Rushd dans la démarche de «*ce* pouvoir vainqueur», c'est d'avoir aidé la *foule* à marcher vers la connaissance de Dieu par un chemin inédit, *au-dessus* du «bas niveau» de l'*imitation*, du *taqlīd*, imposé par les docteurs de la Loi mālikites, mais *en deçà* du niveau pernicieux de l'éristique chère aux théologiens ash'arites, sans, pour autant, empêcher l'élite de philosopher – bien au contraire, puisque *ce* même «pouvoir vainqueur» lui a «signalé la nécessité» de s'y «engager radicalement». La véritable donne concrète, où la question de la connexion entre sagesse et Révélation prend son sens, est donc quadruple : ici le conformisme juridique, là l'éristique théologienne, là encore l'«examen rationnel de la Source de la Révélation», là enfin, articulant le système et instaurant les équilibres, le *pouvoir politique*, qui, et c'est l'idéal, ramène l'ensemble à deux *voies* seulement : celle, dite «moyenne», de la foule, bâtie sur le dépassement de deux écueils qui s'entretiennent l'un l'autre, le conformisme de l'imitation aveugle et le vain particularisme de la dialectique, et la voie des philosophes, la voie de «l'examen rationnel», réservée à ceux qui y sont aptes par la nature et par l'étude. La voie «moyenne» – une expression coranique – est celle de tout un chacun, préservée, par le «pouvoir», de deux perversions *réelles* dont l'une atteint le Droit et l'autre, l'apologie défensive de la religion. Ibn Rushd ne plaide donc pas pour la suppression du Droit ni pour celle de la théologie – ce qui n'aurait aucun sens ; il ne plaide pas non plus contre la foule pour la philosophie – ce qui n'en aurait pas davantage. Il plaide à la fois *pour la foule* et *pour l'élite* – un double plaidoyer qui est rendu possible par le fait que la foule et l'élite ont les mêmes adversaires, non pas le Droit en général ni la théologie en général, mais certains docteurs de la Loi et certains théologiens. Tel est l'*avis juridique* rendu dans le *Faṣl al-maqāl* : un avis de portée générale, parce qu'il est enraciné dans une situation historique concrète.

*
* *

L'analyse littérale du *Faṣl al-maqāl* permet de faire justice de deux mythes historiographiques qui hantent et parasitent l'interprétation de l'œuvre et du personnage théorique même d'Ibn Rushd tant dans le monde islamique qu'au-dehors. Les deux sont si intimement liés que l'on ne saurait exactement dire lequel commande l'autre. Nous prendrons ici comme point de départ le plus absurde : la doctrine dite de la « double vérité ».

C'est la grande invective de Pétrarque contre les averroïstes vénitiens, où Renan salue l'émergence du « premier homme moderne » (c'est là que, de fait, se décide l'idée même de l'humanisme : Cicéron contre Aristote et son Commentateur, mais d'abord la langue latine restaurée contre les sémitismes impénitents des traductions philosophiques faites sur l'arabe ; la rhétorique bien tempérée contre la « scolastique hérissée et le jargon sauvage » des averroïstes ; la théologie faible de la « bonne vieille pieuse », *annus pia*, contre la vaine philosophie des médecins de Padoue, ce « Quartier latin de Venise » ; la simplicité du vrai croyant contre la sophistique embrouillée des amateurs d'arabesques). C'est cette invective qui a imposé pour des siècles l'association de l'averroïsme à la « double vérité ». Dénonçant la cryptophilosophie de ses savants contempteurs (quatre disciples d'Ibn Rushd, qui l'ont traité de « brave homme », du haut de leur science arabe), Pétrarque invente le mélange d'arrogance, de duplicité et de libertinage qui, après lui et jusqu'aux Lumières, caractérisera l'averroïsme[37]. Le *De sui ipsius et multorum ignorantia* dresse un portrait implacable des averroïstes : (a) ce sont des athées qui « méprisent tout ce qui est conforme à la religion catholique » ; (b) ce sont des athées prudents, qui œuvrent par l'oral, en privé, non par l'écrit, et qui blasphèment à l'abri des regards (« ils combattent, sans témoins, vérité et religion, et dans les coins, sans se faire voir, tournent le Christ en ridicule, pour adorer Aristote qu'ils ne comprennent pas »), et qui, dès qu'ils se trouvent en société, affectent simplement de *réciter* les opinions des philosophes sans que leur foi soit impliquée (« lorsqu'ils en arrivent à une discussion publique, n'osant point vomir leurs hérésies, ils ont coutume de protester qu'ils dissertent indépendamment de la foi et en la laissant de côté ») ; (c) ce sont donc des libertins, qui contournent en permanence leur concession publique, mais forcée, à la loi religieuse (« cette foi qu'ils n'osent pas nier ouvertement, ils la nient autrement »)[38]. Une figure moderne du savoir émerge ainsi en négatif : celle que marque

37. Sur l'« averroïsme latin », cf. B. Nardi, « Note per una storia dell'averroismo latino », *Rivista di storia della filosofia*, 2 (1947), p. 134-140 et 197-220 ; 3 (1948), p. 120-122 ; 4 (1949), p. 1-12 ; G. Fioravanti, « Boezio di Dacia e la storiografia sull'averroismo », *Studi medievali*, 7 (1966), p. 283-322 ; R.-A. Gauthier, « Notes sur les débuts (1225-1240) du premier "averroïsme" », *Rev. Sc. ph. th.*, 66 (1982), p. 322-330 ; R. Imbach, « L'averroïsme latin du XIIIe siècle », in *Gli studi di filosofia medievale fra otto e novecento. Contributo a un bilancio storiografico*, Atti del convegno internazionale Roma, 21-23 settembre 1989, a cura di R. Imbach e A. Maierù (Storia e Letteratura, 179), Rome, Edizioni di Storia e Letteratura, 1991, p. 191-208 ; L. Bianchi, « Filosofi, Uomini e Bruti. Note per la storia di un'antropologia "averroista" », *Rinascimento*, Seconda serie, vol. XXXII (1992), p. 185-201 ; F. Niewöhner et L. Sturlese (éd.), *Averroismus im Mittelalter und in der Renaissance*, Zürich, Spur Verlag, 1994.

38. Cf., pour la traduction française, Pétrarque, *Sur ma propre ignorance et celle de beaucoup d'autres*, trad. J. Bertrand (Textes et traductions pour servir à l'histoire de la pensée moderne), Paris, Félix Alcan, 1929.

l'alliance d'une science étrangère et d'un cynisme privé. Quelques siècles plus tard, Leibniz, l'inventeur du terme «monopsychisme», en fera encore le fruit amer de l'averroïsme; une morale aussi où l'indifférence religieuse prend le masque d'un quiétisme mystique et/ou mystificateur[39]. Les légendes ont la vie dure: de Pétrarque à Renan en passant par Leibniz, Averroès n'a cessé, héros tutélaire des savants et des voleurs, de représenter les *noces barbares* pour ne pas dire *barbaresques* d'Hermès et de Philosophie.

Il est temps de se demander si ce scénario est fondé. D'autant plus que certains partisans modernes d'Ibn Rushd sont parfois tentés, pour affirmer les droits de l'indifférence religieuse, de reconduire *au positif* l'image *négative* forgée par Pétrarque. Soyons donc clairs : la notion inconsistante de «double vérité» n'est pas d'Averroès. Elle est née dans le monde latin, au cœur d'une polémique relayée par une censure. Rappelons l'essentiel.

En 1270, critiquant un argument des partisans de l'unité de l'intellect – *i.e.* que «Dieu ne peut faire qu'il y ait multiplicité d'intellects, car cela impliquerait contra-

39. Cf. G.W. Leibniz, *Sentiment de M. Leibniz sur le livre de M. de Cambray et sur l'amour de Dieu désintéressé* [1697], in *Système nouveau de la nature et de la communication des substances et autres textes 1690-1703*. Présentation et notes de Chr. Frémont (GF 774), Paris, GF-Flammarion, 1994, p. 128: «Vouloir se détacher de soi-même et de son bien, c'est jouer de paroles, ou si l'on veut aller aux effets [...], c'est vouloir une inaction stupide, ou plutôt affectée et simulée, où sous prétexte de la résignation et de l'anéantissement de l'âme abîmée en Dieu on peut aller au libertinage dans la pratique, ou du moins à un athéisme spéculatif caché, tel que celui d'Averroès et d'autres plus anciens, qui voulaient que notre âme se perdait enfin dans l'esprit universel, et que c'est là l'union parfaite avec Dieu: sentiment dont je trouve quelques traces dans les expressions assez ingénieuses, mais quelques fois bien ambiguës et bien sujettes à caution, de certaines épigrammes d'un auteur mystique qui s'appelle Johannes Angelus. Je ne doute point que les vrais Mystiques et bons directeurs n'en soient bien éloignés.»

diction» –, Thomas d'Aquin met en place un contre-argument portant sur l'implication logique d'un tel principe, dans ce contexte précis, du point de vue des «attitudes propositionnelles». Ce contre-argument épistémique se laisse facilement reconstruire[40].

Les partisans latins de l'unité de l'intellect, autrement dit les *averroistae*, selon la formule titre de l'opuscule rédigé par Thomas contre leur principal représentant, Siger de Brabant, soutiennent qu'«il n'est pas dans la nature de l'intellect d'être multiplié selon le nombre»[41]. Dans un texte qui, notons-le au passage, répond à Thomas, le *De anima intellectiva*, Siger assume l'argument mentionné dans le *De unitate intellectus contra averroistas* : il affirme que la multiplication numérique de *l'âme intellective qui est en moi* est impossible en soi et donc aussi pour Dieu, car même «Dieu ne peut réaliser simultanément des contradictoires ou des opposés». L'argument est-il «averroïste» ? Sans doute, car c'est à Averroès qu'un autre contradicteur de Thomas, l'*Anonyme de Van Steenberghen*, en attribue la paternité, *contre les théologiens*[42]. C'est, en tout cas, sur le terrain de la

40. Cf. Thomas d'Aquin, *De unitate intellectus contra averroistas*, § 118, trad. A. de Libera, in *Thomas d'Aquin. Contre Averroès* (GF 713), Paris, GF-Flammarion, 1994, p. 194-195.

41. Cf. Siger de Brabant, *In III De anima*, q. 9 ; éd. Bazán, p. 26, 23-25 : «Je dis qu'il n'est pas dans la nature de l'intellect d'être multiplié selon le nombre. En effet, la *Métaphysique*, livre VII, dit que c'est seulement par la matière que ce qui engendre donne naissance à quelque chose de multiple en nombre et d'un en espèce.»

42. L'Anonyme, qui s'appuie sur Averroès, *De caelo*, I, comm. 90, Venise, f° 58L-59C, distingue clairement le point de vue de la foi et celui du Commentateur, qui, seul, apporte la *solution* du problème posé. Cf. *Anonyme de Van Steenberghen*, *Quaestiones De anima*, III, q. 6 ; Van Steenberghen, p. 312, 13-15 : «Argument des théologiens : un agent dont la puissance ne souffre ni diminution ni imperfection peut faire qu'il y ait plusieurs formes séparées dans une même espèce ; or tel est le cas du Premier agent. À cela il faut répondre que c'est vrai selon la foi, mais que, nonobstant, c'est le Commentateur qui donne la solution dans le livre *Du ciel et du monde*. En effet il y soutient que ne pas pouvoir

puissance divine que porte l'attaque de Thomas : affirmer l'impossibilité pour Dieu de réaliser simultanément des contradictoires revient à poser que celui qui maintient la pluralité des intellects *croit à quelque chose d'impossible.* Or, et c'est là qu'intervient la «double vérité», l'averroïste fait, selon Thomas, deux choses distinctes : (a) il affirme le caractère nécessaire, démonstratif, scientifique de sa preuve que l'intellect ne saurait être multiplié, puisqu'elle est fondée sur un principe philosophique irréfragable : l'impossibilité d'une réalisation simultanée de contradictoires ; mais (b) en posant que sa thèse, p, est vraie et démontrée, il pose du même coup que la thèse opposée, ~p, est fausse et impossible. Or, ~p étant la thèse conforme à la foi, l'averroïste ne peut ni soutenir p contre ~p sans déclarer la fausseté de la foi ni soutenir ~p contre p sans renoncer à sa propre thèse. Il ne lui reste qu'une solution, soutenir simultanément p et ~p, laquelle est elle-même impossible au nom du principe de contradiction. C'est pourtant ce qu'il fait, affirme Thomas, par une grossière fallacie dont le § 119 du *De unitate intellectus* donne le principe : distinguer la proposition *p est le cas* et la proposition *je crois que p est le cas*. L'averroïste est celui qui *concilie* le point de vue de la philosophie et celui de la religion en maintenant simultanément : *je pense que p est le cas* et *je crois que ~p est le cas* :

> Par la raison je conclus de nécessité que l'intellect est numériquement un, mais je tiens fermement le contraire par la foi.

Cette distinction, où l'on reconnaît la formulation native de la doctrine de la double vérité, ne sauve pas l'averroïste : elle le place plutôt dans un piège logique,

---

faire ce qui est impossible ne diminue en rien la puissance du Premier ; c'est pourquoi le Commentateur dit que faire plusieurs formes séparées dans une même espèce est impossible, puisque ce serait faire des contradictoires. »

d'où il ne peut ressortir quand il y est entré. De fait, comme Thomas a beau jeu de le montrer, la formule salvatrice confond celui qui l'utilise. S'il la pose :

> C'est qu'il *pense* que la foi porte sur des affirmations dont on peut conclure le contraire en toute nécessité ; or puisque en toute nécessité seul peut être conclu le vrai nécessaire dont l'opposé est le faux impossible, il s'ensuit, selon son propre dire, que *la foi porte sur du faux impossible*.

L'averroïste est donc un négateur de la vérité de la foi, qui se cache derrière une concession de façade, en soi inconsistante[43]. La «formule de l'averroïsme» ne figure

43. À dire vrai, il y a bien dans le *Faṣl al-maqāl* de quoi tirer une formule comparable à celle que Thomas d'Aquin met au point au § 119 du *De unitate, i.e.* : *Par la raison je conclus de nécessité que p, mais je tiens fermement que ~p par la foi*. Aux § 34-36, Ibn Rushd admet en effet qu'il puisse y avoir contradiction réelle entre une thèse philosophique, conclue nécessairement, et la Vérité. Mais cette contradiction ne passe pas entre deux vérités : elle oppose une erreur, à laquelle la raison ne peut se soustraire, et une Vérité, qui reste le seul recours. Le philosophe peut se tromper sans le savoir et il n'est pas libre de ne pas se tromper, dès le moment qu'il se trompe en faisant tout ce qu'il faut pour ne pas se tromper (= en suivant les règles de l'art démonstratif). C'est parce que la *fausseté* peut, dans certains cas, aller de pair avec la *rigueur* que le philosophe n'est pas blâmable *quand il se trompe en philosophe*. Ce qu'Ibn Rushd affirme dans les § 34-36, ce n'est donc ni la possibilité ni *a fortiori* l'existence de deux vérités contraires, mais la possibilité d'une errance *non sophistique* de la raison. Pour aller plus loin, il lui faudrait affirmer, comme le fera Kant, l'existence de deux types d'apparence : (a) l'apparence logique, qui consiste dans la simple imitation de la forme rationnelle (celle des paralogismes), résulte uniquement d'un défaut d'attention à la règle logique et disparaît dès que cette règle est justement appliquée, d'une part, et (b), d'autre part, une apparence qui ne cesse pas, même après qu'on l'a découverte, une *illusion* qu'il nous est impossible d'éviter et qui nous fait prendre la nécessité subjective d'une liaison de nos concepts pour une nécessité de la détermination des choses en soi. Ibn Rushd reconnaît l'existence de (a) sans formuler (b) autrement que sous la forme de *l'impossibilité pour la raison de ne pas assentir à quelque chose d'établi par une démonstration*. Reste que, au niveau *légal* où il se situe (qui n'est pas celui d'une *critique de la raison pure*) et dans l'univers épistémique qui est philosophiquement le sien (celui d'Aristote, non celui de Kant), Ibn Rushd

pas chez Siger de Brabant. On la retrouve, après coup, chez l'*Anonyme de Van Steenberghen*, qui affirme crânement que « la thèse de la foi est *impossible* selon Aristote et tous les philosophes »[44], sans, pour autant, poser lui-même qu'il tient *par la foi* ce qu'il pense impossible selon la philosophie. Dans le *Prologue* du *Syllabus* de 1277, où sont condamnées 219 thèses des « philosophes », Étienne Tempier accomplit le dernier pas : il introduit la formule des *deux vérités contraires*, que les siècles suivants durciront dans l'*affirmation de l'existence de deux vérités contraires*, pour en faire la définition de l'« averroïsme ».

> Ils disent que certaines choses sont vraies selon la philosophie, qui ne le sont pas selon la foi catholique, *comme s'il y avait deux vérités contraires*, comme si la vérité des Saintes Écritures pouvait être contredite par la vérité des textes de ces païens que Dieu a damnés.

Même si dans sa lutte passionnée contre les « averroïstes » parisiens, Ramon Lull (premier d'une longue série qui, du Moyen Âge, mène à Renan) fait de la formule thomasienne la caractéristique centrale de l'averroïsme (*credo fidem esse veram, sed intelligo quod non est vera*), on reste fondé à se demander (a) si l'argument de Thomas atteint Ibn Rushd lui-même et (b)

---

soutient ce qu'on pourrait appeler une *version faible* de la thèse kantienne sur l'*apparence*, et non une *version quelconque*, forte ou faible, de la thèse « averroïste » sur la *vérité*. Si la thèse d'Ibn Rushd *pouvait être durcie et formulée en termes kantiens*, elle serait que le philosophe qui cède à (a) n'est pas philosophe, qu'il procède en ignorant (qui s'embarrasse lui-même) ou en sophiste (qui s'ingénie à tromper les gens raisonnables), tandis que celui qui cède à (b) ne fait pas que se tromper (factuellement) en raisonnant (juste), mais cède à une illusion naturelle et inévitable, ce que Kant nomme une *apparence transcendantale* (cf. *Critique de la raison pure*, *Logique transcendantale*, II, I, trad. A. Tremesaygues et B. Pacaud, Paris, PUF, 1965, p. 253-254). On ne peut, pour des raisons évidentes, aller jusque-là, et faire d'Ibn Rushd un kantien. Ce n'est pas une raison pour en faire un « averroïste ».

44. Cf. *Anonyme de Van Steenberghen*, *Quaestiones De anima*, III, q. 6 ; Van Steenberghen, p. 312, 18-20.

si la «doctrine de la double vérité», forgée par la censure latine, fournit un cadre d'interprétation valide pour le *Faṣl al-maqāl*, autrement dit : pour une œuvre que le Moyen Âge latin n'a pas connue.

Notre réponse est *négative*. Aucun passage du *Faṣl al-maqāl* n'affirme l'impossibilité philosophique de ce qui est vrai selon la foi. Aucun n'affirme l'impossibilité philosophique de ce que dit la foi. Aucun n'affirme l'existence de deux vérités contraires. En fait, l'univers épistémique du *Faṣl al-maqāl* est incommensurable à celui des polémiques autour de l'«averroïsme latin» : (1) parce que l'originalité propre et irréductible du *Faṣl al-maqāl* est de *distinguer le point de vue de la croyance et celui des théologiens* (alors que les Latins identifient automatiquement les deux); (2) parce que le *Faṣl al-maqāl* ne confronte pas des vérités contraires mais distingue des interprétations du «Livre de Dieu»; (3) parce que l'objectif immédiat du *Faṣl al-maqāl* est de déterminer scientifiquement quels sont les énoncés du Texte révélé dont l'interprétation est légalement *obligatoire* pour le philosophe et légalement interdite pour les autres croyants; (4) parce qu'à aucun moment le philosophe, ou, plus exactement, celui auquel le Texte enjoint lui-même de «s'engager radicalement dans l'examen rationnel de la Source de la Révélation», n'est dans la situation décrite par Thomas au § 118 du *De unitate* comme celle des averroïstes latins : «s'exprimer de manière irrévérencieuse au sujet de la foi» (a) en «*affectant* de se demander si» telle ou telle doctrine *philosophique* «est contraire à la foi» (alors qu'il sait pertinemment que oui); (b) «en se *présentant* lui-même comme s'il était étranger à sa propre religion».

Dire que, dans le *Faṣl al-maqāl*, Ibn Rushd soutient l'existence de deux vérités contraires est donc non seulement faux, mais épistémiquement impossible. Il laisse si peu le philosophe musulman s'excepter lui-même de sa propre croyance (1) qu'il s'interroge sur la qualification légale de l'erreur du philosophe (en soulignant que la raison n'a pas le pouvoir de se soustraire à la nécessité de ses conclusions) ; (2) qu'il se place, d'un bout à l'autre de l'œuvre, du point de vue d'une Vérité unique qui est la Révélation elle-même (en soulignant qu'il y a plusieurs voies pour y accéder). Il faut s'y résoudre une fois pour toutes : Averroès n'est pas «averroïste» au sens latin du terme.

Rien ne le montre plus clairement que l'interprétation de Coran III, 7, proposée dans le *Faṣl al-maqāl*. A quatre reprises, aux § 23, 28, 41 et 57, Ibn Rushd invoque ce passage. Le début du Texte, qui porte sur l'interprétation de ce qu'Ibn Rushd appelle lui-même les *versets équivoques*, est utilisé pour dénoncer ceux qui s'attachent à l'équivocité pour engendrer l'équivoque – les théologiens dialectiques, ou plutôt les sophistes amoureux de l'éristique.

> C'est Lui qui a fait descendre sur toi le Livre. On y trouve des versets univoques (*muḥkamāt*), qui sont la Mère du Livre, et d'autres équivoques (*mutashābihāt*). Ceux dont les cœurs inclinent vers l'erreur s'attachent à ce qui est équivoque, car ils recherchent la discorde, et sont avides d'interprétations.

La suite du Texte peut être ponctuée de deux façons (= P1 et P2) :

> P1 : Mais nul n'en connaît l'interprétation, *sinon Dieu et les hommes d'une science profonde*. Ils disent : Nous croyons en Lui, tout vient de notre Seigneur ! Mais seuls les hommes doués d'intelligence s'en souviennent.
> P2 : Mais nul n'en connaît l'interprétation, *sinon Dieu*. Les hommes d'une science profonde disent : Nous croyons en Lui, tout vient de notre Seigneur ! Mais seuls les hommes doués d'intelligence s'en souviennent.

Ibn Rushd joue des deux possibilités : au § 23, P1 est utilisée pour fonder l'*interdiction* (aux adversaires de l'examen rationnel) *d'interdire* (aux gens de démonstration) l'interprétation certaine de la Source de la Révélation ; au § 41, P2 est utilisée pour fonder l'*interdiction* (à tous ceux qui ne sont pas hommes de démonstration) de procéder à des interprétations. Cette stratégie n'invente rien – la double ponctuation est traditionnelle[45] ; en revanche, elle instrumente et souligne à la fois l'enjeu véritable du *Faṣl al-maqāl* et le terrain où se joue la discussion fondamentale : la justification de l'interprétation philosophique du Coran.

Cela nous conduit au second mythe historiographique : la présentation du *Faṣl al-maqāl* comme un traité visant à «réconcilier» la philosophie et la Religion. En fait, si l'on traque dans le texte d'Ibn Rushd tout signe d'adhésion à la doctrine de la double vérité, c'est que l'on se trompe sur l'objectif véritable du traité. On peut définir le principe de cette erreur en posant que, pour la plupart des lecteurs, *le schéma latin des deux vérités contraires reflue sur l'interprétation du titre de l'ouvrage*. On adopte ainsi d'emblée une grille de lecture qui transforme le *Faṣl al-maqāl* en matrice d'harmonisation de la vérité de foi et de la vérité philosophique – tâche absurde, du point de vue d'Ibn Rushd, et que toute l'économie du livre vise, au contraire, à dénoncer. Ce que cherche le *Faṣl al-maqāl*, ce n'est pas à concilier ou à réconcilier – car il faudrait pour cela que la «sagesse» et la

45. On notera que l'exégèse chrétienne de la Bible recourt, elle aussi, aux différences de ponctuation. C'est le cas, par excellence, pour l'interprétation de l'Évangile selon Jean, 1, 3-4. La Vulgate latine donne le découpage suivant: *Omnia per ipsum facta sunt, et sine ipso factum est nihil quod factum est. In ipso vita erat* (= Tout fut par lui et sans lui rien ne fut de ce qui existe. En lui était la vie). Mais nombre d'interprètes médiévaux lisent ou glosent : *Omnia per ipsum facta sunt, et sine ipso factum est nihil. Quod factum est in ipso vita erat* (= Tout fut par lui et sans lui rien ne fut. De tout être il était la vie), qui est la leçon de la Bible de Jérusalem, retenue aujourd'hui. Chez certains auteurs, les deux ponctuations sont admises comme donnant lieu à deux «vues» ou «contemplations» (*theoriae*) distinctes, mais complémentaires. Sur tout cela, cf. A. de Libera, «Sur l'exégèse de Jn 1, 3-4», in *Maître Eckhart. Commentaire du Prologue à l'Évangile de Jean*, Introduction, traduction et notes par A. de Libera *et al.* (L'Œuvre latine de Maître Eckhart, 6), Paris, Cerf, 1989, p. 381-394.

«Révélation» dont parle le titre aient à être conciliées. Or un tel présupposé est contradictoire avec les doctrines du *Faṣl al-maqāl*, et c'est précisément à le déconstruire que travaille tout le traité. Le principe néoplatonicien de la lecture harmonisante, illustré dans le monde musulman par al-Fārābī, n'est pas absent du *Faṣl al-maqāl*. Ibn Rushd le connaît bien et connaît son origine et sa fonction dans la philosophie orientale, héritière du néoplatonisme de l'Antiquité tardive : harmoniser les deux grandes philosophies, celle d'Aristote et celle de Platon. Il connaît aussi le présupposé qui l'anime, et qui fait de l'étude de la logique et de la philosophie naturelle d'Aristote une propédeutique aux «grands mystères» théologiques des *Dialogues* platoniciens. Mais, s'il connaît bien tout cela, il ne l'accepte pas en philosophie – où tout son effort vise à *déplatoniser Aristote* – ni ne l'applique, dans le *Faṣl al-maqāl*, au rapport de la «sagesse» et de la «Révélation». Lorsqu'il approche du thème de l'harmonisation, c'est au § 32, à propos du péripatétisme et du platonisme, et cela non pour concilier leurs thèses, mais pour souligner l'absence de *consensus philosophique*, puis, en ayant marqué la limite des divergences, montrer que, dans le débat des théologiens ash'arites avec les philosophes païens, les Ash'arites ne sauraient taxer d'infidélité la thèse péripatéticienne sous prétexte qu'elle est philosophique, puisqu'ils s'accordent eux-mêmes avec d'autres philosophes, les platoniciens, et se prononcent ainsi non à l'intérieur d'un débat entre sagesse et Révélation, mais à l'intérieur d'un débat entre deux philosophies.

En d'autres mots, les deux schèmes d'interprétation les plus répandus du *Faṣl al-maqāl*, qui procèdent, l'un, de l'historiographie de la philosophie «gréco-arabe» (l'*harmonisation* d'Aristote et de Platon), l'autre, de celle de la philosophie médiévale latine (la *double* vérité), sont inadéquats – et pour la même raison : tous deux présupposent une contradiction essentielle de la sagesse et de la Révélation. Or cette contradiction est explicitement niée par Ibn Rushd, et c'est bien parce qu'elle n'existe pas, du moins pour son auteur, que le *Faṣl al-maqāl* a sa raison d'être. Redisons-le donc, l'objectif du *Faṣl al-maqāl* n'est pas d'« harmoniser » la Religion avec la philosophie (ni même la philosophie avec la Religion), mais de « légaliser » la philosophie, en déterminant le rapport, la connexion, des deux *sur des fondements légaux*. Connexion ne dit pas la même chose que conciliation. On objectera que tout roule ici sur une traduction et qu'aucune n'est infaillible. Nous répondons que tous les développements du *Faṣl al-maqāl* plaident en faveur de l'une et excluent l'autre. La chose n'apparaît, toutefois, qu'à bien définir la nature du livre. Si, comme nous le croyons, le *Faṣl al-maqāl* est un traité juridique destiné, comme l'annonce le § 1 lui-même, à montrer que l'activité philosophique fait partie des actes légalement obligatoires pour ceux qui sont aptes à s'y adonner, quelle pourrait bien être la cohérence de l'opuscule si « sagesse » et « Religion » devaient être *conciliées* ? L'objectif d'Ibn Rushd n'est ni de « rationaliser la Religion » ni de « sanctifier la philosophie »[46], ni de réduire la vérité religieuse à une position subalterne par rapport à la vérité philosophique[47], ni d'assimiler le philosophe au prophète[48], ni, en somme, de confronter la *Raison* et la *Foi*, comme tout bon « scolastique ». Le *Faṣl al-maqāl* est étranger à ce que Durkheim a appelé le « drame de la scolastique » : il n'introduit pas la raison dans le dogme, tout en se refusant à nier le dogme ; il n'est pas ballotté entre le respect de la tradition et l'attrait du libre examen, entre le désir de rester fidèle et le besoin croissant de comprendre[49]. Le *Faṣl al-maqāl* n'est pas un livre de

46. Selon la formule de M. Campanini, « Introduzione », in *Averroès, Il trattato decisivo...*, p. 15.
47. Comme le soutient L. Gauthier, *La Théorie d'Ibn Rochd (Averroès)...*, p. 147-148 et 1948, p. 37-38 et 41.
48. Comme le fait H. Hanafī, *Ibn rushd shāriḥ^{an} Aristū*, Beyrouth, 1982, cité par M. Campanini, « Introduzione », p. 162.
49. Sur ces expressions, cf. A. de Libera, *Penser au Moyen Âge*, p. 352.

philosophie adressé à un public d'autant plus introuvable qu'il pose lui-même la nécessité d'une *réserve* philosophique confinant au mutisme social ; c'est un livre adressé au pouvoir politique par un savant musulman, un livre de combat, dirigé contre les juristes mālikites ultraconservateurs, un livre de juriste qui met constamment en œuvre le raisonnement analogique (particulièrement le raisonnement *a fortiori*) aux côtés du raisonnement démonstratif. Nous avons tenté de restituer la finesse et la rigueur de l'argumentation du *Faṣl al-maqāl* en paraphrasant logiquement chaque étape importante, dans l'espoir de montrer au lecteur que la démarche juridique d'Ibn Rushd est une véritable machine de guerre, à la rigueur implacable, en un mot «décisive», qui ne se comprend pas si on la sépare de la réforme almohade menée sur le double front du Droit (contre l'école mālikite) et de la théologie (contre le sectarisme théologien, le pullulement des sectes et le fractionnement de la société qu'il occasionne). Le *Faṣl al-maqāl* intervient sur les deux terrains, mais de manière distincte : l'ensemble du traité, son mouvement argumentatif d'ensemble (et le diagnostic qu'il pose avec le Souverain) est dirigé contre les *fuqahā'* ultra-orthodoxes, son détail porte la plupart du temps sur des zones de friction entre philosophes et théologiens ash'arites. C'est seulement dans le *Dévoilement (al-Kashf)* qu'Ibn Rushd aborde frontalement et sur le fond la question théologique – comme il l'annonce, d'ailleurs, lui-même au § 71, quand il dit que «si Dieu lui prête vie, il écrira» sur les doctrines des écoles théologiques, «ce qui sera en sa mesure». Cette intervention en deux temps répond ainsi aux deux moitiés de l'héritage almohade initial, la lutte contre le sectarisme tant juridique que théologique. Cela ne suffit peut-être pas à faire d'Ibn Rushd un «intellectuel organique» au service de la réforme almohade, selon la formule gramscienne employée par Campanini[50], cela suffit, en tout cas, pour

50. Cf. M. Campanini, «Introduzione», *loc. cit.*, p. 9.

écarter toute spéculation sur son attitude et ses croyances «privées» – il n'y a pas plus de raison de se demander si Ibn Rushd est un musulman sincère que de se demander si Guillaume d'Occam est un catholique sincère – et cela suffit, surtout, pour ne pas manquer la dimension authentiquement politique d'un traité qui n'est pourtant pas de *philosophie* politique.

*

* *

Bien qu'il ne soit pas un livre de philosophie, le *Faṣl al-maqāl* prend place dans une longue série de textes «politiques», inaugurée dans l'Orient musulman par al-Fārābī. Ayant étudié ailleurs les grandes étapes de cette histoire, il me suffit d'en rappeler ici les conclusions.

Al-Fārābī est un oriental, qui œuvre à Bagdad et à Damas dans les années 870-950 de l'ère chrétienne; il appartient au monde 'abbāsside, qui à l'époque sort juste de son âge d'or politique et culturel[51]. Son problème théorique, d'allure platonicienne, s'inscrit dans le double horizon syncrétique qui caractérise la philosophie de l'Islam d'Orient – accorder la Religion et la philosophie et accorder les «deux» philosophies entre elles, celle d'Aristote et celle de Platon : comment transposer la théorie platonicienne du philosophe-roi dans la société musulmane? Sa réponse, exposée dans le *Traité des opinions auxquelles adhèrent les habitants de la cité idéale* (*Mabādi' 'arā'ahl al-madīnat al-fāḍila*)[52], consiste

51. Cf., pour une étude d'ensemble, M. Galston, «The Theoretical and Practical Dimensions of Happiness as Portrayed in the Political Treatises of al-Fārābī», in Ch. E. Butterworth (éd.), *The Political Aspects of Islamic Philosophy*..., 1992, p. 95-151.

52. Cf., pour une traduction française, al-Fārābī, *Traité des opinions des habitants de la Cité idéale*, Introd., trad. et notes par T. Sabri (Études musulmanes, 31), Paris, Vrin, 1990. Le lecteur (italianisant) consultera avec beaucoup plus de profit M. Campanini, *Al-Fārābī. La città virtuosa* (I classici della BUR),

à faire de l'« imām-philosophe » le chef politique qui réalise, dans sa personne, l'unité de la religion et de la philosophie, c'est-à-dire de la pratique religieuse musulmane et de la *vie philosophique telle que la comprend Aristote* : la « vie contemplative » (*bios theôrêtikos*) adonnée à la connaissance parfaite, la *theôria*. Une cité juste a un chef juste : la société idéale est celle où le chef de l'État, l'imām, est aussi « philosophe au sens absolu ». Cet éloge du bon gouvernant est une justification métaphysique du califat. Elle survient en temps de crise politique : à l'époque d'al-Fārābī, l'empire 'abbāsside commence à se désintégrer, la poussée byzantine s'accroît irrésistiblement, les sectes prolifèrent. L'idée d'un pouvoir central fort, unifiant le politique et le religieux sinon par la philosophie, du moins dans la personne d'un philosophe qui serait en même temps le premier des croyants, tel est le modèle avec lequel se confronte l'Islam occidental – spécialement les deux prédécesseurs d'Ibn Rushd, Ibn Bājja et Ibn Ṭufayl.

Ibn Bājja vit dans un autre monde qu'Ibn Rushd : celui de la première dynastie africano-berbère, les Almoravides, qui, après la prise de Tolède par les Chrétiens, en 1085, a assuré la réunification des restes de l'Espagne musulmane. Cette période d'*intolérance religieuse* (1086-1147) est propice à un certain type de réflexion politique. « Philosophe dégagé de toute foi religieuse » selon les chroniqueurs, Ibn Bājja relève, à sa manière, le défi[53]. Face à une société politiquement hostile à la philosophie, où l'espoir d'un chef « idéal » ne peut être caressé, il a l'intuition que la vie philosophique a pour caractéristique de ne pouvoir se réaliser ni au sommet ni à la base. Cette situation paradoxale lui dicte son diagnostic, où s'entame

---

Biblioteca Universale Rizzoli, 1996 [avec une « Bibliographie », p. 49-54].

53. Cf. S. Harvey, « The Place of the Philosopher in the City According to Ibn Bājjah », in Ch. E. Butterworth (éd.), *The Political Aspects...*, p. 199-233.

le moment *andalou* de la pensée politique musulmane, dont participe Ibn Rushd. Il ne s'agit ni plus ni moins que d'appliquer les idées d'al-Fārābī à un individu qui n'est, en somme, ni en haut ni en bas. La conduite d'un tel individu est de mener la vie qui *serait* celle de l'habitant de la cité vertueuse, à faire *comme s'il vivait déjà dans la cité idéale*, alors que la cité réelle le contrarie en tout. Ce genre de vie *individuel*, fondé sur l'anticipation de la justice, est une manière d'inscrire politiquement la figure du sage sous un intitulé nouveau : celui du *solitaire*. Le grand traité de philosophie politique d'Ibn Bājja est donc intitulé *Régime du solitaire* – le mot «régime» désignant tous les aspects, diététiques, moraux, psychologiques, éthiques de la «conduite de soi». Les étapes de la vie solitaire sont celles de l'ascèse intellectuelle décrite par al-Fārābī pour définir l'imām-philosophe, mais le philosophe d'Ibn Bājja n'est pas le philosophe-imām et prophète d'al-Fārābī, distingué des autres hommes par un ensemble de *dons*, c'est un homme qui travaille sur lui-même, métaphysiquement séparé du monde empirique par la contemplation intellectuelle et socialement séparé des autres hommes par la solitude où il s'enferme. Le solitaire d'Ibn Bājja est voué à ce que les Latins appelleront «le bien monostique», ce souci de soi dont le moine est, pour un chrétien du Moyen Âge, l'archétype[54]. La différence

54. Chez les *Magistri artium* latins du XIIIe siècle, la notion de «gouvernement» ou, comme on dit, de «régime» (*regimen*) se répartit sur trois sciences : la politique, qui est la science du «gouvernement d'un peuple, d'un pays ou d'une ville», l'économique, qui est «la science de gouverner et administrer sa propre famille», la monostique, qui est «la science relative au gouvernement d'un seul, à savoir de soi-même». L'étymologie de la monostique, plus ou moins motivée, accentue la dimension individuelle de l'éthique comme conduite de soi : «Le bien monostique, dit-on, est nommé d'après *monos*, qui signifie "un" et *custos*, au sens de "science de la garde d'un seul" (*de custodia unius*).» Il n'y a donc pas à s'étonner de voir tel ou tel auteur expliquer que le «moine, *monachus*, doit être dit avoir pour bien un bien monostique, puisqu'il n'a cure que de son âme», et d'ajouter: «D'ailleurs, *monachus* est nommé d'après *monos*, qui signifie "un", et *ycos*, qui

du solitaire et du moine est que le solitaire est *dans le monde* et qu'il se comporte comme le *citoyen idéal* d'une *cité réelle*. Il n'y a donc pas d'*utopie politique collective* chez Ibn Bājja, mais une *atopie individuelle éthique*. Même si la notion de «régime», ancêtre médiéval du «gouvernement», articule les trois réseaux conceptuels dont le recoupement distingue, précisément, la notion médiévale et la notion moderne du gouvernement : la «conduite de soi», l'«administration domestique» et la «direction de l'État», le dernier mot du régime bājjien reste à la morale, contre les économiques et la politique. L'homme seul, sans possession ni rôle de pouvoir, le philosophe du *comme si*, occupe une place non marquée dans l'ordre socio-politico-religieux : ni docteur de la Loi, ni théologien, ni souverain, ni dirigeant, ni dirigé. On dira que cette définition de la place de l'intellectuel par l'abstention à l'égard de ce qui est inaugure un mouvement dont la modernité est le plein aboutissement. Peut-être. Il faut, en tout cas, souligner ce qui s'opère dans l'apologie bājjienne de la solitude. Jusque-là, la société musulmane – comme la société byzantine – se représentait la philosophie comme une «science étrangère». Avec Ibn Bājja, le *sage* se pose lui-même comme étranger à la société : c'est un homme qui se choisit *libre* en se choisissant *seul*. Premier pas vers un pessimisme social, qui va aller croissant.

Le *sentiment d'atopie* où baigne le *Régime du solitaire* s'expose à plein dans le roman philosophique d'Ibn Ṭufayl, dont le titre et le personnage central sont empruntés à un texte d'Avicenne : *Ḥayy ibn Yaqẓān*,

---

signifie "*custos*" (gardien), au sens de "gardien d'un seul", à savoir: de son âme.» Pour les Latins, le moine est le prototype du *sujet moral entendu comme sujet monostique*. Pour quelques textes représentatifs de la morale des *Magistri artium*, cf. Cl. Lafleur, *Quatre Introductions à la philosophie au XIIIe siècle*, (Université de Montréal, Publications de l'Institut d'études médiévales, XXIII), Montréal-Paris, Institut d'études médiévales - J. Vrin, 1988.

c'est-à-dire *Vivant, fils de Vigilant.* Ce récit initiatique mérite doublement le titre de *robinsonnade philosophique*, jadis forgé par Karl Marx : par son contenu, d'abord, par sa postérité ensuite – c'est une des sources de l'œuvre de Daniel De Foe. Pour ce qui nous occupe, c'est d'abord l'histoire d'un échec[55]. Ḥayy est un solitaire qui cherche à sortir de sa solitude. Abandonné sur une île déserte, il a grandi seul, découvert la philosophie par la raison naturelle, l'observation et l'expérience. Il pourrait vivre heureux. Mais il veut transmettre sa sagesse aux habitants, musulmans, de l'île voisine. Le résultat ne surprend pas : il doit fuir, pour éviter la mort, et retourner dans sa solitude, avec un compagnon. Le diagnostic est clair : le philosophe ne doit pas s'adresser à la société. Il doit la fuir. Le problème est que, dans la réalité, la fuite est impossible. L'espace politico-religieux n'a pas de dehors. Il n'y a donc qu'une solution : se taire, et philosopher dans le secret. Par rapport au «régime du solitaire», il y a un changement, peut-être un progrès : on passe du plaidoyer pour l'érémitisme à une sorte d'ésotérisme social. Le philosophe n'est pas au pouvoir, comme l'imām fārābien, mais il n'est pas non plus solitaire au sens d'Ibn Bājja. Il vit en communauté, une communauté invisible, secrète, muette. Du même coup, le problème du statut social de la philosophie est posé. Une voie est tracée, qui de la séparation individuelle mène au retrait communautaire, une voie qui mène au silence, car, à l'évidence, le silence du philosophe est le seul garant de sa liberté.

C'est sur cette voie, sans doute, qu'on peut être tenté de lire, à un premier niveau, le *Faṣl al-maqāl*. Comme œuvre «politique», le *Discours* d'Ibn Rushd a, en effet, un double caractère : c'est une revendication pour un statut social de la philosophie garanti par le pouvoir politique contre le pouvoir des théologiens et des juristes ;

55. Cf. H. Fradkin, «The Political Thought of Ibn Ṭufayl», Ch. E. Butterworth (éd.), *The Political Aspects...*, p. 234-261.

mais, en même temps, c'est un plaidoyer pour une séparation non moins radicale entre la philosophie et la société.

Le sens de la critique des théologiens ash'arites est clair. Inutiles et incertains, les *mutakallimūn* ruinent, par leur dialectique, la simple croyance, mais, incapables de lui substituer la certitude de la science, ils versent dans un allégorisme incontrôlé, générateur de tous les maux de la société : intolérance, guerre, fanatisme. L'aspect politique de la taxinomie sociale, psychologique et épistémologique des trois «classes» (de gens, d'esprits, d'arguments) l'est aussi, du moins sur un plan général. Il ne s'agit plus ici, comme chez Ibn Bājja, de monostique et de «régime» (Ibn Rushd souligne d'ailleurs volontiers que l'ermite n'est «ni bon ni mauvais», rejetant, du même coup, comme non éthique, car non politique, toute alternative monachiste), mais bien de gouvernement au sens de «direction de l'État». En tant que *responsum* juridique, le *Faṣl al-maqāl* est, en un sens, un discours politique à destination du souverain. Mais le «chef juste» selon Ibn Rushd n'est pas l'imām-philosophe-prophète d'al-Fārābī. Ibn Rushd n'attend pas du souverain almohade qu'il agisse en philosophe-roi pour *transformer la société* : il définit pour lui ses devoirs face au monde tel qu'il est. Or, tels que les interprète Ibn Rushd, les devoirs du souverain sont doubles : il lui faut interdire la lecture des livres de science aux théologiens, qui ne sont pas aptes à les comprendre; mais il lui faut aussi veiller à ce que les hommes de science ne divulguent pas le résultat de leurs travaux à la masse. Cette régulation *préventive* est une sorte de prophylaxie sociale destinée à régler la communication : la religion est socialement utile, la théologie dialectique socialement dangereuse, la sagesse n'a d'espace propre qu'à la double condition de ne pas devenir socialement dangereuse et de ne pas se vouloir socialement utile. La place du sage est donc à l'ombre d'un pouvoir politique chargé d'entretenir à la fois la possibilité du fidéisme pour les masses et du rationalisme pour l'élite. Les deux ensembles ne peuvent subsister qu'à rester disjoints – une disjonction qui, seule, est facteur d'ordre. Terrible conclusion, que la réalité historique de l'Islam occidental va bientôt confirmer : la philosophie telle que l'entend Ibn Rushd disparaît après lui, suivie de peu par l'empire almohade. « Averroès » aura des disciples chez les juifs jusqu'à la fin du XVe siècle et chez les chrétiens jusqu'à la fin du XVIe. Il n'en aura plus pendant longtemps chez les musulmans.

On aurait tort, cependant, de réduire le *Faṣl al-maqāl* à une critique de la théologie. Le *Discours* d'Ibn Rushd est un texte juridique. C'est sur le terrain du droit qu'il faut apprécier et sa signification et son échec, car c'est sur ce terrain qu'il acquiert sa vraie dimension politique. Constater l'échec du *Faṣl al-maqāl*, ce n'est pas constater la victoire finale des théologiens sur les « philosophes », c'est prendre acte de l'effondrement de la réforme almohade dans sa double visée théologique, certes, mais aussi, et d'abord, juridique. Ce qui a raison de l'« averroïsme » après Ibn Rushd, ce n'est pas l'apologie défensive de la Religion, c'est le conformisme imitatif des juristes. Des deux critiques menées par Ibn Rushd dans le *Discours décisif*, c'est celle des *fuqahā'* ultraconservateurs, qui, n'étant plus relayée par le politique, tourne court et entraîne *socialement* dans sa chute la version rushdienne de la *connexion* de la « sagesse » et de la Révélation.

*
* *

L'influence du *Faṣl al-maqāl* au Moyen Âge est diverse et contrastée. Dans le monde musulman, le *Discours* n'exerce aucune influence immédiate. Dans le monde latin, le personnage théorique d'« Averroès », forgé à partir d'autres sources, se surimpose au *Faṣl al-maqāl*, inaccessible en traduction et, de toute façon, non exportable dans un univers où les rapports du droit, de la théologie et de la philosophie sont socialement, politiquement et conceptuellement distribués de manière incommensurable à celle qu'affronte l'œuvre d'Ibn Rushd[56]. Reste le troisième monothéisme : là, les données sont différentes. C'est dans la pensée juive médiévale que se situe la première vraie postérité du *Faṣl al-maqāl.*

Si le *Guide des égarés* présente quelques affinités remarquables avec les doctrines d'Ibn Rushd – de la critique du *kalām*[57] à l'apologie d'un certain ésotérisme social[58] –, Maïmonide (1135/1138-1204) n'est pas influencé par le *Faṣl al-maqāl.* Les principaux continuateurs d'Ibn Rushd dans le monde juif sont Shemtov ibn Falaqera (v. 1223/1225-ap. 1291), qui professe un concordat Maïmonide-Averroès, d'une part, et les «averroïstes» proprement dits, Isaac Albalag (*fl.* v. 1270), Moïse de Narbonne (1300-1362) et Eliya Delmédigo (v. 1460-1497). La figure de Moshe Narboni est

56. Sur ce point, cf. les remarques lumineuses de G. Dahan, «Foi, raison, politique...», art. cité, p. 142-143. Cf., en outre, L. Strauss, *La Persécution et l'art d'écrire*, Paris, 1989, p. 35-53.

57. Le *Guide des égarés* propose, au passage, une sorte de petite histoire du *kalām*, posé comme une entité transculturelle où se rencontrent les Grecs, les Syriens (chrétiens) et les Musulmans. La pointe de la critique est proche du *Faṣl al-maqāl*. Cf. *Guide des égarés*, I, 71, trad. S. Munk, Paris, 1866, reprint Éd. Verdier, 1970, p. 175-177. Sur tout cela, cf. A. de Libera, *Penser au Moyen Âge*, p. 125-129 et 369-370 (note 13).

58. On souligne souvent que, contrairement à celui d'Ibn Rushd, l'ésotérisme social de Maïmonide n'est pas total, puisque, selon lui, le principal résultat de la métaphysique, la démonstration de l'unicité et de l'incorporéité de Dieu, doit être impérativement «enseigné aux enfants et aux masses». Il faut, toutefois, rappeler que, pour Maïmonide, cette tâche incombe directement à la «tradition», non à la philosophie. Si le philosophe a un certain rôle dans la communauté, il n'est donc pas foncièrement différent de ce que suggèrent certains passages du *Faṣl al-maqāl*. Quand Maïmonide soutient que *si* le vulgaire se refuse à admettre l'incorporéité de Dieu, on *doit* lui dire que, «l'interprétation du texte étant comprise par les hommes de science, il lui revient à lui de savoir simplement que Dieu n'est point un corps et qu'il est impassible», il n'est pas si éloigné qu'on le dit des thèses soutenues dans les § 41, 45 ou 56-57 du *Faṣl al-maqāl.*

aujourd'hui bien connue[59], celle d'Eliya aussi[60]. Celle de Shemtov ibn Falaqera, plus discrète, a fait l'objet d'une monographie de G. Dahan, qui a étudié et édité l'*Epistola Dialogi*, traduction latine de l'*Igeret ha-vikuaḥ* – adaptation littéraire «libre» du *Faṣl al-maqāl*. Ayant utilisé cette œuvre dans notre analyse du contenu du *Discours*, nous nous attarderons ici plus spécialement sur Isaac Albalag.

Le cas d'Albalag est passionnant, car c'est sans doute avec lui que l'on passe véritablement d'Averroès à l'«averroïsme»[61]. Traducteur en hébreu des *Intentions des philosophes* d'al-Ghazālī, Albalag est l'auteur d'un *Redressement des doctrines*, qui attaque de front toutes les «incohérences». Sa première cible est la même que celle d'al-Ghazālī : «Abū Naṣr al-Fārābī et Ibn Sīnā», mais ce qu'il leur reproche est exactement contraire, c'est de «s'être écartés de la voie d'Aristote». Mais il s'attaque évidemment aussi à al-Ghazālī (qui, comme l'a montré le *Faṣl al-maqāl*, n'a pas compris les philosophes) et, chose plus inattendue, à Maïmonide («qui ne vaut guère mieux»). En fait, au lieu de chercher une lecture concor-

59. Cf. M.-R. Hayoun, *Moshé Narboni*, Tübingen, Mohr, 1986.

60. On connaît bien, notamment, le *Beḥinat ha-dat*, où le grand philosophe juif padouan reprend systématiquement le *Faṣl al-maqāl*. Sur le rapport d'Eliya au *Faṣl al-maqāl*, cf. M.-R. Hayoun, «Eliya Delmédigo (1460-1493) ou le dernier averroïste juif à Padoue», *op. cit.*, p. 9-45. Cf., en outre, J. Guttmann, «Elia del Medigo's Verhältnis zu Averroes in seinem Bechinat ha-dat», *Jewish Studies in Memory of Isr. Abrahams*, New York, 1927, p. 192-208.

61. Sur Albalag, cf. G. Vajda, *Isaac Albalag. Averroïste juif, traducteur et commentateur d'Al-Ghazali*, Paris, 1960 ; Ch. Touati, «Vérité philosophique et vérité prophétique chez Isaac Albalag», *Revue des études juives*, CXXI (1962), p. 35-47. Sur la pensée médiévale juive, cf. J. Guttmann, *Histoire des philosophies juives de l'époque biblique à Franz Rosenzweig*, trad. Sylvie Courtine-Denamy (Bibliothèque de philosophie), Paris, Gallimard, 1994 ; Ch. Touati, *Prophètes, talmudistes, philosophes* (Patrimoines, judaïsme), Paris, Cerf, 1990 ; G. Vajda, *Sages et penseurs séfarades de Bagdad à Cordoue* (Patrimoines, judaïsme), Paris, Cerf, 1989.

dataire d'Averroès et de Maïmonide (comme Ibn Falaqera), Isaac rejette résolument les enseignements de l'auteur du *Guide des égarés*, «qui ne s'est pas moins fourvoyé en matière de philosophie qu'en matière de foi» – la cause de ses erreurs étant, comme pour al-Ghazālī, d'être resté dans l'horizon de l'alfarabo-avicennisme.

S'il reconnaît qu'il y a quatre croyances fondamentales communes à toutes les Lois révélées et à la philosophie («l'existence de la récompense et du châtiment, la survie de l'âme à la mort physique afin de les recevoir, l'existence d'un Seigneur rémunérateur et vindicateur, l'existence d'une Providence veillant sur les voies de l'homme pour donner à chacun selon ses voies»)[62], Albalag trace la même distinction qu'Averroès entre la méthode «narrative» dont se sert la législation révélée pour les établir dans le vulgaire et la méthode «démonstrative» dont se sert la philosophie pour les enseigner à l'élite. Il le suit également dans la description du travail philosophique. La vérité s'acquiert d'abord par la démonstration rationnelle : la première tâche du philosophe est donc de l'«apprendre». Ensuite, il lui appartient de considérer si un texte biblique «supporte la notion démonstrative établie» et de l'interpréter «à la lumière de celle-ci». Si le texte n'admet «aucune des notions apodictiquement démontrées», il faut arrêter l'exégèse, dire qu'on «ne le comprend pas», que «son intention échappe» et qu'il y a là «non un mystère philosophique, mais un des mystères prophétiques livrés uniquement à ceux que Dieu a gratifiés d'un esprit supérieur». Il n'y a

62. Cf. I. Albalag, *Le Prologue*, in G. Vajda, *Isaac Albalag...*, p. 16. Comme le souligne Vajda, p. 17, note 1, Albalag laisse le «problème de l'origine du monde en dehors des croyances fondamentales». La thèse selon laquelle les «vrais philosophes» (par opposition aux «prétendus philosophes» ou aux «Épicuriens») reconnaissent et prouvent unanimement l'existence d'un Dieu unique et créateur est, toutefois, un lieu commun de la pensée juive. On le retrouve chez Maïmonide (notamment dans la *Lettre aux savants de Marseille*), chez Yedayah de Béziers et, naturellement, chez Ibn Falaqera. Cf. G. Dahan, «*Epistola Dialogi...*», p. 62-63.

pas de mystère en philosophie — les seuls mystères relèvent de la prophétie. Contrairement à ce que soutient la tradition issue d'al-Fārābī et d'Avicenne[63], dont dépend Maïmonide, le philosophe et le prophète ne s'assimilent pas, chacun parle en son ordre.

Le sage peut tout comprendre à partir du seul raisonnement, méditer philosophiquement la *Torah* et transmettre ses connaissances ou ses doctrines par l'enseignement. Les vérités prophétiques sont accessibles au seul prophète, elles ne s'enseignent pas, et l'on ne peut y accéder par le raisonnement. La théorie de la prophétie naturelle ou, ce qui revient au même, la théorie naturelle de la prophétie, qui joue un rôle si important dans l'alfarabo-avicennisme et le maïmonidisme, sont vigoureusement rejetées. La prophétie n'est pas la philosophie achevée, ni la philosophie l'état naissant de la prophétie. *A fortiori* ne sont-elles pas *ultimement* identiques. Il n'y a pas d'accès philosophique ni même de sens philosophique à la prophétie : «La connaissance prophétique n'appartient qu'au prophète; encore moins peut-on y ajouter par le raisonnement personnel.» «L'intelligence de la doctrine prophétique» ne peut être objet d'un *savoir* (sauf pour le prophète lui-même), elle est seulement objet de *croyance* «pour celui qui la reçoit par transmission». La critique du *kalām* se retrouve aussi chez Albalag, mais appliquée au contexte juif, en l'espèce de la Kabbale. Comme Ibn Rushd, l'auteur du *Redressement des doctrines* incline au bipartisme : il ne devrait pas y avoir de tiers entre la démonstration rationnelle et le respect littéral de la tradition («N'admets jamais dans ta créance aucune exégèse scripturaire qui ne soit confirmée par l'une de ces deux méthodes»). Tout vaut mieux plutôt que d'accepter la *tierce position* kabbaliste : «Si tu n'es pas de ceux qui ont été jugés dignes d'accéder au degré (de l'interprétation philosophique), il est préférable que tu

63. Cf. J.W. Morris, «The Philosopher-Prophet in Avicenna's Political Philosophy», in Ch. E. Butterworth (éd.), *The Political Aspects...*, p. 152-198.

t'en tiennes au sens obvie, sans en demander la raison, plutôt que d'accepter quelque ratiocination extravagante qui *ne relève ni de la philosophie ni de la prophétie.*» Celui qui choisit la Kabbale choisit le vide : «Si tu deviens adepte de la secte ésotériste de notre pays, tu ne seras ni philosophe ni croyant.» Rien de plus «rushdien» que cette mise en garde contre le *tiers inutile*. Mais Albalag n'est pas seulement «rushdien», il est aussi «averroïste». Le radicalisme d'Isaac est, en effet, tel que, en un sens, il l'amène à soutenir la seule authentique doctrine de la «double vérité» réellement attestée au XIIIe siècle. Le programme en est clair et net : si les paroles de la *Torah* «peuvent s'interpréter en conformité avec la doctrine démonstrative», il faut y adhérer «et en vertu de la démonstration et en vertu de la foi»; si aucun texte scripturaire n'appuie une démonstration philosophique, il faut croire la démonstration «en vertu de la seule spéculation»; si, au contraire, une thèse philosophique est contredite par un texte scripturaire, il faut croire «également le sens littéral du texte par voie de miracle», en sachant bien que son intelligence est réservée au seul prophète. On a donc trois situations possibles pour un individu philosophe "*x*" :

(a) la philosophie et la *Torah* s'accordent sur un point précis = "Y";

(b) la *Torah* ne se prononce pas sur Y;

(c) la *Torah* contredit la philosophie sur le point Y.

Ces trois cas déterminent trois types de croyance.

Dans le cas (a), la croyance de *x* est philosophique et religieuse; dans le cas (b), elle est seulement philosophique; dans le cas (c), *x* a deux croyances : la philosophique et «*également*» la religieuse. Dans les trois cas, la croyance philosophique est maintenue[64].

On n'est donc pas étonné de voir Isaac poser la thèse qu'Étienne Tempier prétendait trouver chez les maîtres parisiens : «Sur beaucoup de points, dit-il, tu trouveras *mon opinion rationnelle contraire à ma foi*, car *je sais*

64. Cf., pour tout cela, G. Vajda, *Isaac Albalag...*, p. 153-154.

par la démonstration que telle chose est vraie par voie de nature et *je sais en même temps, par les paroles des prophètes*, que le contraire est vrai par voie de miracle». Et de préciser que, comme homme (l'homme qu'il est, à la fois juif et philosophe), il «reconnaît le sens littéral de la *Torah* par foi simple *et* la vérité des philosophes par voie de nature et de spéculation humaine» : «*Ma* doctrine est celle des philosophes, la foi en la *Torah* est *ma* foi, la première par voie de nature, la deuxième par voie de miracle.» On le voit, cette doctrine ne fait pas qu'enchérir sur celle du *Faṣl al-maqāl*; elle la transforme. L'horizon ouvert par Albalag n'est pas celui d'Ibn Rushd, c'est celui de l'«averroïsme». Les générations postérieures ne feront que le moduler : tout ce que le monde «chrétien» du XVIe siècle imputera à Averroès, pour le suivre ou le blâmer, est en germe chez Albalag, même si, en rigueur des termes, il y a plus chez lui une doctrine de la *double croyance* qu'une doctrine de la *double vérité*[65].

Qu'en est-il, en regard, dans le monde musulman? La réponse n'est simple qu'en apparence. C'est à la fin du XIXe siècle que le *Faṣl al-maqāl* a (re)trouvé un public en terre d'Islam. Mais quel *Faṣl al-maqāl*? Celui d'Ibn Rushd ou celui des «averroïstes»? Poser la question, c'est s'interroger sur les grilles de lecture qui ont encadré la réappropriation arabe d'Ibn Rushd. Ici, un fait s'impose : l'importance du motif concordataire dans l'interprétation du projet rushdien. C'est sur une lecture du *Discours* comme «entreprise *conciliatoire*» que se font les généalogies, les ruptures et les choix d'objets. Quel sens donner à la notion d'*ittiṣāl* sur laquelle le *Discours* est censé faire la décision? Ibn Rushd était-il un «conciliateur» ou cherchait-il une autre voie, susceptible de garantir l'autonomie de la raison *au sein* du monde arabo-musulman? Les termes d'*accord* (L. Gauthier), de

65. Sur le thème de la double croyance, cf. H.-A. Wolfson, «The Double Faith Theory in Clement, Saadia, Averroes and Saint Thomas and its Origin in Aristotle and the Stoics», *JQR*, 33 (1942-1943), p. 213-264.

concordia (M. Alonso), d'*harmony* (G. Hourani), d'*accordo* (M. Campanini), choisis par les traducteurs des principales langues européennes témoignent, à leur manière, de l'horizon interprétatif où s'est longtemps inscrit le débat – la palme allant ici paradoxalement à M. J. Müller, qui place sa traduction sous l'intitulé *Harmonie der Religion und Philosophie*, tout en indiquant immédiatement en note que le «titre exact» (*eigentlich* = véritable, vrai, proprement dit) *est* : «Discours décisif établissant la relation [*Verbindung* = liaison, connexion] de la religion et de la philosophie».

Par un étrange effet d'acculturation, la thèse de L. Gauthier qui vouait le *Faṣl al-maqāl* à affronter «le problème fondamental de la *scolastique*» latine a pesé sur nombre d'interprétations arabes modernes. La pertinence de *cette* problématique de l'accord de la foi et de la raison, de la religion et de la philosophie est, aujourd'hui, remise en cause. Pour introduire à la tradition interprétative arabe du *Faṣl al-maqāl* en même temps qu'au texte original lui-même, le lecteur trouvera plus bas un dossier illustrant la lecture arabe moderne et contem-poraine d'Ibn Rushd, grâce à des extraits de Faraḥ Anṭūn (1874-1922), Muḥammad Yūsuf Mūsā (1899-1963), Zakī Najīb Maḥmūd (1905-1993), Maḥmūd Qāsim (1913-1973), Muḥammad 'Amāra, Mājid Fakhrī, Ṭayyib Tīzīnī et Muḥammad 'Ābid al-Jābirī. En proposant une traduction nouvelle et annotée du discours sur la *connexion* de la sagesse et de la Révélation, nous espérons rendre, pour un public francophone, le texte d'Ibn Rushd à son contexte et à ses problèmes d'origine et marquer *par là même* ce qui fait son irréductible actualité. Car le monde «moderne» a besoin du *Faṣl al-maqāl* non pas seulement pour affirmer abstraitement le droit à philosopher, mais pour argumenter *juridiquement* une idée toute différente : l'exercice de la raison est une obligation que la Loi révélée fait aux gens de raison (c'est-à-dire à tout homme *un jour ou l'autre*) ; nul ne saurait interdire l'un sans enfreindre l'autre.

Il est des cas où, pour accéder à la modernité, il faut moins sortir du Moyen Âge qu'y penser. Certaines idées sont aussi neuves qu'elles l'étaient il y a huit siècles, car elles n'ont, simplement, jamais été entendues. Dès le XIIIe siècle, Ibn Rushd a, pour son malheur, représenté le rationalisme musulman. S'il faut à présent s'intéresser à lui, c'est peut-être d'abord pour cela. Cette œuvre difficile, tissée de toutes les sagesses grecques et arabes accessibles à un penseur andalou du XIIe siècle, cet écomusée de la *translatio studiorum* en terre d'Islam, commande l'accès à l'espace des questions plus générales. Dès lors, point de détour : il faut en passer par le concept, par la rigueur, l'austérité et la technicité du *Faṣl al-maqāl* pour aller au cœur intellectuel du modèle andalou, pour questionner sa pertinence et la nature de son actualité ; car c'est à prendre la mesure du caractère profondément intempestif de l'irruption d'Averroès dans son *propre* monde que l'intempestivité du modèle lui-même peut aujourd'hui trouver de quoi déployer sa puissance d'interrogation. Le rôle *historiographique* d'Ibn Rushd est le symptôme d'une maladie de l'histoire occidentale, liée à l'occultation de sa part philosophique arabe et juive. La place singulière qu'il occupe, au centre d'un dispositif combinant contradictoirement reconnaissance et dénégation, est emblématique du statut fait à la pensée arabo-musulmane dans l'histoire de la formation de la conscience européenne : avec son double destin de maître et d'étranger, Averroès est le révélateur du mouvement d'inclusion/exclusion qui, *à sa source même*, habite la rationalité européenne. Puisse cette édition bilingue contribuer à faire entendre les questions qu'il nous pose, telles qu'elles ont été réellement formulées et, par là, ressaisir aujourd'hui comme elle était hier la pluralité des formes du rationnel.

Alain DE LIBERA

ANNEXE

IBN TŪMART ET L'IDÉOLOGIE ALMOHADE

Alors qu'Abū l-Walīd Muḥammad ibn Rushd naît à Cordoue en 1126, au cœur du Haut Atlas marocain, parmi des populations berbères de la tribu des Maṣmūda, se prépare un mouvement insurrectionnel qui causera bientôt le plus grand bouleversement politico-religieux qu'ait jamais connu l'Islam occidental : la révolution almohade.

Son instigateur, le « Mahdī » berbère Ibn Tūmart, est issu d'une petite localité de l'Anti-Atlas, dans le sud du Maroc, peuplée de membres de la tribu Hargha, une branche de la confédération des Maṣmūda. Fait exceptionnel pour un jeune homme d'une région aussi reculée et peu touchée par la culture arabo-musulmane, il quitte sa terre natale pour partir en quête de science, vers l'année 1106 (l'année où, à l'instigation du Cadi de Cordoue Ibn Ḥamdīn, le pouvoir almoravide ordonne les premiers autodafés d'œuvres d'al-Ghazālī). Après un probable passage à Cordoue, il séjourne de nombreuses années en Syrie, en Iraq et en Égypte, où il parfait sa formation de savant musulman dans des disciplines peu cultivées à l'époque au Maghreb et en al-Andalus, les Sources-fondements du Droit et la théologie dialectique des écoles ash'arite et mu'tazilite.

On ignore les détails de sa biographie au cours de cette période. Toujours est-il – la suite de son parcours en témoigne – qu'il rentre d'Orient profondément convaincu de l'urgence d'une réforme religieuse. Sur le bateau qui le ramène d'Alexandrie, il aurait tellement poursuivi ses compagnons de voyage de ses harangues moralisatrices que ceux-ci, excédés, l'auraient jeté par-dessus bord. À peine débarqué sur le sol maghrébin, il se signale aux autorités comme un provocateur et un agitateur redoutable, et s'érige partout en censeur des mœurs. On le retrouve en 1118 à Bijāya (Bougie), entraînant dans son sillage un groupe d'auditeurs, mais il est expulsé de la ville par les autorités qui craignent ses excès. C'est alors qu'il rencontre celui qui deviendra son premier «Compagnon», 'Abd al-Mu'min, un jeune homme qui s'apprêtait à partir lui aussi pour l'Orient, mais décide, à la suite de cette rencontre providentielle, de dédier sa vie à suivre les pas du Maître. Les deux hommes ne se quitteront plus jamais. Partout où il passe, son charisme fait merveille. Son regard et ses injonctions suffisent à faire ployer la volonté du geôlier qui a emprisonné un innocent. À Fès, il provoque l'émoi de l'*establishment* des docteurs mālikites en enseignant publiquement, d'après les chroniqueurs, la théologie ash'arite. Le gouverneur de la ville doit organiser une séance de controverse, au cours de laquelle Ibn Tūmart, naturellement, écrase ses adversaires par la supériorité de sa science. On le fait une nouvelle fois expulser. Il se dirige alors vers la capitale de l'empire almoravide, Marrakech, où il s'en prend à la propre sœur du souverain, 'Alī ibn Yūsuf ibn Tāshfīn, qu'il voit passer dans un cortège le visage dévoilé : chez les Berbères du Sud, les Ṣanhāja, dont est originaire la famille régnante, ce sont les hommes qui portent le voile, le *lithām* (comme les Touareg encore aujourd'hui), tandis que les femmes vont dévoilées, et c'est plutôt par fidélité à leurs origines sahariennes que par désobéissance à la Loi musulmane que les Almoravides maintiennent cet usage. Pourtant, Ibn Tūmart fera de cette «aberration» un thème de propagande, et voudra y voir le symbole de la tiédeur religieuse des Almoravides, péjorativement baptisés *mulaththamūn* (les porteurs de *lithām*). Il comparaît devant le souverain et affronte une nouvelle fois les docteurs mālikites. Le ministre du souverain, Mālik ibn Wuhayb, l'un des premiers philosophes importants de l'Occident musulman, qui fut aussi le parrain d'Ibn Bājja à la cour almoravide, décèle sans difficulté le caractère subversif du discours d'Ibn Tūmart et conseille au souverain sa mise à mort. 'Alī ibn Yūsuf se contente de le faire expulser.

La rupture avec le pouvoir est consommée, et c'est une nouvelle phase de l'activité d'Ibn Tūmart qui commence. Il entre en clandestinité. Réfugié en 1121 dans son village natal d'Igīlliz, dans l'Anti-Atlas, puis à partir de 1124 dans la localité encore plus inaccessible de Tinmel, il s'affirme, à la tête de ses premiers disciples, et suivi bientôt par les populations de la région, comme chef d'un mouvement révolutionnaire qu'il nomme lui-même le mouvement des *muwaḥḥidūn* : ceux qui professent l'unicité de Dieu (*tawḥīd*), premier élément de la profession de foi (*shahāda*) musulmane ; autrement dit : les *vrais* Musulmans, décidés à rétablir dans sa pureté originelle l'Islam dévoyé surtout, pour Ibn Tūmart, par le pouvoir politique almoravide et les docteurs mālikites qui le soutenaient. Entre-temps, il s'est fait reconnaître comme le «Mahdī», celui qui doit, selon une croyance musulmane répandue, être missionné par Dieu pour rétablir la justice sur la terre à la veille de la fin du monde, et qui est identifié par les Shī'ites au douzième Imām «occulté», par certains Sunnites à Jésus. En tant que tel, il se proclame infaillible (*ma'ṣūm*).

L'originalité de la doctrine d'Ibn Tūmart s'exprime à la fois sur le plan théologique et sur le plan juridique. Il enseigne que la connaissance de l'unicité de Dieu est fondée sur une nécessité purement rationnelle. Tout homme reconnaît nécessairement l'existence d'un Créateur par le fait même qu'il se perçoit et perçoit le monde comme créés. C'est la prise de conscience par l'homme de son caractère de créature et de son impuissance à agir sur l'ordre naturel (voudrait-on faire repousser un doigt qui a été coupé qu'on en serait incapable, dit par exemple Ibn Tūmart) qui lui fait inférer l'existence d'un Être absolument différent. On installe une distinction radicale entre l'adventice, l'être conditionnel et contingent, et l'Éternel, l'être absolu et nécessaire. Le Créateur différant radicalement de la créature, rien de ce qui est de l'ordre du créé ne doit lui être assimilé. En insistant de la sorte sur l'exigence de transcendance divine, Ibn Tūmart met à mal ses adversaires, les docteurs malikites pro-almoravides, dont le littéralisme, qui leur interdit *de facto* l'interprétation allégorique des passages anthropomorphiques du Coran, suppose pour le moins l'« assimilationnisme » (*tashbīh*) ou le « corporéisme » (*tajsīm*), deux hérésies abondamment fustigées dans les écrits du Mahdī. Ce sont ces mêmes adversaires que vise Ibn Tūmart sur le terrain du Droit : la pratique juridique des Mālikites est fondée sur une jurisprudence consignée dans des recueils de cas d'espèce (*furū'*) rédigés par des maîtres anciens faisant autorité dans l'école. C'est donc *de facto* l'« opinion » (*ra'y*) de ces autorités qui est érigée en norme du Droit : une norme subjective, alors que l'exercice de la science de la Loi doit tendre en principe à se fonder sur la norme objective que constituent les Sources (*'uṣūl*) du Droit, les énoncés du Texte révélé. En poussant cette exigence à l'extrême, on aboutit à l'attitude ẓāhirite, adoptée au siècle précédent par Ibn Ḥazm, qui écartait comme subjectif et « conjectural » (*ẓannī*) même le jugement par raisonnement analogique (*qiyās*), et avait élaboré une procédure qui devait permettre de fonder tout jugement directement sur un énoncé révélé de sens univoque (*naṣṣ*). Ibn Tūmart s'efforce lui aussi d'éliminer dans toute la mesure du possible la conjecture et de fonder le jugement sur la certitude catégorique (*qaṭ'*), grâce notamment à la théorie dite de la *'amāra*[1], mais il

1. Sur cette théorie, cf. les importantes remarques de R. Brunshvig dans son article « Sur la doctrine du Mahdī Ibn Tūmart », in

ne suit pas Ibn Ḥazm dans son refus du *qiyās*, et se contente d'exclure l'espèce la plus «faible» de l'analogie, celle dite «analogie de similitude» (*qiyās shabah*), se montrant sur ce point plus intransigeant que les théoriciens shāfi'ites dont on a parfois voulu le rapprocher[2].

Doté d'une grande culture théologique et juridique, Ibn Tūmart est aussi un meneur d'hommes. À côté de textes théoriques d'une très grande densité destinés à une élite, il produit, sans doute d'abord en langue berbère, des professions de foi (*'aqīda*-s) contenant l'essentiel de sa doctrine théologique, qu'il fallait connaître par cœur. Ces textes sont destinés à l'édification des communautés berbères engagées dans le mouvement, et à qui le Mahdī à le souci d'inculquer une culture religieuse qui leur faisait défaut. Un chroniqueur rapporte comment on s'y prenait pour faire apprendre des passages du Coran à des villageois ignorant même le premier mot d'arabe : chacun recevait pour «nom» un ou deux mots de la séquence coranique à apprendre. Puis on faisait aligner les hommes dans l'ordre où ils avaient été baptisés, et ils devaient se nommer à tour de rôle, reproduisant ainsi toute la séquence[3]. Cette opération répétée quelques jours de suite, tout le monde avait retenu la totalité du texte. Des récits comme ceux-ci révèlent l'importance que l'almohadisme accorde à l'endoctrinement des masses, et au rôle de l'idéologie comme moteur de l'action. C'est là

Arabica, mai 1955, t. II, fasc. 2, où Brunshvig rectifie certaines analyses d'I. Goldziher dans son «Introduction» au *Livre de Mohamed Ibn Toumert*.

2. Cf. D. Urvoy, *Pensers d'al-Andalus, la vie intellectuelle à Séville et Cordoue aux temps des empires berbères (fin XIe siècle-début XIIIe siècle)*, Toulouse, CNRS/PUM, 1990, p. 83-84.

3. D'après le *Rawḍ al-qirṭās*, chronique d'Ibn Abī Zar' al-Fāsī, citée par R. Le Tourneau, *The Almohad Movement in North Africa in the 12th and 13th Centuries*, Princeton, Princeton University Press, 1969, p. 35.

une caractéristique essentielle du mouvement, qui ne se démentira pas par la suite.

Endoctrinés par les soins du Mahdī, les *muwaḥḥidūn* sont aussi encadrés politiquement par une hiérarchie et des institutions qui survivront également à la prise du pouvoir, et dont sortira l'oligarchie du futur État almohade. Il existe un «conseil des Cinquante», qui regroupe les premiers adhérents à la doctrine du Mahdī tout en tenant compte de l'équilibre tribal berbère traditionnel. Deux groupes y sont représentés de façon privilégiée, les Hargha, tribu d'origine du Mahdī, et les «gens de Tinmel», habitants de la cité-hôte où s'est bâtie la Communauté, reproduisant ainsi le modèle musulman archétypal de la bipartition entre «*muhājirūn*» (immigrés qurayshites mecquois ayant suivi le Prophète dans son exil) et «*'anṣār*» (partisans médinois) dans la Cité-État prophétique de Médine. De fait, c'est bien une sorte de Médine berbère qu'est devenue la cité de Tinmel à l'époque d'Ibn Tūmart. Le Mahdī est entouré de «Compagnons», comme le Prophète. Ceux-ci forment le groupe des «*'ahl ad-dār*» (gens de la maison), sorte de conseil privé du Mahdī. En outre, il existe un groupe des «Dix» (*al-'ashara*), les disciples de la toute première heure, dont 'Abd al-Mu'min, qui furent les premiers à le proclamer «Mahdī» infaillible. Ibn Tūmart aura l'idée de constituer des groupes d'enfants et de jeunes gens, nommés *ṭālib*-s ou *ḥāfiẓ*-s qui se sont fait remarquer pour leurs dons intellectuels, et de leur faire dispenser une formation de savants religieux sous son étroite surveillance.

La dynamique politico-religieuse créée par le Mahdī devait bientôt emporter le pouvoir almoravide en proie à de multiples difficultés. Du vivant d'Ibn Tūmart, en 1130, une première tentative militaire a lieu contre la capitale, Marrakech. Mais les Almohades sont défaits. Peu de mois après, le Mahdī meurt à Tinmel. Le vide politique créé par la disparition du Guide met ses proches dans une situation délicate : habituée à se reposer sur le Mahdī, la communauté, privée de sa source d'autorité infaillible, risque bel et bien de se désagréger. C'est sans doute ce qui décide le cercle des disciples du Mahdī à cacher sa mort à la population, apparemment pendant plusieurs années. Selon d'autres sources, Ibn Tūmart ne serait effectivement mort que plus tard, mais n'aurait plus été visible par le public en raison de son état de santé. Toujours est-il que, pendant deux ou trois ans, d'autres ont gouverné en son nom, afin de repousser l'échéance redoutée de sa succession. On se décide finalement à lui choisir pour successeur son tout premier disciple, 'Abd al-Mu'min. Sous sa direction, les opérations militaires reprennent, à partir de 1141, avec succès. Le territoire du Maghreb occidental est méthodiquement conquis. En 1147, Fès et Marrakech tombent. La déliquescence du pouvoir almoravide est naturellement cause de troubles en al-Andalus, ce qui poussera 'Abd al-Mu'min à intervenir dans la Péninsule, dont il sera maître à partir de 1150, à l'exception des deux provinces orientales de Grenade et Valence.

En Espagne, l'année de la naissance d'Ibn Rushd, les armées chrétiennes sont aux portes de Grenade. L'autorité de l'État almoravide, qu'a servi son grand-père comme grand Cadi de Cordoue – office qu'occupe également son père et qu'il occupera plus tard lui-même au service du pouvoir almohade –, ne sera plus jamais vraiment rétablie, et les vingt premières années de la vie d'Ibn Rushd sont marquées par des guerres dévastatrices entre chefs de guerre andalous dont la vacance du pouvoir almoravide ranime les querelles, tandis que plane toujours la menace chrétienne. Cordoue passe successivement des mains des Banū Ghāniya à celles des Banū Hūd. Avec l'arrivée des Almohades, l'ordre politique est somme toute rétabli, et pour longtemps. Ibn Rushd en saura gré à ce « pouvoir vainqueur » auquel il restera lié toute sa vie, en raison des charges officielles qu'il occupera et auxquelles le promettaient ses origines familiales, des amitiés et des affinités intellectuelles qu'il entretiendra avec les souverains. Dans son Commentaire de la *République* de

Platon, rédigé vers la fin de sa vie, il vante les Almohades d'avoir instauré un pouvoir «fondé sur la Loi» alors que le pouvoir précédent, s'étant dégradé en «timocratie hédoniste», n'avait plus été en mesure d'exercer son autorité et avait fait place, localement, à la tyrannie des oligarques chefs de guerre andalous[4]. Si, comme le souligne A. de Libera, l'œuvre d'Ibn Rushd dépasse évidemment par sa portée le travail d'un «intellectuel organique», elle n'en est pas moins fortement déterminée par le contexte dans lequel elle se développe, celui très particulier du projet almohade, du fait de l'interférence étroite entre champs politique, religieux et intellectuel qui caractérise l'époque.

L'arrivée au pouvoir des Almohades n'est pas un simple transfert de pouvoir. Les trois souverains de la dynastie auxquels aura affaire Ibn Rushd, ‘Abd al-Mu'min (jusqu'en 1163), Abū Ya‘qūb Yūsuf (1163-1184) puis Abū Yūsuf Ya‘qūb al-Manṣūr (1184-1199), auront à cœur de mettre en œuvre sur le territoire de l'Empire la réforme juridique et doctrinale prônée par le Mahdī. S'ils n'y ont finalement pas réussi, ce n'est certainement pas faute de volonté, mais en raison de l'extraordinaire résistance opposée par les formes plus anciennes de religiosité et les coutumes juridiques consacrées par le mālikisme traditionnel, si ancrées dans les mœurs locales qu'elles résistent à la disqualification politique et aux persécutions intermittentes, parfois très rudes, dont font l'objet leurs représentants attitrés, les docteurs de la Loi mālikites traditionalistes. Les souverains almohades cherchent à faire éclore une nouvelle élite acquise à leur cause et susceptible de prendre le relais des détenteurs traditionnels de l'autorité. ‘Abd al-Mu'min développe l'institution déjà ancienne chez les Almohades des *ḥāfiẓ*-s, pour en faire une véritable pépinière de cadres

4. Cf. M. Cruz Hernandez, «La crítica de Averroes al despotismo oligárquico andalusi», in A.M. Lorca (éd.), *Al Encuentro de Averroes*, Madrid, Editorial Trotta, 1993, p. 116-117.

au service du nouveau régime. Une chronique anonyme[5] rapporte que l'on réunissait ces jeunes gens, près de trois mille, au palais du souverain chaque vendredi après la prière, pour leur dispenser une formation intellectuelle et sportive. Là, on passait une partie de l'après-midi à lire des recueils de traditions prophétiques compilés par Ibn Tūmart, notamment sa recension du *Muwaṭṭa'* de Mālik ibn 'Anas, ou d'autres œuvres du Mahdī. Ces séances étaient complétées par des activités physiques, et il y avait dans l'enceinte du palais des piscines et des champs de course où les jeunes gens s'exerçaient à la natation, l'aviron, l'équitation et au tir à l'arc. À l'issue de leur formation, ces jeunes étaient nommés à des postes de gouverneurs dans les provinces de l'Empire.

L'historiographie de l'époque, enserrée dans un jeu de contraintes formelles propres au genre littéraire de la chronique, ne nous offre qu'un écho déformé et assourdi de la lutte idéologique subtile qui a dû se dérouler dans l'Occident musulman entre un État fondant sa légitimité sur une doctrine qui se présentait comme un «retour aux Sources» – mais était néanmoins suspecte d'hétérodoxie aux yeux de l'«Islam majoritaire» en raison de ses affinités possibles (et d'ailleurs complaisamment soulignées par une certaine historiographie hostile) avec des formes de khārijisme dont l'influence avait été déterminante dans l'islamisation du monde berbère, et avec le shī'isme –, et une base sociale installée, par la pratique juridique à laquelle elle se conformait et le credo où elle se reconnaissait, dans la tradition mālikite maghrébine. C'est donc au lecteur moderne qu'il incombe de prendre la mesure de ces enjeux idéologiques, et de restituer autant que possible le climat dans lequel se déroule l'activité d'Ibn Rushd et auquel celui-ci n'a pu se soustraire. Plusieurs travaux ont cherché à relever comment l'œuvre d'Ibn Rushd, en particulier l'œuvre juridique et théologique,

5. *Al-ḥulal al-mawshiyya*, citée par R. Le Tourneau, *op. cit.*, p. 62-63.

s'insérait dans la confrontation dogmatique induite par l'irruption de l'almohadisme[6].

On peut en effet discerner dans l'œuvre d'Ibn Rushd un projet théologique, dont le *Faṣl al-maqāl* constitue le premier volet, préparatoire, complété par le *Kashf 'an manāhij al-'adilla*, qui livre positivement le contenu d'un credo démontré par le sens obvie du Texte, et qu'Ibn Rushd déclare devoir être adopté par la masse comme une alternative à la dialectique théologienne. Ce credo rejoint sur les points principaux les dogmes exposés dans les écrits théologiques d'Ibn Tūmart, professions de foi et traités théoriques[7]. Ibn Rushd aurait ainsi voulu donner « sa » version de la « voie moyenne », intermédiaire entre le « bas niveau » du littéralisme et l'« éristique » des théologiens (et essentiellement conforme, elle, aux résultats de la démonstration) qu'il félicite le régime almohade d'avoir promue de son temps, pour mettre l'idéologie du pouvoir au service de sa propre cause, la défense de la philosophie.

Marc GEOFFROY

6. Cf. D. Urvoy, *op. cit.* ; et du même auteur, « La pensée almohade dans l'œuvre d'Ibn Rushd », in J. Jolivet (éd.), *Multiple Averroès*, Paris, Belles Lettres, 1978, p. 45-53.

7. Cf. sur ce sujet notre article « L'almohadisme théologique d'Averroès (Ibn Rushd) » (à paraître).

NOTE SUR LA PRÉSENTE ÉDITION

Le texte du *Faṣl al-maqāl* nous est connu par deux manuscrits arabes anciens : celui de la Biblioteca Nacionál de Madrid, n° 5013, daté de l'an 633 h./1235-36, où le *Faṣl al-maqāl* figure à la suite d'une copie du *Colliget* (*al-kulliyyāt fī ṭ-ṭibb*) ; et le manuscrit de l'Escurial (n° 632 du catalogue Hartwig Derembourg, *Les Manuscrits arabes de l'Escurial*, Paris, 1884), daté de 724 h./1323-24, qui contient en outre la *Ḍamīma* (« Appendice »), le *Kitāb al-Kashf 'an manāhij al-'adilla* (« Le Dévoilement des procédés de la démonstration ») et des écrits logiques et métaphysiques.

Toutes les éditions du texte faites en Europe comme dans le monde arabe jusqu'en 1959 sont fondées uniquement sur ce dernier manuscrit. La première de ces éditions est celle de M. J. Müller (Munich, 1859) qui publia les trois textes contenus dans le manuscrit, mais dans l'ordre *Faṣl*, *Kashf*, *Ḍamīma* sous le titre *Philosophie und Theologie von Averroes*. Plusieurs éditions égyptiennes paraissent dans la seconde moitié du XIXe siècle, qui reproduisent en gros l'édition Müller. L'édition du texte arabe dont L. Gauthier accompagne la seconde édition de sa traduction française du *Faṣl al-maqāl* sous le titre *Traité décisif sur l'accord de la religion et de la philoso-*

phie, Alger, 1942, utilise elle aussi le seul manuscrit de l'Escurial, confronté aux éditions égyptiennes. Gauthier propose un certain nombre de corrections arbitraires, qui se sont perpétuées dans les éditions ultérieures.

La première édition critique du texte est celle de G.F. Hourani, *Kitāb faṣl al-maqāl*, Leiden, Brill, 1959, qui utilise outre le manuscrit de l'Escurial celui de la Biblioteca Nacionál, ainsi que quatre versions d'une traduction hébraïque du *Faṣl al-maqāl* de la fin du XIIIe ou du début du XIVe siècle. Outre des éditions commerciales de mauvaise qualité, les éditions les plus courantes aujourd'hui sont celle de A. Nādir, *Kitāb faṣl al-maqāl*, Beyrouth, Dar el-machreq, ³1986, qui suit en général d'assez près Hourani; et celle de M. 'Amāra, *Faṣl al-maqāl*, Le Caire, Dār al-ma'ārif, 1969.

Cette dernière édition critique est la seule à utiliser un manuscrit du *Faṣl al-maqāl* conservé au Dār al-kutub du Caire, coll. Taymūriyya, n° 133, non daté mais certainement récent (milieu ou fin XIXe siècle), comprenant le *Faṣl*, le *Kashf*, et la *Ḍamīma*, dont on a pu penser qu'il n'était qu'une copie manuscrite de l'édition Müller ou d'une édition imprimée ultérieure. Pourtant ce texte présente, à côté de ressemblances en effet suspectes avec l'édition Müller, nombre de leçons qui convainquent 'Amāra qu'il s'agit bien d'un manuscrit original appartenant à une famille distincte, bien que très apparenté à Escurial. Pour notre part, nous avons retenu une seule leçon de Taymūriyya, qui nous paraissait particulièrement intéressante (cf. *infra*, p. 128-129, et p. 197, note 71), mais nous hésitons à nous prononcer sur l'originalité ou non du manuscrit.

D'une façon générale, la présente édition doit beaucoup à Hourani et le suit dans certains choix importants. Faute d'apparat critique, nous n'indiquons les variantes, en note, que lorsque le choix a une incidence particulière sur l'interprétation du texte. Ainsi, en plusieurs endroits, nous avons rétabli des leçons portées par tous les manuscrits mais arbitrairement écartées par Gauthier, qui offrent un sens plus satisfaisant que les corrections que Gauthier leur substitue. Nous signalons toujours les cas où nous avons été amené à choisir une leçon qui n'a été retenue par aucune autre édition.

DISCOURS DÉCISIF

FAṢL AL-MAQĀL

كِتَابُ فَصْلِ الْمَقَالِ وَتَقْرِيرُ
ما بَيْنَ الشَّرِيعَةِ وَالْحِكْمَةِ مِنَ الاتِّصالِ

١. قالَ الْفَقِيهُ الإِمامُ الْقاضِي الْعَلَّامَةُ الأَوْحَدُ أَبُو الْوَلِيدِ مُحَمَّدُ بْنُ
أَحْمَدَ بْنُ رُشْدٍ : أَمّا بَعْدَ حَمْدِ اللهِ بِجَمِيعِ مَحامِدِهِ، وَالصَّلاةِ عَلى مُحَمَّدٍ
عَبْدِهِ الْمُصْطَفى وَرَسُولِهِ، فَإِنَّ الْغَرَضَ مِنْ هذا الْقَوْلِ أَنْ نَفْحَصَ،
عَلى جِهَةِ النَّظَرِ الشَّرْعِيِّ، هَلِ النَّظَرُ في الْفَلْسَفَةِ وَعُلومِ الْمَنْطِقِ مُباحٌ
بِالشَّرْعِ، أَمْ مَحْظورٌ، أَمْ مَأْمورٌ بِهِ، إِمّا عَلى جِهَةِ النَّدْبِ وَإِمّا عَلى
جِهَةِ الْوُجوبِ. فَنَقولُ :

٢. إِنْ كانَ فِعْلُ الْفَلْسَفَةِ لَيْسَ شَيْئاً أَكْثَرَ مِنَ النَّظَرِ في الْمَوْجوداتِ
وَاعْتِبارِها مِنْ جِهَةِ دَلالَتِها عَلى الصّانِعِ، أَعْني مِنْ جِهَةِ ما هِيَ
مَصْنوعاتٌ – فَإِنَّ الْمَوْجوداتِ إِنَّما تَدُلُّ عَلى الصّانِعِ بِمَعْرِفَةِ صَنْعَتِها،
وَإِنَّهُ كُلَّما كانَتِ الْمَعْرِفَةُ بِصَنْعَتِها أَتَمَّ، كانَتِ الْمَعْرِفَةُ بِالصّانِعِ أَتَمَّ ؛

LE LIVRE DU DISCOURS DÉCISIF OÙ L'ON ÉTABLIT LA CONNEXION EXISTANT ENTRE LA RÉVÉLATION ET LA PHILOSOPHIE

1. Le docteur de la Loi prééminent, juge et savantissime unique de par sa science, Abū l-Walīd Muḥammad ibn Aḥmad Ibn Rushd, a dit : ayant louangé Dieu de toutes les louanges qui Lui sont dues, et appelé la prière et le salut sur Muḥammad, Son serviteur élu et Son envoyé, [disons que] le propos de ce discours est de rechercher, dans la perspective de l'examen juridique, si l'étude de la philosophie et des sciences de la logique est permise par la Loi révélée, ou bien condamnée par elle, ou bien encore prescrite, soit en tant que recommandation, soit en tant qu'obligation[1]. Nous disons donc :

2. Si l'acte de philosopher ne consiste en rien d'autre que dans l'examen rationnel des étants, et dans le fait de réfléchir sur eux en tant qu'ils constituent la preuve[2] de l'existence de l'Artisan, c'est-à-dire en tant qu'ils sont [analogues à] des artefacts – car de fait, c'est dans la seule mesure où l'on en connaît la fabrique que les étants constituent une preuve de l'existence de l'Artisan ; et la connaissance de l'Artisan est d'autant plus parfaite qu'est parfaite la connaissance des étants dans leur fabrique[3] ; et

وكانَ الشَّرْعُ قَدْ نَدَبَ عَلى اعتِبارِ الْمَوْجوداتِ وَحَثَّ عَلــى ذَلِكَ، فَبَيِّنٌ أَنَّ ما يَدُلُّ عَلَيْهِ هَذا الاسْمُ إمّا واجِبٌ بالشَّرْعِ، وَإمّا مَنْدوبٌ إلَيْهِ.

٣. فَأَمّا أَنَّ الشَّرْعَ دَعــا إلى اعْتِبــارِ الْمَوْجـوداتِ بـالْعَقْلِ، وَتَطَلُّبَ مَعْرِفَتِها بِـهِ، فَذَلِكَ بَيِّنٌ فـي غَيْرِ مَـا آيَـةٍ مِنْ كِتـابِ اللّــهِ – تبــارَكَ وَتَعالى –، مِثْلَ قَوْلِهِ : «فَاعْتَبِروا يا أُولي الأَبْصارِ »، وَهَذا نَصٌّ عَلى وُجوبِ اسْتِعْمالِ الْقِياسِ الْعَقْلِيِّ، أَوِ الْعَقْلِيِّ وَالشَّرْعِيِّ مَعاً ؛ وَمِثْلَ قَوْلِـهِ – تَعالى : «أَوَلَمْ يَنْظُرُوا فِي مَلَكُوتِ السَّمَوَاتِ وَالأَرْضِ وَمَـا خَلَـقَ اللَّهُ مِنْ شَيْءٍ »، وَهَذا نَصٌّ بِالْحَثِّ عَلى النَّظَرِ في جَميعِ الْمَوْجـوداتِ. وَأَعْلَمَ اللَّهُ – تَعالى – أَنَّ مِمَّنْ خَصَّهُ بِهَذا الْعِلْمِ وَشَـرَّفَهُ بِـهِ إبْراهيمُ – عَلَيْهِ السَّـلامُ –، فَقـالَ – تَعـالى –: «وَكَذَلِكَ نُـرِي إبْرَاهِيـمَ مَلَكُـوتَ السَّمَوَاتِ وَالأَرْضِ » الآيَةَ ؛ وَقالَ – تَعالى : «أَفَلا يَنْظُرُونَ إلى الإبِلِ كَيْفَ خُلِقَتْ وَإلى السَّمَاءِ كَيْفَ رُفِعَتْ ». وَقـالَ : «[...]وَيَتَفَكَّرُونَ فـي خَلْقِ السَّمَوَاتِ وَالأَرْضِ »، إلى غَيْرِ ذَلِكَ مِنَ الآياتِ الَّتـي لا تُحْصـى كَثْرَةً.

٤. وَإذا تَقَرَّرَ أَنَّ الشَّرْعَ قَدْ أَوْجَبَ النَّظَـرَ بـالْعَقْلِ فـي الْمَوْجـوداتِ وَاعْتِبارَها، وَكانَ الاعْتِبارُ لَيْسَ شَيْئاً أَكْثَرَ مِـنِ اسْتِنْباطِ الْمَجْهولِ مِنَ الْمَعْلومِ، وَاسْتِخْراجِهِ مِنْهُ –وَهَذا هُوَ الْقِياسُ، أَوْ بِالْقِيـاسِ–، فَواجِبٌ أَنْ نَجْعَلَ نَظَرَنا في الْمَوْجوداتِ بِالْقِياسِ الْعَقْلِـيِّ. وَبَيِّنٌ أَنَّ هَـذا النَّحْوَ

si la Révélation recommande bien aux hommes de réfléchir sur les étants et les y encourage, alors il est évident que l'activité désignée sous ce nom [de philosophie] est, en vertu de la Loi révélée, soit obligatoire, soit recommandée.

3. Que la Révélation nous appelle à réfléchir sur les étants en faisant usage de la raison, et exige de nous que nous les connaissions par ce moyen, voilà qui appert à l'évidence de maints versets du Livre de Dieu – béni et exalté soit-Il. En témoigne, par exemple, l'énoncé divin : «Réfléchissez donc, ô vous qui êtes doués de clairvoyance[4]», qui est une énonciation univoque[5] du caractère obligatoire de l'usage du syllogisme rationnel, ou du syllogisme rationnel et juridique[6] tout à la fois ; ou par exemple l'énoncé divin : «Que n'examinent-ils le royaume des cieux et de la terre et toutes les choses que Dieu a créées[7]», encouragement énoncé de manière univoque à l'examen rationnel de tous les étants. Dieu – exalté soit-Il – a enseigné que parmi ceux qu'Il a distingués et honorés en leur conférant cette science fut Abraham – sur lui soit la paix. Il dit en effet : «Ainsi fîmes-Nous voir à Abraham le royaume des cieux et de la terre[8]», etc., jusqu'à la fin du verset; ou encore : «N'ont-ils point examiné les chameaux, comment ils ont été créés ? Et le ciel, comment il a été élevé[9] ?»; ou encore : «[...] et qui méditent sur la création des cieux et de la terre[10]»; ou d'autres innombrables versets encore.

4. Puisque est donc bien établi que la Révélation déclare obligatoire l'examen des étants au moyen de la raison et la réflexion sur ceux-ci, et que par ailleurs, réfléchir n'est rien d'autre qu'inférer, extraire l'inconnu du connu – ce en quoi consiste en fait le syllogisme, ou qui s'opère au moyen de lui –, alors nous avons l'obligation de recourir au syllogisme rationnel pour l'examen des étants. Il est évident, en outre, que ce procédé d'examen auquel appelle la Révélation, et qu'elle encourage, est

مِنَ النَّظَرِ الَّذي دَعا إِلَيْهِ الشَّرْعُ وَحَثَّ عَلَيْهِ هُوَ أَتَمُّ أَنْواعِ النَّظَرِ بِأَتَمِّ أَنْواعِ الْقِياسِ، وَهُوَ الْمُسَمّى «بُرْهاناً».

٥. وَإِذا كانَ الشَّرْعُ قَدْ حَثَّ عَلى مَعْرِفَةِ اللَّهِ - تَعالى - وَسائِرِ مَوْجوداتِهِ بِالْبُرْهانِ ؛ وَكانَ مِنَ الأَفْضَلِ، أَوِ الأَمْرِ الضَّرورِيِّ لِمَنْ أَرادَ أَنْ يَعْلَمَ اللَّهَ - تَعالى - وَسائِرَ الْمَوْجوداتِ بِالْبُرْهانِ، أَنْ يَتَقَدَّمَ أَوَّلاً فَيَعْلَمَ أَنْواعَ الْبَراهينِ وَشُروطَها، وَبِماذا يُخالِفُ الْقِياسُ الْبُرْهانِيُّ الْقِياسَ الْجَدَلِيَّ وَالْقِياسَ الْخَطابِيَّ وَالْقِياسَ الْمُغالِطِيَّ، وَكانَ لا يُمْكِنُ ذَلِكَ دونَ أَنْ يَتَقَدَّمَ فَيَعْرِفَ قَبْلَ ذَلِكَ ما هُوَ الْقِياسُ الْمُطْلَقُ، وَكَمْ أَنْواعُهُ، وَما مِنْهُ قِياسٌ، وَما مِنْهُ لَيْسَ بِقِياسٍ، وَذَلِكَ لا يُمْكِنُ أَيْضاً إِلا وَيَتَقَدَّمَ فَيَعْرِفَ قَبْلَ ذَلِكَ أَجْزاءَ الْقِياسِ الَّتي مِنْها تَرَكَّبَ - أَعْني الْمُقَدِّماتِ وَأَنْواعَها - : فَقَدْ يَجِبُ عَلى الْمُؤْمِنِ، بِالشَّرْعِ الْمُمْتَثَلِ أَمْرُهُ بِالنَّظَرِ في الْمَوْجوداتِ، أَنْ يَتَقَدَّمَ قَبْلَ النَّظَرِ فَيَعْرِفَ هَذِهِ الأَشْيَاءَ الَّتي تَتَنَزَّلُ مِنَ النَّظَرِ مَنْزِلَةَ الآلاتِ مِنَ الْعَمَلِ.

٦. فَإِنَّهُ كَما أَنَّ الْفَقيهَ يَسْتَنْبِطُ مِنَ الأَمْرِ بِالتَّفَقُّهِ في الأَحْكامِ وُجوبَ مَعْرِفَةِ الْمَقاييسِ الْفِقْهِيَّةِ عَلى أَنْواعِها، وَما مِنْها قِياسٌ، وَما مِنْها لَيْسَ بِقِياسٍ، كَذَلِكَ يَجِبُ عَلى الْعارِفِ أَنْ يَسْتَنْبِطَ مِنَ الأَمْرِ بِالنَّظَرِ في الْمَوْجوداتِ وُجوبَ مَعْرِفَةِ الْقِياسِ الْعَقْلِيِّ وَأَنْواعِهِ، بَلْ هُوَ أَحْرى بِذَلِكَ، لأَنَّهُ إِذا كانَ الْفَقيهُ يَسْتَنْبِطُ مِنْ قَوْلِهِ - تَعالى - «فاعْتَبِرُوا يا

nécessairement celui qui est le plus parfait et qui recourt à l'espèce de syllogisme la plus parfaite, que l'on appelle «démonstration».

5. Or, puisque la Révélation encourage bien à connaître par la démonstration Dieu et toutes les choses auxquelles Il a donné l'être; et que par ailleurs il est préférable, voire nécessaire, pour celui qui aspire à connaître par la démonstration Dieu – exalté soit-Il – et l'ensemble des étants qu'il connaisse préalablement les différentes espèces de raisonnements et leurs conditions, et la différence entre les syllogismes démonstratif, dialectique, rhétorique et éristique[11], et que cela même n'est possible qu'à condition de savoir au préalable ce qu'est le syllogisme en général, combien en existent d'espèces, lesquelles ne sont point des [espèces de] syllogismes valides et lesquelles le sont, et que cela à son tour n'est possible qu'en connaissant préalablement les parties du syllogisme desquelles celui-ci se compose, c'est-à-dire les prémisses, et leurs espèces : alors certes[12] le croyant a obligation, en vertu de la Loi révélée dont on doit suivre l'ordre d'examiner rationnellement les étants[13], de connaître, avant d'examiner [les étants], ces choses qui sont à l'examen rationnel ce que les outils sont à l'activité pratique.

6. Ainsi, de même que le juriste infère de l'ordre de pratiquer le raisonnement juridique pour déterminer les qualifications légales, qu'il a obligation de connaître le syllogisme juridique dans ses différentes espèces, lesquels sont des syllogismes valides et lesquels ne le sont point, de même celui qui connaît vraiment [Dieu][14] doit inférer de l'ordre d'examiner rationnellement les étants l'obligation de connaître le syllogisme rationnel en ses différentes espèces. Et il y est même plus fondé encore, car si de l'énoncé divin : «Réfléchissez donc, ô vous qui êtes doués de clairvoyance[15]», le docteur de la Loi peut inférer l'obligation de connaître le syllogisme juridique, il

أُولَى الأَبْصَارِ» وُجُوبَ مَعْرِفَةِ الْقِيَاسِ الْفِقْهِيِّ، فَكَمْ بِالْحَرِيِّ وَالأَوْلَى أَنْ يَسْتَنْبِطَ مِنْ ذَلِكَ الْعَارِفُ بِاللَّهِ وُجُوبَ مَعْرِفَةِ الْقِيَاسِ الْعَقْلِيِّ.

٧. وَلَيْسَ لِقَائِلٍ أَنْ يَقُولَ إِنَّ هَذَا النَّوْعَ مِنَ النَّظَرِ فِي الْقِيَاسِ الْعَقْلِيِّ بِدْعَةٌ إِذْ لَمْ يَكُنْ فِي الصَّدْرِ الأَوَّلِ ؛ فَإِنَّ النَّظَرَ أَيْضاً فِي الْقِيَاسِ الْفِقْهِيِّ وَأَنْوَاعِهِ هُوَ شَيْءٌ أُسْتُنْبِطَ بَعْدَ الصَّدْرِ الأَوَّلِ، وَلَيْسَ يُرَى أَنَّهُ بِدْعَةٌ ؛ فَكَذَلِكَ يَجِبُ أَنْ نَعْتَقِدَ فِي النَّظَرِ فِي الْقِيَاسِ الْعَقْلِيِّ. وَلِهَذَا سَبَبٌ لَيْسَ هَذَا مَوْضِعُ ذِكْرِهِ. بَلْ أَكْثَرُ هَذِهِ الْمِلَّةِ مُثْبِتُونَ الْقِيَاسَ الْعَقْلِيَّ، إِلا طَائِفَةً مِنَ الْحَشْوِيَّةِ قَلِيلَةً، وَهُمْ مَحْجُوجُونَ بِالنُّصُوصِ.

٨. وَإِذَا تَقَرَّرَ أَنَّهُ يَجِبُ بِالشَّرْعِ النَّظَرُ فِي الْقِيَاسِ الْعَقْلِيِّ وَأَنْوَاعِهِ كَمَا يَجِبُ النَّظَرُ فِي الْقِيَاسِ الْفِقْهِيِّ، فَبَيِّنٌ أَنَّهُ إِنْ كَانَ لَمْ يَتَقَدَّمْ أَحَدٌ مِمَّنْ قَبْلَنَا بِفَحْصٍ عَنِ الْقِيَاسِ الْعَقْلِيِّ وَأَنْوَاعِهِ، أَنَّهُ يَجِبُ عَلَيْنَا أَنْ نَبْتَدِئَ بِالْفَحْصِ عَنْهُ، وَأَنْ يَسْتَعِينَ فِي ذَلِكَ الْمُتَأَخِّرُ بِالْمُتَقَدِّمِ، حَتَّى تَكْمُلَ الْمَعْرِفَةُ بِهِ. فَإِنَّهُ عَسِيرٌ، أَوْ غَيْرُ مُمْكِنٍ، أَنْ يَقِفَ وَاحِدٌ مِنَ النَّاسِ مِنْ تِلْقَائِهِ، وَابْتِدَاءً، عَلَى جَمِيعِ مَا يُحْتَاجُ إِلَيْهِ مِنْ ذَلِكَ، كَمَا أَنَّهُ عَسِيرٌ أَنْ يَسْتَنْبِطَ وَاحِدٌ جَمِيعَ مَا يُحْتَاجُ إِلَيْهِ مِنْ مَعْرِفَةِ أَنْوَاعِ الْقِيَاسِ الْفِقْهِيِّ. بَلْ مَعْرِفَةُ الْقِيَاسِ الْعَقْلِيِّ أَحْرَى بِذَلِكَ.

٩. وَإِنْ كَانَ غَيْرُنَا قَدْ فَحَصَ عَنْ ذَلِكَ، فَبَيِّنٌ أَنَّهُ يَجِبُ عَلَيْنَا أَنْ نَسْتَعِينَ، عَلَى مَا نَحْنُ بِسَبِيلِهِ، بِمَا قَالَهُ مَنْ تَقَدَّمَنَا فِي ذَلِكَ. وَسَوَاءٌ كَانَ

est d'autant plus justifié que celui qui connaît vraiment Dieu[16] en infère l'obligation de connaître le syllogisme rationnel[17].

7. Nul ne peut venir objecter que ce type d'étude du syllogisme rationnel serait une innovation blâmable[18] parce qu'il n'existait pas au premier âge de l'Islam ; d'ailleurs, l'étude du syllogisme juridique et de ses espèces elle aussi a été conçue postérieurement au premier âge de l'Islam, et personne cependant n'est d'avis que c'est une innovation blâmable ; c'est donc cette même opinion qu'il nous faut avoir sur le syllogisme rationnel. Cela [en fait, s'expliquerait par] une cause que ce n'est pas le lieu de mentionner ici[19]. De plus, la majorité [des savants] de notre religion reconnaissent la validité du syllogisme rationnel[20], excepté un petit nombre de littéralistes bornés[21], que l'on peut réfuter par des énoncés révélés de sens univoque[22].

8. Puisqu'il est donc établi que l'étude du syllogisme rationnel est aussi obligatoire de par la Loi révélée que celle du syllogisme juridique, il est évident que si aucun de ceux qui nous ont précédés ne s'était livré à une recherche sur le syllogisme rationnel et ses espèces, ce serait une obligation pour nous que d'inaugurer cette recherche, et pour le chercheur à venir de s'appuyer sur le chercheur passé, de sorte que cette connaissance parvienne à sa perfection. Car il serait difficile, pour ne pas dire impossible, qu'un seul homme pût connaître par soi-même et de prime abord tout ce qu'il y a besoin de savoir en la matière ; tout comme il serait difficile qu'un seul homme découvrît tout ce qu'il y a besoin de savoir des espèces du syllogisme juridique[23]. Et cela est vrai *a fortiori* de la connaissance du syllogisme rationnel.

9. Mais si d'autres que nous ont déjà procédé à quelque recherche en cette matière, il est évident que nous avons l'obligation, pour ce vers quoi nous nous acheminons, de recourir à ce qu'en ont dit ceux qui nous ont

ذَلِكَ الْغَيْرُ مُشارِكاً لَنا أَوْ غَيْرَ مُشارِكٍ في الْمِلَّةِ، فَإِنَّ الآلَةَ الَّتي تَصِحُّ بِها التَّذْكِيَةُ لَيْسَ يُعْتَبَرُ في صِحَّةِ التَّذْكِيَةِ بِها كَوْنُها آلَةً لِمُشارِكٍ لَنا في الْمِلَّةِ أَوْ غَيْرِ مُشارِكٍ إِذا كانَتْ فيها شُروطُ الصِّحَّةِ. وَأَعْني بِغَيْرِ الْمُشارِكِ مَنْ نَظَرَ في هَذِهِ الأَشْياءِ مِنَ الْقُدَماءِ قَبْلَ مِلَّةِ الإِسْلامِ. وَإِذا كانَ الأَمْرُ هَكَذا، وَكانَ كُلُّ ما يُحْتاجُ إِلَيْهِ مِنَ النَّظَرِ في أَمْرِ الْمَقاييسِ الْعَقْلِيَّةِ قَدْ فَحَصَ عَنْهُ الْقُدَماءُ أَتَمَّ فَحْصٍ، فَقَدْ يَنْبَغي أَنْ نَضْرِبَ بِأَيْدينا إِلى كُتُبِهِمْ، فَنَنْظُرَ فيما قالوهُ مِنْ ذَلِكَ. فَإِنْ كانَ كُلُّهُ صَواباً، قَبِلْناهُ مِنْهُمْ ؛ وَإِنْ كانَ فيهِ ما لَيْسَ بِصَوابٍ، نَبَّهْنا عَلَيْهِ.

١٠. فَإِذا فَرَغْنا مِنْ هَذا الْجِنْسِ مِنَ النَّظَرِ، وَحَصَلَتْ عِنْدَنا الآلاتُ الَّتي بِها نَقْدِرُ عَلى الاعْتِبارِ في الْمَوْجوداتِ وَدَلالَةِ الصَّنْعَةِ فيها – فَإِنَّ مَنْ لا يَعْرِفُ الصَّنْعَةَ لا يَعْرِفُ الْمَصْنوعَ، وَمَنْ لا يَعْرِفُ الْمَصْنوعَ لا يَعْرِفُ الصَّانِعَ –، فَقَدْ يَجِبُ أَنْ نَشْرَعَ في الْفَحْصِ عَنِ الْمَوْجوداتِ عَلى التَّرْتيبِ وَالنَّحْوِ الَّذي اسْتَفَدْناهُ مِنْ صِناعَةِ الْمَعْرِفَةِ بِالْمَقاييسِ الْبُرْهانِيَّةِ.

١١. وَبَيِّنٌ أَيْضاً أَنَّ هَذا الْغَرَضَ إِنَّما يَتِمُّ لَنا في الْمَوْجوداتِ بِتَداوُلِ الْفَحْصِ عَنْها واحِداً بَعْدَ واحِدٍ، وَأَنْ يَسْتَعينَ في ذَلِكَ الْمُتَأَخِّرُ بِالْمُتَقَدِّمِ، عَلى مِثالِ ما عَرَضَ في عُلومِ التَّعاليمِ. فَإِنَّهُ لَوْ فَرَضْنا صِناعَةَ الْهَنْدَسَةِ في وَقْتِنا هَذا مَعْدومَةً، وَكَذَلِكَ صِناعَةَ عِلْمِ الْهَيْئَةِ، وَرامَ إِنْسانٌ واحِدٌ مِنْ تِلْقاءِ نَفْسِهِ أَنْ يُدْرِكَ مَقاديرَ الأَجْرامِ السَّماوِيَّةِ وَأَشْكالَها، وَأَبْعادَ بَعْضِها عَنْ بَعْضٍ، لَما أَمْكَنَهُ ذَلِكَ – مِثْلَ أَنْ يَعْرِفَ قَدْرَ الشَّمْسِ مِنَ الأَرْضِ، وَغَيْرَ ذَلِكَ مِنْ مَقاديرِ الْكَواكِبِ –، وَلَوْ كانَ

précédés. Il importe peu que ceux-ci soient ou non de notre religion : de même, on ne demande pas à l'instrument avec lequel on exécute l'immolation rituelle[24] s'il a appartenu ou non à l'un de nos coreligionnaires pour juger de la conformité de l'immolation [aux prescriptions légales]. On lui demande seulement de répondre aux critères de conformité[25]. Par ceux qui ne sont pas de nos coreligionnaires, j'entends les Anciens qui ont étudié ces questions avant l'apparition de l'Islam. Puisqu'il en est ainsi, et que toute l'étude nécessaire des syllogismes rationnels a déjà été effectuée le plus parfaitement qui soit par les Anciens, alors certes[26] il nous faut puiser à pleines mains dans leurs livres, afin de voir ce qu'ils en ont dit. Si tout s'y avère juste, nous le recevrons de leur part; et s'il s'y trouve quelque chose qui ne le soit, nous le signalerons.

10. Puis, lorsque nous aurons achevé ce genre d'étude et acquis les outils par lesquels on peut réfléchir sur les étants, et sur ce en quoi la fabrique de ceux-ci est probante – puisque celui qui ignore la fabrique ignore l'artefact, et que celui qui ignore l'artefact ignore l'artisan[27] –, il nous faudra certes[28] entreprendre l'étude des étants dans l'ordre et suivant la méthode acquis à partir de la science[29] des syllogismes démonstratifs.

11. De plus, il est évident que nous n'atteindrons notre but, connaître les étants, que si dans cette étude les uns relaient les autres, et que le chercheur antérieur s'appuie sur son prédécesseur, à l'instar de ce qui s'est produit dans les mathématiques. Supposons par exemple qu'il n'ait pas existé jusqu'à notre époque de science de la géométrie ou de l'astronomie[30], et qu'un seul homme, par soi-même, prétende à connaître les dimensions des corps célestes et leurs figures, ainsi que les distances qui les séparent les uns des autres, il en serait bien incapable. Par exemple, il ne pourrait pas connaître la grandeur du soleil par rapport à la terre, ni celle d'autres astres, fût-il doté

أَذْكَى النَّاسِ طَبْعاً، إِلَّا بِوَحْيِ، أَوْ شَيْءٍ يُشْبِهُ الْوَحْيَ! بَلْ لَوْ قِيلَ لَهُ إِنَّ الشَّمْسَ أَعْظَمُ مِنَ الأَرْضِ بِنَحْوِ مِائَةٍ وَخَمْسِينَ ضِعْفاً أَوْ سِتِّينَ، لَعَدَّ هَذَا الْقَوْلَ جُنُوناً مِنْ قَائِلِهِ، وَهَذَا شَيْءٌ قَدْ قَامَ عَلَيْهِ الْبُرْهَانُ فِي عِلْمِ الْهَيْئَةِ قِيَاماً لَا يَشُكُّ فِيهِ مَنْ هُوَ مِنْ أَهْلِ ذَلِكَ الْعِلْمِ.

١٢. وَأَمَّا الَّذِي أُحْوِجَ فِي هَذَا إِلَى التَّمْثِيلِ بِصِنَاعَةِ التَّعَالِيمِ، فَهَذِهِ صِنَاعَةُ أُصُولِ الْفِقْهِ وَالْفِقْهِ نَفْسِهِ : لَمْ يُكْمَلِ النَّظَرُ فِيهَا إِلَّا فِي زَمَنٍ طَوِيلٍ. وَلَوْ رَامَ إِنْسَانٌ الْيَوْمَ مِنْ تِلْقَاءِ نَفْسِهِ أَنْ يَقِفَ عَلَى جَمِيعِ الْحُجَجِ الَّتِي اسْتَنْبَطَهَا النُّظَّارُ مِنْ أَهْلِ الْمَذَاهِبِ فِي مَسَائِلِ الْخِلَافِ الَّتِي وَضِعَتِ الْمُنَاظَرَةُ فِيهَا بَيْنَهُمْ فِي مُعْظَمِ بِلَادِ الإِسْلَامِ، – مَا عَدَا الْمَغْرِبِ –، لَكَانَ أَهْلاً أَنْ يُضْحَكَ مِنْهُ، لِكَوْنِ ذَلِكَ مُمْتَنِعاً فِي حَقِّهِ، مَعَ وُجُودِ ذَلِكَ مَفْرُوغاً مِنْهُ. وَهَذَا أَمْرٌ بَيِّنٌ بِنَفْسِهِ، لَيْسَ فِي الصَّنَائِعِ الْعِلْمِيَّةِ فَقَطْ، بَلْ وَفِي الْعَمَلِيَّةِ، فَإِنَّهُ لَيْسَ مِنْهَا صِنَاعَةٌ يَقْدِرُ أَنْ يُنْشِئَهَا وَاحِدٌ بِعَيْنِهِ. فَكَيْفَ بِصِنَاعَةِ الصَّنَائِعِ، وَهِيَ الْحِكْمَةُ؟ وَإِذَا كَانَ هَذَا هَكَذَا، فَقَدْ يَجِبُ عَلَيْنَا، إِنْ أَلْفَيْنَا لِمَنْ تَقَدَّمَنَا مِنَ الأُمَمِ السَّالِفَةِ نَظَراً فِي الْمَوْجُودَاتِ وَاعْتِبَاراً لَهَا بِحَسَبِ مَا اقْتَضَتْهُ شَرَائِطُ الْبُرْهَانِ، أَنْ نَنْظُرَ فِي الَّذِي قَالُوهُ مِنْ ذَلِكَ وَمَا أَثْبَتُوهُ فِي كُتُبِهِمْ. فَمَا كَانَ مِنْهَا مُوَافِقاً لِلْحَقِّ، قَبِلْنَاهُ مِنْهُمْ وَسُرِرْنَا بِهِ وَشَكَرْنَاهُمْ عَلَيْهِ؛ وَمَا كَانَ مِنْهَا غَيْرَ مُوَافِقٍ لِلْحَقِّ، نَبَّهْنَا عَلَيْهِ وَحَذَّرْنَا مِنْهُ، وَعَذَرْنَاهُمْ.

naturellement de la plus grande des intelligences, si ce n'est par une inspiration[31], ou quelque chose qui y ressemblerait ! Bien plus, lui dirait-on que le soleil est environ cent cinquante ou cent soixante fois plus grand que la terre[32], qu'il taxerait de folie celui qui lui tiendrait un tel propos, alors même qu'il s'agit là d'un fait établi en astronomie au moyen d'une démonstration qui ne soulève pas l'ombre d'un doute chez les savants en cette matière.

12. Quant à la [science] qui, de ce point de vue, appelle le plus la comparaison avec les mathématiques, c'est la science des fondements du Droit, et du Droit lui-même[33], dont l'étude n'a été achevée parfaitement qu'après un temps fort long[34]. Si un individu se proposait d'élaborer par lui-même l'ensemble des argumentations conçues par les théoriciens des [différentes] écoles juridiques [pour étayer leurs solutions] aux questions controversées objets de disputations entre eux dans la plupart des pays d'Islam – hormis l'Occident musulman[35] –, on pourrait à bon droit se gausser de lui, car ce lui serait impossible, sans compter que cela a déjà été fait. C'est là une évidence par soi, non seulement pour les sciences théorétiques, mais aussi pour les sciences pratiques : il n'en est aucune qu'un homme pourrait concevoir à lui seul. Alors, n'est-ce pas le cas *a fortiori* pour la science des sciences, la philosophie ? Puisqu'il en est ainsi, il nous faut donc certes[36], si nous trouvons que nos prédécesseurs des peuples anciens ont procédé à l'examen rationnel des étants et ont réfléchi sur eux d'une manière conforme aux conditions requises par la démonstration, étudier ce qu'ils en ont dit et couché dans leurs écrits. Ce qui, de cela, sera en accord avec la vérité, nous l'accepterons de leur part, nous nous en réjouirons et leur en serons reconnaissants. Quant aux choses qui ne le seront pas, nous éveillerons sur elles l'attention, nous avertirons [les gens] d'y prendre garde et nous excuserons leurs auteurs[37].

١٣. فَقَدْ تَبَيَّنَ مِنْ هَذَا أَنَّ النَّظَرَ فِي كُتُبِ الْقُدَمَاءِ واجِبٌ بِالشَّرْعِ، إذْ كانَ مَغْزاهُمْ فِي كُتُبِهِمْ وَمَقْصِدَهُمْ هُوَ الْمَقْصَدُ الَّذِي حَثَّنا الشَّرْعُ عَلَيْهِ. وَإِنَّ مَنْ نَهَى عَنِ النَّظَرِ فِيها مَنْ كانَ أَهْلاً لِلنَّظَرِ فِيها – وَهُوَ الَّذِي جَمَعَ أَمْرَيْنِ، أَحَدُهُما ذَكاءُ الْفِطْرَةِ وَالثَّانِي الْعَدالَةُ الشَّرْعِيَّةُ وَالْفَضِيلَةُ الْخُلُقِيَّةُ –، فَقَدْ صَدَّ النَّاسَ عَنِ الْبابِ الَّذِي دَعا الشَّرْعُ مِنْهُ النَّاسَ إلى مَعْرِفَةِ اللّٰهِ، وَهُوَ بابُ النَّظَرِ الْمُؤَدِّي إلى مَعْرِفَتِهِ حَقَّ الْمَعْرِفَةِ، وَذَلِكَ غايَةُ الْجَهْلِ وَالْبُعْدِ عَنِ اللّٰهِ – تَعالى.

١٤. وَلَيْسَ يَلْزَمُ مِنْ أَنَّهُ، إِنْ غَوى غاوٍ بِالنَّظَرِ فِيها، وَزَلَّ زالٌّ، إمّا مِنْ قِبَلِ نَقْصِ فِطْرَتِهِ، وَإمّا مِنْ قِبَلِ سُوءِ تَرْتِيبِ نَظَرِهِ فِيها، أَوْ مِنْ قِبَلِ غَلْبَةِ شَهَواتِهِ عَلَيْهِ، أَوْ أَنَّهُ لَمْ يَجِدْ مُعَلِّماً يُرْشِدُهُ إلى فَهْمِ ما فِيها، أَوْ مِنْ قِبَلِ اجْتِماعِ هَذِهِ الْأَسْبابِ فِيهِ أَوْ أَكْثَرَ مِنْ واحِدٍ مِنْها، أَنْ نَمْنَعَها عَنِ الَّذِي هُوَ أَهْلٌ لِلنَّظَرِ فِيها. فَإِنَّ هَذا النَّحْوَ مِنَ الضَّرَرِ الدّاخِلِ مِنْ قِبَلِها هُوَ شَيْءٌ لَحِقَها بِالْعَرَضِ، لا بِالذّاتِ. وَلَيْسَ يَجِبُ فِيما كانَ نافِعاً بِطِباعِهِ وَذاتِهِ أَنْ يُتْرَكَ لِمَكانِ مَضَرَّةٍ مَوْجُودَةٍ فِيهِ بِالْعَرَضِ. وَلِذَلِكَ قالَ – عَلَيْهِ السَّلامُ – لِلَّذِي أَمَرَهُ بِسَقْيِ الْعَسَلِ أَخاهُ لِإِسْهالٍ كانَ بِهِ، فَتَزَيَّدَ الْإِسْهالُ بِهِ لَمّا سَقاهُ الْعَسَلَ، وَشَكا ذَلِكَ إلَيْهِ : «صَدَقَ اللّٰهُ وَكَذَبَ بَطْنُ أَخِيكَ».

١٥. بَلْ نَقُولُ : إنَّ مَثَلَ مَنْ مَنَعَ النَّظَرَ فِي كُتُبِ الْحِكْمَةِ مَنْ هُوَ أَهْلٌ لَها مِنْ أَجْلِ أَنَّ قَوْماً مِنْ أَراذِلِ النَّاسِ قَدْ يُظَنُّ بِهِمْ أَنَّهُمْ ضَلُّوا مِنْ قِبَلِ نَظَرِهِمْ فِيها، مَثَلُ مَنْ مَنَعَ الْعَطْشانَ شَرْبَ الْماءِ الْبارِدِ الْعَذْبِ،

13. Il est apparu de tout cela que l'étude des écrits des Anciens est obligatoire de par la Loi, puisque l'intention, le dessein [qu'ils poursuivent] dans leurs écrits est ce dessein même que la Révélation appelle [à se fixer]. Dès lors, quiconque interdit cette étude à quelqu'un qui y est apte – c'est-à-dire quelqu'un qui réunit deux qualités : intelligence innée[38] [d'une part]; honorabilité légale[39] et vertu morale [d'autre part] – barre aux hommes l'accès à la porte à partir de laquelle la Révélation adresse aux hommes son appel à connaître Dieu, celle de l'examen rationnel qui conduit à connaître vraiment Dieu. C'est là le comble de l'ignorance et de l'éloignement de Dieu – exalté soit-Il.

14. De ce que quelqu'un faille ou commette des écarts dans l'étude de ces écrits, soit à cause d'un défaut de disposition innée, soit parce qu'il n'a pas procédé dans le bon ordre, ou que ses passions l'accaparent, ou qu'il n'a pas trouvé un maître qui l'ait dirigé dans la compréhension de leur contenu, soit à cause de toutes ces choses à la fois ou de plus d'une d'entre elles, il ne s'ensuit pas qu'on doive interdire ces écrits à celui qui est homme [à les étudier], puisque c'est accidentellement et non essentiellement que ce genre d'inconvénients advient à cause de ces écrits, et qu'il ne faut pas rejeter une chose bénéfique par nature et par essence sous prétexte qu'il y a en elle accidentellement un inconvénient. C'est pourquoi le Prophète – sur lui soit la paix – a dit à l'homme à qui il avait ordonné de faire prendre du miel à son frère atteint de diarrhée, et qui, la diarrhée ayant ensuite empiré, s'en plaignait à lui : «Dieu a dit vrai, et c'est le ventre de ton frère qui a menti[40].»

15. Nous disons même : interdire l'étude des ouvrages de philosophie à ceux qui y sont aptes parce que l'on supposerait que c'est à cause de l'étude de ces ouvrages que certains hommes parmi les plus abjects se sont égarés[41], ne revient à rien de moins qu'à interdire à une

حَتَّى مَاتَ مِنَ الْعَطَشِ، لأنَّ قَوْماً شَرِقوا بهِ فَمَاتوا. فَإنَّ الْمَوْتَ عَنِ
الْماءِ بالشَّرَقِ أَمْرٌ عَارِضٌ، وَعَنِ الْعَطَشِ أَمْرٌ ذَاتِيٌّ وَضَرورِيٌّ. وَهَذَا
الَّذي عَرَضَ لِهَذِهِ الصِّنَاعَةِ هُوَ شَيْءٌ عَارِضٌ لِسَائِرِ الصَّنَائِعِ. فَكَمْ مِنْ
فَقِيهٍ كَانَ الْفِقْهُ سَبَباً لِقِلَّةِ تَوَرُّعِهِ وَخَوْضِهِ في الدُّنْيَا ! بَلْ أَكْثَرُ الْفُقَهَاءِ
كَذَلِكَ نَجِدُهُمْ، وَصِنَاعَتُهُمْ إِنَّما تَقْتَضِي بِالذَّاتِ الفَضِيلَةَ الْعَمَلِيَّةَ. فَإِذَنْ،
لا يَبْعُدُ أَنْ يَعْرِضَ في الصِّنَاعَةِ الَّتِي تَقْتَضِي الفَضيلَةَ الْعِلْمِيَّةَ مَا
عَرَضَ في الصِّنَاعَةِ الَّتِي تَقْتَضِي الفَضِيلَةَ الْعَمَلِيَّةَ.

١٦. وَإِذَا تَقَرَّرَ هَذَا كُلُّهُ، وَكُنَّا نَعْتَقِدُ، مَعْشَرَ الْمُسْلِمينَ، أَنَّ شَرِيعَتَنا
هَذِهِ الإلَهِيَّةَ حَقٌّ، وَأَنَّها الَّتي نَبَّهَتْ عَلى هَذِهِ السَّعادَةِ وَدَعَتْ إِلَيْها، الَّتي
هِيَ الْمَعْرِفَةُ بِاللهِ – عَزَّ وَجَلَّ – وَبِمَخْلوقاتِهِ، فَإنَّ ذَلِكَ مُتَقَرِّرٌ عِنْدَ كُلِّ
مُسْلِمٍ مِنَ الطَّريقِ الَّذي اقْتَضَتْهُ جِبِلَّتُهُ وَطَبيعَتُهُ مِنَ التَّصْديقِ. وَذَلِكَ أَنَّ
طِباعَ النَّاسِ مُتَفاضِلَةٌ في التَّصْديقِ : فَمِنْهُمْ مَنْ يُصَدِّقُ بِالْبُرْهانِ ؛
وَمِنْهُمْ مَـنْ يُصَدِّقُ بِالأَقاويلِ الْجَدَلِيَّةِ تَصْديقَ صاحِبِ الْبُرْهانِ
بِالْبُرْهانِ، إِذْ لَيْسَ في طِباعِهِ أَكْثَرُ مِنْ ذَلِكَ ؛ وَمِنْهُمْ مَنْ يُصَدِّقُ
بِالأَقاويلِ الْخَطابِيَّةِ كَتَصْديقِ صاحِبِ الْبُرْهانِ بِالأَقاويلِ الْبُرْهانِيَّةِ.

١٧. وَذَلِكَ أَنَّهُ، لَمَّا كانَتْ شَريعَتُنا هَذِهِ الإلَهِيَّةُ قَدْ دَعَتِ النَّاسَ مِنْ
هَذِهِ الطُّرُقِ الثَّلاثِ، عَمَّ التَّصْديقُ بِها كُلَّ إِنْسانٍ، إلا مَنْ جَحَدَها عِناداً
بِلِسانِهِ، أَوْ لَـمْ تَتَقَرَّرْ عِنْدَهُ طُرُقُ الدُّعاءِ فيها إِلى اللَّـهِ – تَعَـالى –،

personne assoiffée de boire de l'eau fraîche et agréable au goût, et que cette personne meure de soif, au motif que d'autres, en en buvant, ont suffoqué et en sont morts[42]. En effet, la mort que l'eau produit par suffocation est d'ordre accidentel tandis que celle causée par la soif est d'ordre essentiel et nécessaire. Les accidents qui ont pu advenir par cette science (la philosophie) peuvent tout aussi bien advenir par toutes les autres. Que de docteurs de la Loi pour qui la science de la Loi fut cause [accidentelle] qu'ils péchèrent par défaut de continence et s'immergèrent dans la vie mondaine ! Et c'est même le cas de la majorité d'entre eux, alors même que leur science requiert, par essence, la vertu pratique. Par conséquent, ce qui advient par une science requérant la vertu pratique est susceptible d'advenir aussi par une science requérant la vertu intellectuelle[43].

16. Si tout cela est bien établi, et que nous, Musulmans, sommes convaincus que cette divine Révélation qui est nôtre est la vérité, et que c'est elle qui éveille et appelle à ce bonheur qu'est la connaissance de Dieu – proclamées soient Sa puissance et Sa majesté ! – et de Ses créatures, [eh bien] c'est parce que cette [conviction] s'établit pour chaque Musulman par la méthode[44] propre à produire son assentiment déterminée par la nature de chacun. En effet, il existe une hiérarchie des natures humaines pour ce qui est de l'assentiment[45] : certains hommes assentent par l'effet de la démonstration ; d'autres assentent par l'effet des arguments dialectiques, d'un assentiment similaire à celui de l'homme de démonstration, car leurs natures ne les disposent pas à davantage ; d'autres enfin assentent par l'effet des arguments rhétoriques, d'un assentiment similaire à celui que donne l'homme de démonstration aux arguments démonstratifs[46].

17. Ainsi, comme notre divin Texte révélé appelle les hommes [en leur présentant] ces trois méthodes, il doit [nécessairement] produire l'assentiment de la totalité des hommes, excepté de ceux qui le désavouent en parole par obstination, ou de ceux dans [l'esprit desquels] la validité

لإغْفالِهِ ذَلِكَ مِنْ نَفْسِهِ. وَلِذَلِكَ خُصَّ – عَلَيْهِ السَّلامُ – بِالْبَعْثِ إِلى الأَحْمَرِ وَالأَسْوَدِ، أَعْنِي لِتَضَمُّنِ شَرِيعَتِهِ طُرُقَ الدُّعَاءِ إِلى اللَّهِ – تَعَالى. وَذَلِكَ صَرِيحٌ في قَوْلِهِ – تَعَالى : «ادْعُ إِلَى سَبِيلِ رَبِّكَ بِالْحِكْمَةِ وَالْمَوْعِظَةِ الْحَسَنَةِ وَجَادِلْهُمْ بِالَّتِي هِيَ أَحْسَنُ».

١٨. وَإِذَا كَانَتْ هَذِهِ الشَّرِيعَةُ حَقًّا، وَدَاعِيَةً إِلى النَّظَرِ الْمُؤَدِّي إِلى مَعْرِفَةِ الْحَقِّ، فَإِنَّا، مَعْشَرَ الْمُسْلِمِينَ، نَعْلَمُ عَلى الْقَطْعِ أَنَّهُ لا يُؤَدِّي النَّظَرُ الْبُرْهَانِيُّ إِلى مُخَالَفَةِ ما وَرَدَ بِهِ الشَّرْعُ : فَإِنَّ الْحَقَّ لا يُضَادُّ الْحَقَّ، بَلْ يُوافِقُهُ وَيَشْهَدُ لَهُ.

١٩. وَإِذَا كَانَ هَذَا هَكَذَا، فَإِنْ أَدَّى النَّظَرُ الْبُرْهَانِيُّ إِلى نَحْوٍ ما مِنَ الْمَعْرِفَةِ بِمَوْجُودٍ ما، فَلا يَخْلُو ذَلِكَ الْمَوْجُودُ أَنْ يَكُونَ قَدْ سُكِتَ عَنْهُ في الشَّرْعِ، أَوْ عُرِّفَ بِه. فَإِنْ كانَ مِمَّا قَدْ سُكِتَ عَنْهُ، فَلا تَعَارُضَ هُنَالِكَ، وَهُوَ بِمَنْزِلَةِ ما سُكِتَ عَنْهُ مِنَ الأَحْكَامِ فَاسْتَنْبَطَهَا الْفَقِيهُ بِالْقِيَاسِ الشَّرْعِي. وَإِنْ كانَتْ نَطَقَتْ بِهِ الشَّرِيعَةُ، فَلا يَخْلُو ظَاهِرُ النُّطْقِ أَنْ يَكُونَ مُوَافِقاً لِما أَدَّى إِلَيْهِ الْبُرْهَانُ فِيهِ، أَوْ مُخَالِفاً. فَإِنْ كانَ مُوَافِقاً، فَلا قَوْلَ هُنالِكَ. وَإِنْ كانَ مُخَالِفاً، طُلِبَ هُنالِكَ تَأْوِيلُهُ.

٢٠. وَمَعْنى التَّأْوِيلِ هُوَ إِخْرَاجُ دَلالَةِ اللَّفْظِ مِنَ الدَّلالَةِ الْحَقِيقِيَّةِ إِلى الدَّلالَةِ الْمَجَازِيَّةِ، مِنْ غَيْرِ أَنْ يُخَلَّ في ذَلِكَ بِعَادَةِ لِسَانِ الْعَرَبِ في التَّجَوُّزِ مِنْ تَسْمِيَةِ الشَّيْءِ بِشَبِيهِهِ، أَوْ بِسَبَبِهِ، أَوْ لاحِقِهِ، أَوْ مُقَارِنِهِ، أَوْ

des méthodes qui y sont mises en œuvre pour appeler à connaître Dieu – exalté soit-Il – ne s'est pas établie, du fait d'une négligence imputable à eux-mêmes. C'est pourquoi la mission du Prophète – sur lui soit la paix – possède cette particularité d'avoir été adressée à tout homme, blanc et noir [47] : parce que la Révélation apportée par lui comprend *l'ensemble* des méthodes par lesquelles on appelle à connaître Dieu – exalté soit-Il. Ceci est d'ailleurs explicitement dit dans ce verset : « Appelle les hommes dans le chemin de ton Seigneur, par la sagesse et par la belle exhortation ; et dispute avec eux de la meilleure manière [48] ».

18. Puisque donc cette Révélation est la vérité, et qu'elle appelle à pratiquer l'examen rationnel qui assure la connaissance de la vérité, alors nous, Musulmans, savons de science certaine que l'examen [des étants] par la démonstration n'entraînera nulle contradiction avec les enseignements apportés par le Texte révélé : car la vérité ne peut être contraire à la vérité, mais s'accorde avec elle et témoigne en sa faveur [49].

19. S'il en est ainsi, et que l'examen démonstratif aboutit à une connaissance quelconque à propos d'un étant quel qu'il soit, alors de deux choses l'une : soit sur cet étant le Texte révélé se tait, soit il énonce une connaissance à son sujet. Dans le premier cas, il n'y a même pas lieu à contradiction, et le cas équivaut à celui des statuts légaux non édictés par le Texte, mais que le juriste déduit par syllogisme juridique. Dans le second, de deux choses l'une : soit le sens obvie de l'énoncé est en accord avec le résultat de la démonstration, soit il le contredit. S'il y a accord, il n'y a rien à en dire ; s'il y a contradiction, alors il faut interpréter le sens obvie.

20. Ce que l'on veut dire par « interprétation », c'est le transfert de la signification du mot de son sens propre vers son sens tropique, sans infraction à l'usage tropologique de la langue arabe d'après lequel on peut désigner une chose par son analogue, sa cause, son effet, sa

غَيرِ ذَلِكَ مِنَ الأشْياءِ الَّتِي عُدِّدَتْ فِي تَعْرِيفِ أَصْنافِ الْكَـلَامِ الْمَجازِيِّ. وَإِذا كانَ الْفَقِيهُ يَفْعَلُ هَذا فِي كَثِيرٍ مِنَ الأحْكامِ الشَّرْعِيَّةِ، فَكَمْ بِالْحَرِيِّ أَنْ يَفْعَلَ ذَلِكَ صاحِبُ عِلْمِ الْبُرْهانِ. فَإِنَّ الْفَقِيهَ إِنَّما عِنْدَهُ قِياسٌ ظَنِّيٌّ، وَالْعارِفُ عِنْدَهُ قِياسٌ يَقِينِيٌّ.

٢١. وَنَحْنُ نَقْطَعُ قَطْعاً أَنَّ كُلَّ ما أَدَّى إِلَيْهِ الْبُرْهانُ وَخالَفَهُ ظاهِرُ الشَّرْعِ، أَنَّ ذَلِكَ الظاهِرَ يَقْبَلُ التَّأْوِيلَ عَلى قانونِ التَّأْوِيلِ الْعَرَبِيِّ. وَهَذِهِ الْقَضِيَّةُ لا يَشُكُّ فِيها مُسْلِمٌ، وَلا يَرْتابُ بِها مُؤْمِنٌ. وَما أَعْظَمَ ازْدِيادَ الْيَقِينِ بِها عِنْدَ مَنْ زاوَلَ هَذا الْمَعْنى وَجَرَّبَهُ، وَقَصَدَ هَذا الْمَقْصَدَ مِنَ الْجَمْعِ بَيْنَ الْمَعْقولِ وَالْمَنْقولِ !

٢٢. بَلْ نَقُولُ إِنَّهُ ما مِنْ مَنْطُوقٍ بِهِ فِي الشَّرْعِ مُخالِفٍ بِظاهِرِهِ لِما أَدَّى إِلَيْهِ الْبُرْهانُ، إِلا إِذا اعْتُبِرَ الشَّرْعُ وَتُصُفِّحَتْ سائِرُ أَجْزائِهِ، وُجِدَ فِي أَلْفاظِ الشَّرْعِ ما يَشْهَدُ بِظاهِرِهِ لِذَلِكَ التَّأْوِيلِ، أَوْ يُقارِبُ أَنْ يَشْهَدَ. وَلِهَذا الْمَعْنى أَجْمَعَ الْمُسْلِمُونَ عَلى أَنَّهُ لَيْسَ يَجِبُ أَنْ تُحْمَلَ أَلْفاظُ الشَّرْعِ كُلُّها عَلى ظاهِرِها، وَلا أَنْ تُخْرَجَ كُلُّها عَنْ ظاهِرِها بِالتَّأْوِيلِ ؛ وَاخْتَلَفُوا فِي الْمُؤَوَّلِ مِنْها مِنْ غَيْرِ الْمُؤَوَّلِ. فَالأشْعَرِيُّونَ مَثَلاً يَتَأَوَّلُونَ آيَةَ الاسْتِواءِ وَحَدِيثَ النُّزُولِ، وَالْحَنابِلَةُ تَحْمِلُ ذَلِكَ عَلى ظاهِرِهِ.

٢٣. وَالسَّبَبُ فِي وُرُودِ الشَّرْعِ فِيهِ الظاهِرُ وَالْباطِنُ هُوَ اخْتِلافُ فِطَرِ النَّاسِ وَتَبايُنُ قَرائِحِهِمْ فِي التَّصْدِيقِ. وَالسَّبَبُ فِي وُرُودِ الظَّواهِرِ

conjointe, ou par d'autres choses mentionnées comme faisant partie des classes de tropes[50]. Si le juriste procède ainsi dans de nombreux cas pour établir des statuts juridiques, le tenant de la science démonstrative est d'autant plus fondé à faire de même. Car le juriste n'use que d'un syllogisme opinatif, tandis que celui qui connaît vraiment Dieu use d'un syllogisme certain[51].

21. Nous affirmons catégoriquement que partout où il y a contradiction entre un résultat de la démonstration et le sens obvie d'un énoncé du Texte révélé, cet énoncé est susceptible d'être interprété suivant des règles d'interprétation [conformes aux usages tropologiques] de la langue arabe. C'est là une proposition dont nul Musulman ne doute et qui ne suscite point d'hésitation chez le croyant. Mais combien encore s'accroît la certitude qu'elle est vraie chez celui qui s'est attaché à cette idée et l'a expérimentée, et s'est personnellement fixé pour dessein d'opérer la conciliation de la connaissance rationnelle et de la connaissance transmise !

22. Nous disons même plus : il n'est point d'énoncé de la Révélation dont le sens obvie soit en contradiction avec les résultats de la démonstration, sans qu'on puisse trouver, en procédant à l'examen inductif de la totalité des énoncés particuliers du Texte révélé, d'autre énoncé dont le sens obvie confirme l'interprétation, ou est proche de la confirmer[52]. C'est pourquoi il y a consensus chez les Musulmans pour considérer que les énoncés littéraux de la Révélation n'ont pas tous à être pris dans leur sens obvie, ni tous à être étendus au-delà du sens obvie par l'interprétation ; et divergence quant à savoir ce qui est à interpréter et ce qui ne l'est pas. Ainsi les Ash'arites interprètent-ils le verset évoquant l'assise [divine] et la tradition évoquant la descente [de Dieu][53], tandis que les Ḥanbalites leur attribuent un sens obvie.

23. La raison pour laquelle la Révélation comporte des énoncés de sens obvie et d'autres de sens lointain est que les hommes se distinguent par leurs dispositions innées[54],

الْمُتَعَارِضَةِ فِيهِ هُوَ تَنْبِيهُ الـ«رَّاسِخِينَ فِي الْعِلْمِ» عَلَى التَّأْوِيلِ الْجَامِعِ بَيْنَها. وَإِلَى هَذَا الْمَعْنَى وَرَدَتِ الإِشَارَةُ بِقَوْلِهِ - تَعَالَى - : «هُوَ الَّذِي أَنْزَلَ عَلَيْكَ الْكِتَابَ مِنْهُ آيَاتٌ مُحْكَمَاتٌ [...]»، إِلَى قَوْلِهِ : «وَالرَّاسِخُونَ فِي الْعِلْمِ».

٢٤. فَإِنْ قَالَ قَائِلٌ : إِنَّ فِي الشَّرْعِ أَشْيَاءَ قَدْ أَجْمَعَ الْمُسْلِمُونَ عَلَى حَمْلِها عَلَى ظَوَاهِرها، وَأَشْيَاءَ عَلَى تَأْوِيلِها، وَأَشْيَاءَ اخْتَلَفُوا فِيها ؛ فَهَلْ يَجُوزُ أَنْ يُؤَدِّيَ الْبُرْهانُ إِلَى تَأْوِيلِ ما أَجْمَعُوا عَلَى ظَاهِرِهِ، أَوْ ظَاهِرِ ما أَجْمَعُوا عَلَى تَأْوِيلِهِ؟ قُلْنا : أَمّا لَوْ ثَبَتَ الإِجْمَاعُ بِطَرِيقٍ يَقِينِيٌّ، فَلَمْ يَصِحَّ. وَأَمّا إِنْ كانَ الإِجْمَاعُ فِيها ظَنِّيّاً، فَقَدْ يَصِحُّ. وَلِذَلِكَ قَالَ أَبُو حَامِدٍ، وَأَبُو الْمَعَالِي، وَغَيْرُهَما مِنْ أَئِمَّةِ النَّظَرِ، إِنَّهُ لا يُقْطَعُ بِكُفْرِ مَنْ خَرَقَ الإِجْمَاعَ فِي التَّأْوِيلِ فِي أَمْثَالِ هَذِهِ الأَشْيَاءِ.

٢٥. وَقَدْ يَدُلُّكَ عَلَى أَنَّ الإِجْمَاعَ لا يَتَقَرَّرُ فِي النَّظَرِيَّاتِ بِطَرِيقٍ يَقِينِيٌّ كَما يُمْكِنُ أَنْ يَتَقَرَّرَ فِي الْعَمَلِيَّاتِ، أَنَّهُ لَيْسَ يُمْكِنُ أَنْ يَتَقَرَّرَ الإِجْمَاعُ فِي مَسْأَلَةٍ ما فِي عَصْرٍ ما إِلا بِأَنْ يَكُونَ ذَلِكَ الْعَصْرُ عِنْدَنا مَحْصُوراً، وَأَنْ يَكُونَ جَمِيعُ الْعُلَمَاءِ الْمَوْجُودِينَ فِي ذَلِكَ الْعَصْرِ مَعْلُومِينَ عِنْدَنا، أَعْنِي مَعْلُوماً أَشْخاصُهُمْ وَمَبْلَغُ عَدَدِهِمْ، وَأَنْ يُنْقَلَ إِلَيْنا فِي الْمَسْأَلَةِ مَذْهَبُ كُلِّ واحِدٍ مِنْهُمْ نَقْلَ تَوَاتُرٍ، وَيَكُونَ مَعَ هَذا كُلِّهِ قَدْ صَحَّ عِنْدَنا أَنَّ الْعُلَمَاءَ الْمَوْجُودِينَ فِي ذَلِكَ الزَّمَانِ مُتَّفِقُونَ عَلَى أَنَّهُ

et diffèrent quant au fonds mental[55] qui détermine en eux l'assentiment. Et s'il s'y trouve des énoncés contradictoires pris dans leur sens obvie, c'est afin de signaler aux «hommes d'une science profonde» qu'il y a lieu d'interpréter, afin de les concilier[56]. C'est à quoi fait allusion l'énoncé divin : «C'est Lui qui a fait descendre sur toi le Livre. On y trouve des versets univoques [...]», jusqu'à : «et les hommes d'une science profonde[57]».

24. Si l'on objecte : il y a dans le Texte révélé des énoncés auxquels les Musulmans s'accordent par consensus à attribuer un sens obvie; d'autres qu'ils s'accordent à interpréter; d'autres enfin au sujet desquels il y a divergence – est-il donc licite qu'on soit amené, du fait de la démonstration, à interpréter un énoncé auquel [les Musulmans] s'accordent par consensus à attribuer son sens obvie, ou à attribuer un sens obvie à un énoncé qu'ils s'accordent à interpréter[58] ? Nous répondons : s'il était établi de façon certaine qu'il y a consensus, ce ne serait pas autorisé. Mais si l'existence du consensus sur [le sens de ces énoncés] n'est que conjecturale, ce l'est sans doute. C'est pourquoi Abū Ḥāmid (al-Ghazālī), Abū-l-Ma'ālī (al-Juwaynī), et d'autres autorités tutélaires en matière d'examen rationnel, affirment que l'on ne peut taxer catégoriquement d'infidélité quelqu'un qui rompt le consensus à propos de l'interprétation de cette sorte d'énoncés[59].

25. Sans doute suffira-t-il, pour prouver que l'on ne peut établir de façon certaine l'existence d'un consensus sur des questions théoriques comme on le peut pour des questions pratiques, de dire qu'il est impossible d'établir l'existence d'un consensus sur une question donnée à une époque donnée sans avoir rigoureusement circonscrit cette époque; sans connaître tous les savants qui y ont vécu – c'est-à-dire les connaître individuellement, et leur nombre total; et sans que la position doctrinale de chacun d'eux concernant la question ne nous ait été transmise par voie multiple[60]. Mais Il faudrait outre cela qu'il soit avéré que les savants qui vivaient à cette époque étaient

لَيْسَ في الشَّرْعِ ظاهرٌ وَباطِنٌ، وَأَنَّ الْعِلْمَ بِكُلِّ مَسْأَلَةٍ يَجِبُ أَنْ لا يُكْتَمَ عَنْ أَحَدٍ، وَأَنَّ النَّاسَ طَرِيقُهُمْ واحِدٌ في عِلْمِ الشَّرِيعَةِ.

٢٦. وَأَمَّا كَثيرٌ مِنَ الصَّدْرِ الأَوَّلِ، فَقَدْ نُقِلَ عَنْهُمْ أَنَّهُمْ كانوا يَرَوْنَ أَنَّ لِلشَّرْعِ ظاهِراً وَباطِناً، وَأَنَّهُ لَيْسَ يَجِبُ أَنْ يَعْلَمَ بِالْباطِنِ مَنْ لَيْسَ مِنْ أَهْلِ الْعِلْمِ بِهِ وَلا يَقْدِرُ عَلى فَهْمِهِ، مِثْلَ ما رَوى الْبُخاريُّ عَنْ عَلِيِّ بْنِ أَبي طالِبٍ -رَضِيَ اللَّهُ عَنْهُ- أَنَّهُ قالَ : «حَدِّثوا النَّاسَ بِما يَعْرِفونَ. أَتُريدونَ أَنْ يُكَذَّبَ اللَّهُ وَرَسولُهُ؟»، وَمِثْلَ ما رُوِيَ مِنْ ذَلِكَ عَنْ جَماعَةٍ مِنَ السَّلَفِ. فَكَيْفَ يُمْكِنُ أَنْ يُتَصَوَّرَ إِجْماعٌ مَنْقولٌ إِلَيْنا عَنْ مَسْأَلَةٍ مِنَ الْمَسائِلِ النَّظَرِيَّةِ، وَنَحْنُ نَعْلَمُ قَطْعاً أَنَّهُ لا يَخْلو عَصْرٌ مِنَ الأَعْصارِ مِنْ عُلَماءَ يَرَوْنَ أَنَّ في الشَّرْعِ أَشْياءَ لا يَنْبَغي أَنْ يَعْلَمَ بِحَقيقَتِها جَميعُ النَّاسِ؟ وَذَلِكَ بِخِلافِ ما عَرَضَ في الْعَمَلِيَّاتِ، فَإِنَّ النَّاسَ كُلَّهُمْ يَرَوْنَ إِفْشاءَها لِجَميعِ النَّاسِ عَلى السَّواءِ، وَنَكْتَفي بِحُصولِ الإِجْماعِ فيها بِأَنْ تَنْتَشِرَ الْمَسْأَلَةُ، فَلا يُنْقَلَ إِلَيْنا فيها خِلافٌ. فَإِنَّ هَذا كافٍ في حُصولِ الإِجْماعِ في الْعَمَلِيَّاتِ، بِخِلافِ الأَمْرِ في الْعِلْمِيَّاتِ.

٢٧. فَإِنْ قُلْتَ : فَإِذا لَمْ يَجِبِ التَّكْفيرُ بِخَرْقِ الإِجْماعِ في التَّأْويلِ إِذْ لا يُتَصَوَّرُ في ذَلِكَ إِجْماعٌ، فَما تَقولُ في الْفَلاسِفَةِ مِنْ أَهْلِ الإِسْلامِ، كَأَبي نَصْرٍ وَابْنِ سينا ؟ فَإِنَّ أَبا حامِدٍ قَدْ قَطَعَ بِتَكْفيرِهِما في كِتابِهِ

d'accord pour penser que la Révélation ne comprend pas de l'apparent et du caché[61], qu'aucune connaissance touchant quelque question que ce soit ne doit être cachée à quiconque, et que tout un chacun doit accéder selon une seule et même méthode à la connaissance des vérités révélées.

26. Or on sait, par la tradition de leurs propos, que de nombreuses figures du premier âge de l'Islam jugeaient que la Révélation comprend de l'apparent et du caché, et qu'il ne faut pas que connaissent le caché ceux qui ne sont pas hommes à en posséder la science et qui seraient incapables d'y rien comprendre. A preuve ce propos – rapporté par al-Bukhārī[62] – de 'Alī b. Abī Ṭālib[63] – Dieu soit satisfait de lui : «Parlez aux hommes de ce qu'ils connaissent. Voulez-vous donc que l'on taxe de mensonge Dieu et Son Prophète[64] ?», et des propos de même ordre que l'on rapporte de maints autres pieux anciens. Dès lors, comment concevrait-on qu'eût pu nous parvenir par tradition l'existence d'un consensus à propos d'une question théorique quelconque, sachant bien qu'aucune époque n'a manqué de savants qui jugeaient que la Révélation comporte certaines choses dont il ne faut pas que tout un chacun connaisse le sens véritable ? Et cela au contraire de ce qui s'est produit pour les connaissances religieuses pratiques[65], que tout le monde juge devoir être dispensées indifféremment à chacun, et pour lesquelles il nous suffit que se soit réalisé à leur sujet un consensus consistant dans la diffusion d'une position doctrinale donnée, sans que soit transmise l'existence d'aucune divergence à son propos : cela suffit à établir la réalisation d'un consensus au sujet de questions religieuses pratiques, au contraire de ce qu'il en est en matière de questions théoriques.

27. Si l'on objecte : puisqu'il ne faut pas taxer d'infidélité quelqu'un qui rompt le consensus au sujet d'une interprétation, la réalisation d'un consensus n'étant pas concevable en la matière, que dire alors des philosophes musulmans, comme Abū Naṣr (al-Fārābī) et Ibn

الْمَعْروفِ بِـ **التهافت** في ثَلاثِ مَسائِلَ : في الْقَوْلِ بِقِدَمِ الْعالَمِ ؛ وَبِأَنَّهُ – تَعالى – لا يَعْلَمُ الْجُزْئيّاتِ – تَعالى عَنْ ذَلِكَ ؛ وَفي تَأْويلِ ما جاءَ في حَشْرِ الأَجْسادِ وَأَحْوالِ الْمَعادِ. قُلْنا : الظّاهِرُ مِنْ قَوْلِهِ في ذَلِكَ أَنَّهُ لَيْسَ تَكْفيرُهُ إِيّاهُما في ذَلِكَ قَطْعاً، إِذْ قَدْ صَرَّحَ في كِتابِ **التفرقة** أَنَّ التَّكْفيرَ بِخَرْقِ الإِجْماعِ فيهِ احْتِمالٌ.

٢٨. وَقَدْ تَبَيَّنَ مِنْ قَوْلِنا أَنَّهُ لَيْسَ يُمْكِنُ أَنْ يَتَقَرَّرَ إِجْماعٌ في أَمْثالِ هَذِهِ الْمَسائِلِ، لِما رُوِيَ عَنْ كَثيرٍ مِنَ السَّلَفِ الأَوَّلِ – فَضْلاً عَنْ غَيْرِهِمْ –، أَنَّ هَهُنا تَأْويلاتٌ يَجِبُ أَنْ لا يُفْصَحَ بِها إِلا لِمَنْ هُوَ مِنْ أَهْلِ التَّأْويلِ، وَهُمُ الـ«رّاسِخونَ في الْعِلْمِ» : لأَنَّ الاخْتِيارَ عِنْدَنا هُوَ الْوُقوفُ عَلى قَوْلِهِ – تَعالى – «وَالرّاسِخونَ في الْعِلْمِ». لأَنَّهُ، إِذا لَمْ يَكُنْ أَهْلُ الْعِلْمِ يَعْلَمونَ التَّأْويلَ، لَمْ تَكُنْ عِنْدَهُمْ مَزِيَّةُ تَصْديقٍ تُوجِبُ لَهُمْ مِنَ الإِيمانِ بِهِ ما لا يوجَدُ عِنْدَ غَيْرِ أَهْلِ الْعِلْمِ. وَقَدْ وَصَفَهُمُ اللَّهُ بِأَنَّهُمُ «الْمُؤْمِنونَ بِهِ»، وَهَذا إِنَّما يُحْمَلُ عَلى الإِيمانِ الَّذي يَكونُ مِنْ قِبَلِ الْبُرْهانِ، وَهَذا لا يَكونُ إِلا مَعَ الْعِلْمِ بِالتَّأْويلِ. فَإِنَّ غَيْرَ أَهْلِ الْعِلْمِ مِنَ الْمُؤْمِنينَ هُمْ أَهْلُ الإِيمانِ بِهِ لا مِنْ قِبَلِ الْبُرْهانِ. فَإِنْ كانَ هَذا الإِيمانُ الَّذي وَصَفَ اللَّهُ بِهِ الْعُلَماءَ خاصّاً بِهِمْ، فَيَجِبُ أَنْ يَكونَ بِالْبُرْهانِ. وَإِنْ كانَ بِالْبُرْهانِ، فَلا يَكونُ إِلا مَعَ الْعِلْمِ بِالتَّأْويلِ، لأَنَّ اللَّهَ

Sīnā ? Abū Ḥāmid, dans son ouvrage connu sous le titre de *L'Incohérence*[66], a pourtant catégoriquement conclu à leur infidélité quant à trois questions : la thèse de l'éternité *a parte ante* du monde ; celle d'après laquelle Dieu – exalté soit-Il – ne connaît pas les particuliers – mais Dieu est bien au-dessus de cela ; et pour avoir interprété les énoncés révélés concernant la corporéité de la résurrection et les modalités de la vie future. Nous disons : il paraît bien, d'après ce qu'il dit sur le sujet, que lorsqu'il les taxait d'infidélité, ce n'était pas de manière catégorique, puisqu'il déclare, dans le livre du *Départage*[67], que la qualification d'infidélité pour rupture du consensus est sujette à caution[68].

28. Il est d'ailleurs ressorti de notre propos qu'il est impossible d'établir l'existence d'un consensus à propos de cette sorte de questions, du fait que, selon ce qui a été rapporté de nombre des pieux anciens – pour ne pas parler des autres [les savants] plus récents –, il existe des interprétations qu'on ne doit exposer qu'à ceux qui sont hommes à connaître l'interprétation, et qui sont les « hommes d'une science profonde ». Car nous optons, quant à nous, pour la lecture consistant à marquer une pause *après* les mots : « et les hommes d'une science profonde[69] ». En effet, si les hommes de la science n'avaient pour eux de connaître l'interprétation, leur acte d'assentir ne se distinguerait par aucune spécificité qui impliquât qu'ils fussent caractérisés par un type de croyance en Lui différant de la croyance de ceux qui ne sont point hommes de la science. Dieu, en effet, les a qualifiés de « croyants en Lui ». Et ceci ne peut renvoyer qu'à la croyance provenant de la démonstration – croyance qui va nécessairement de pair avec la connaissance de l'interprétation[70] ; car de fait, les croyants qui ne sont point hommes de la science, ce sont les gens qui croient en Lui *sans* le biais de la démonstration. Puisque donc la croyance dont Dieu a qualifié les savants leur est particulière, il faut qu'il s'agisse de cette croyance qui provient de la démonstration. Et puisqu'elle provient de la

-تَعالى- قَدْ أَخْبَرَ أَنَّ لَها تَأْويلاً هُوَ الْحَقيقَةُ، وَالْبُرْهانُ لا يَقومُ إلا عَلى الْحَقيقَةِ. وَإِذا كانَ ذَلِكَ كَذَلِكَ، فَلا يُمْكِنُ أَنْ يَتَقَرَّرَ في التَّأْويلاتِ الَّتي خَصَّ اللَّهُ الْعُلَماءَ بِها إِجْماعٌ مُسْتَفيضٌ؛ وَهَذا بَيِّنٌ بِنَفْسِهِ عِنْدَ مَنْ أَنْصَفَ.

٢٩. وَإِلى هَذا كُلِّهِ، فَقَدْ يُرَى أَنَّ أَبا حامِدٍ قَدْ غَلِطَ عَلى الْحُكَماءِ الْمَشّائينَ فيما نَسَبَ إِلَيْهِمْ مِنْ أَنَّهُمْ يَقولونَ إِنَّهُ - تَقَدَّسَ وَتَعالى - لا يَعْلَمُ الْجُزْئِيّاتِ أَصْلاً. بَلْ يَرَوْنَ أَنَّهُ - تَعالى - يَعْلَمُها بِعِلْمٍ غَيْرِ مُجانِسٍ لِعِلْمِنا بِها: وَذَلِكَ أَنَّ عِلْمَنا بِها مَعْلولٌ لِلْمَعْلومِ بِهِ، فَهْوَ مُحْدَثٌ بِحُدوثِهِ وَمُتَغَيِّرٌ بِتَغَيُّرِهِ. وَعِلْمُ اللَّهِ -سُبْحانَهُ- بِالْوُجودِ عَلى مُقابِلِ هَذا، فَإِنَّهُ عِلَّةٌ لِلْمَعْلومِ، الَّذي هُوَ الْوُجودُ. فَمَنْ شَبَّهَ الْعِلْمَيْنِ أَحَدَهُما بِالآخَرِ، فَقَدْ جَعَلَ ذَواتِ الْمُتَقابِلاتِ وَخَواصَّها واحِدَةً، وَذَلِكَ غايَةُ الْجَهْلِ. فَاسْمُ الْعِلْمِ، إِذا قيلَ عَلى الْعِلْمِ الْمُحْدَثِ وَالْقَديمِ، فَهْوَ مَقولٌ بِاشْتِراكِ الاسْمِ الْمَحْضِ، كَما يُقالُ كَثيرٌ مِنَ الأَسْماءِ عَلى الْمُتَقابِلاتِ، مِثْلَ «الجَلَل» الْمَقولِ عَلى الْعَظيمِ وَالصَّغيرِ، وَ«الصَّريم» الْمَقولِ عَلى الضَّوْءِ وَالظُّلْمَةِ. وَلِهَذا لَيْسَ هَهُنا حَدٌّ يَشْتَمِلُ الْعِلْمَيْنِ جَميعاً كَما تَوَهَّمَهُ الْمُتَكَلِّمونَ مِنْ أَهْلِ زَمانِنا. وَقَدْ أَفْرَدْنا في هَذِهِ الْمَسْأَلَةِ قَوْلاً حَرَّكَنا إِلَيْهِ بَعْضُ أَصْحابِنا.

٣٠. وَكَيْفَ يُتَوَهَّمُ عَلى الْمَشّائينَ أَنَّهُمْ يَقولونَ إِنَّهُ -سُبْحانَهُ- لا يَعْلَمُ بِالْعِلْمِ الْقَديمِ الْجُزْئِياتِ، وَهُمْ يَرَوْنَ أَنَّ الرُّؤْيا الصادِقَةَ تَتَضَمَّنُ

démonstration, elle va nécessairement de pair avec la connaissance de l'interprétation. Car Dieu a déclaré qu'existaient à propos de ces questions des interprétations, qui sont la vérité; et la démonstration n'aboutit à rien d'autre qu'à la vérité. Puisqu'il en est ainsi, il est impossible d'établir au sujet d'interprétations, qui sont l'apanage des savants, l'existence d'un consensus généralement répandu; c'est là une évidence par soi pour quiconque est de bonne foi.

29. Outre tout cela, on peut être d'avis qu'Abū Ḥāmid s'est trompé sur les philosophes péripatéticiens en leur attribuant la thèse selon laquelle Dieu – sanctifié et exalté soit-Il – ne connaît absolument pas les particuliers. Leur opinion, au contraire, est qu'Il les connaît, d'une science génériquement différente de celle que nous en avons : notre science est un *effet* causé par l'objet connu, et elle est par conséquent adventice comme l'objet, et mutable comme lui. Mais la Science que Dieu – louangé soit-Il – a de l'étant est à l'opposé de cela, car cette Science est elle-même causatrice de ce qui est son objet, et qui est l'être[71]. Aussi, comparer l'une de ces sciences à l'autre revient à assimiler des choses *contraires* par leurs essences et leurs propriétés, ce qui est le comble de l'ignorance. Car ce n'est que par pure homonymie que le nom «science» s'applique à la fois à la science adventice et à la Science prééternelle, comme de nombreux noms s'appliquent à des choses contraires : ainsi le mot *al-jalal*, qui se dit d'une chose grave comme d'une chose sans importance, et le mot *aṣ-ṣarīm,* qui se dit de la lumière comme de l'obscurité[72]. C'est pourquoi ces deux sciences ne peuvent être embrassées dans une même définition, contrairement à ce qu'imaginent les théologiens de notre temps[73]. Nous avons d'ailleurs réservé à cette question un écrit, que nous avait invité à produire quelqu'un de nos amis[74].

30. Mais comment peut-on s'abuser à propos des péripatéticiens au point d'imaginer qu'ils affirment que Dieu – louangé soit-Il – ne connaît point de Sa Science pré-

الإنْذاراتِ بالْجُزئيّاتِ الْحادِثَـةِ فـي الزّمـان الْمُستَقْبَل، وَأَنَّ ذَلِكَ الْعِلْمَ الْمُنْذِرَ يَحْصُلُ لِلإنْسان في النَّوْم مِنْ قِبَل الْعِلْم الأزَلِيِّ الْمُدَبِّر لِلْكُلِّ والْمُستَوْلي عَلَيْهِ؟ ولَيْس يَرَوْنَ أَنَّهُ لا يَعْلَمُ الْجُزْئيَاتِ فَقَطْ عَلى النَّحْو الَّذي نَعْلَمُهُ نَحْنُ، بَلْ وَلا الْكُلّياتِ، فَإنَّ الْكُلِّياتِ الْمَعْلومَةَ عِنْدَنا مَعْلولَـةٌ أَيْضاً عَنْ طَبيعَةِ الْمَوْجودِ، وَالأَمْرُ في ذَلِكَ الْعِلْم بالْعَكْس. وَلِذَلِكَ، مـا قَدْ أَدَّى إلَيْهِ الْبُرْهانُ أَنَّ ذَلِكَ الْعِلْمَ مُنَزَّهٌ عَنْ أَنْ يُوصَفَ بـ «كُلِّـيٌّ» أَوْ «جُزْئِيٌّ». فَلا مَعْنى لِلاخْتِلافِ في هَذِهِ الْمَسْأَلَةِ، أَعْني فـي تَكْفيرِهِمْ أَوْ لا تَكْفيرِهِمْ.

٣١. وَأَمّا مَسْأَلَةُ قِدَم الْعالَم أَوْ حُدوثِهِ، فَـإنَّ الاخْتِـلافَ فيهـا عِنْدي بَيْنَ الْمُتَكَلِّمينَ مِنَ الأَشْعَرِيَّةِ وَالْحُكَمـاء الْمُتَقَدِّميـنَ يَكـادُ يَكـونُ راجِعـاً لِلاخْتِلافِ في التَّسْمِيَةِ، وَبخاصَّةٍ عِنْدَ بَعْض الْقُدَماء. وَذَلِكَ أَنَّهُمْ اتَّفَقـوا عَلى أَنَّ هَهُنا ثَلاثَةَ أَصْنافٍ مِـنَ الْمَوْجـوداتِ: طَرَفـان وَواسِطَةٌ بَيْـنَ الطَّرَفَيْن. فَاتَّفَقوا فـي تَسْمِيَةِ الطَّرَفَيْـن، وَاخْتَلَفوا فـي الواسِطَةِ. فَأَمّـا الطَّرَفُ الْواحِدُ، فَهُوَ مَوْجودٌ وُجِدَ مِنْ شَيْء غَيْرِهِ، وَعَنْ شَيْء، أَعْنـي عَنْ سَبَبٍ فاعِل، وَمِنْ مادَّةٍ، وَالزّمانُ مُتَقَدِّمٌ عَلَيْهِ، أَعْني عَلى وُجـودِهِ. وَهَذِهِ هِيَ حالُ الأَجْسام الَّتي يُدرِكُ تَكَوُّنَها بـالْحِسِّ، مِثْلَ تَكَوُّن الْمـاء وَالْهَواء وَالأَرْض وَالْحَيَوان وَالنَّباتِ، وَغَيْر ذَلِكَ. وَهَذا الصِّنْفُ مِنَ الْمَوْجـوداتِ، اتَّفَقَ الْجَميـعُ مِـنَ الْقُدَمـاء وَالأَشْـعَرِيّينَ عَلـى تَسْـمِيَتِها مُحْدَثَةً. وَأَمّا الطَّرَفُ الْمُقابِلُ لِهَذا، فَهُوَ مَوْجودٌ لَمْ يَكُنْ مِنْ شَـيْء، وَلا عَنْ شَيْء، وَلا تَقَدَّمَهُ زَمانٌ. وَهَذا أَيْضـاً، اتَّفَـقَ الْجَميـعُ مِـنَ الْفِرْقَتَيْـن عَلى تَسْمِيَتِهِ قَديماً. وَهَذا الْمَوْجودُ مُدْرَكٌ بالْبُرْهان، وَهُوَ اللَّهُ -تَبـارَكَ وَتَعالى. هُوَ فاعِلُ الْكُلِّ وَمُوجِدُهُ وَالْحافِظُ لَهُ -سُبْحانَهُ وَتَعـالى قَدْرُهُ.

éternelle les choses particulières, eux dont l'opinion est que la vision vraie comprend la prémonition des choses particulières devant advenir dans le futur[75], et que cette science prémonitoire survient à l'homme dans son sommeil de la part de la Science prééternelle qui gouverne et domine le tout. À leur avis, ce ne sont pas seulement les particuliers qu'Il ne connaît pas de la manière dont nous connaissons, mais même les universaux. Car les universaux que nous connaissons sont aussi des *effets* causés par la nature de l'étant, alors qu'il en va de cette Science-là inversement. C'est pourquoi ce que l'on conclut par démonstration, c'est que cette Science transcende le fait d'être qualifiée d'universelle ou de particulière. Aussi la divergence sur la question de savoir s'il faut ou non taxer les philosophes d'infidélité est-elle sans objet.

31. Quant à la question de l'éternité *a parte ante* ou de l'adventicité du monde, je pense que la divergence entre les théologiens ash'arites et les philosophes anciens à ce propos trouve presque seulement son origine dans la différence de dénomination, surtout pour ce qui est de certains Anciens[76]. Car de fait, tous s'accordent à dire qu'il y a trois sortes d'*être*, dont deux extrêmes opposés, et un intermédiaire entre ces deux extrêmes. Ils s'accordent sur la dénomination des deux extrêmes, mais divergent sur celle de l'intermédiaire. L'un des extrêmes, c'est l'étant qui est *de* quelque chose d'autre que lui et [vient à l'être] *par* quelque chose, à savoir [qui vient à l'être] *par* une cause agente et est *d'*une matière ; et qui est précédé par le temps, dans son acte d'être. C'est le cas des corps dont la génération peut être saisie par les sens, comme la génération de l'eau, de l'air, de la terre, des plantes, des animaux, etc. Cette sorte d'étants, tous, Anciens et Ash'arites, s'accordent à les nommer adventices. L'extrême opposé, c'est l'Être qui n'est pas *de* quelque chose ni *par* quelque chose, et qui n'est pas précédé par le temps. Celui-là aussi, tous les tenants de l'une et l'autre école s'accordent à le nommer prééternel. Cet être s'appréhende par la démonstration : C'est Dieu –

وَأَمَّا الصِّنْفُ مِنَ الْمَوْجُودِ الَّذِي بَيْنَ هَذَيْنِ الطَّرَفَيْنِ، فَهُوَ مَوْجُودٌ لَمْ
يَكُنْ مِنْ شَيْءٍ، وَلَا تَقَدَّمَهُ زَمَانٌ، وَلَكِنَّهُ مَوْجُودٌ عَنْ شَيْءٍ، أَعْنِي عَنْ
فَاعِلٍ، وَهَذَا هُوَ الْعَالَمُ بِأَسْرِهِ.

٣٢. وَالْكُلُّ مِنْهُمْ مُتَّفِقٌ عَلَى وُجُودِ هَذِهِ الصِّفَاتِ الثَّلَاثِ لِلْعَالَمِ. فَإِنَّ
الْمُتَكَلِّمِينَ يُسَلِّمُونَ أَنَّ الزَّمَانَ غَيْرُ مُتَقَدِّمٍ عَلَيْهِ – أَوْ يَلْزَمُهُمْ ذَلِكَ –، إِذِ
الزَّمَانُ عِنْدَهُمْ شَيْءٌ مُقَارِنٌ لِلْحَرَكَاتِ وَالْأَجْسَامِ. وَهُمْ أَيْضًا مُتَّفِقُونَ مَعَ
الْقُدَمَاءِ عَلَى أَنَّ الزَّمَانَ الْمُسْتَقْبَلَ غَيْرُ مُتَنَاهٍ، وَكَذَلِكَ الْوُجُودُ الْمُسْتَقْبَلُ.
وَإِنَّمَا يَخْتَلِفُونَ فِي الزَّمَانِ الْمَاضِي وَالْوُجُودِ الْمَاضِي، فَالْمُتَكَلِّمُونَ
يَرَوْنَ أَنَّهُ مُتَنَاهٍ – وَهَذَا هُوَ مَذْهَبُ أَفْلَاطُونَ وَشِيعَتِهِ –، وَأَرَسْطُو
وَفِرْقَتُهُ يَرَوْنَ أَنَّهُ غَيْرُ مُتَنَاهٍ، كَالْحَالِ فِي الْمُسْتَقْبَلِ. فَهَذَا الْوُجُودُ
الْآخَرُ، الْأَمْرُ فِيهِ بَيِّنٌ أَنَّهُ قَدْ أَخَذَ شَبَهًا مِنَ الْوُجُودِ الْكَائِنِ الْحَقِيقِيِّ
وَمِنَ الْوُجُودِ الْقَدِيمِ. فَمَنْ غَلَبَ عَلَيْهِ مَا فِيهِ مِنْ شَبَهِ الْقَدِيمِ عَلَى مَا فِيهِ
مِنْ شَبَهِ الْمُحْدَثِ، سَمَّاهُ قَدِيمًا. وَمَنْ غَلَبَ عَلَيْهِ مَا فِيهِ مِنْ شَبَهِ
الْمُحْدَثِ، سَمَّاهُ مُحْدَثًا. وَهُوَ فِي الْحَقِيقَةِ لَيْسَ مُحْدَثًا حَقِيقِيًّا، وَلَا قَدِيمًا
حَقِيقِيًّا، فَإِنَّ الْمُحْدَثَ الْحَقِيقِيَّ فَاسِدٌ ضَرُورَةً، وَالْقَدِيمُ الْحَقِيقِيُّ لَيْسَ لَهُ
عِلَّةٌ. وَمِنْهُمْ مَنْ سَمَّاهُ مُحْدَثًا أَزَلِيًّا، وَهُوَ أَفْلَاطُونُ وَشِيعَتُهُ، لِكَوْنِ
الزَّمَانِ مُتَنَاهِيًا عِنْدَهُمْ مِنَ الْمَاضِي. فَالْمَذَاهِبُ فِي الْعَالَمِ لَيْسَتْ تَتَبَاعَدُ
كُلَّ التَّبَاعُدِ، حَتَّى يُكَفَّرُ بَعْضُهَا وَلَا يُكَفَّرُ. فَإِنَّ الْآرَاءَ الَّتِي شَأْنُهَا هَذَا
يَجِبُ أَنْ تَكُونَ فِي الْغَايَةِ مِنَ التَّبَاعُدِ، أَعْنِي أَنْ تَكُونَ مُتَقَابِلَةً، كَمَا ظَنَّ

béni et exalté soit-Il –, celui qui est l'Agent de tout, qui fait venir et maintient tout à l'être – louangé soit-Il, et exaltée soit Sa puissance ! Quant à la sorte d'être intermédiaire entre ces deux extrêmes, c'est l'étant qui n'est pas venu à l'être *de* quelque chose, et dont l'acte d'être n'est pas précédé par le temps, mais qui est *par* quelque chose, à savoir *par* un Agent : c'est le monde dans sa totalité.

32. Tous s'accordent à reconnaître au monde ces trois qualités. Les théologiens admettent bien que l'être du monde n'est pas précédé par le temps – ou plutôt, il leur faudrait l'admettre –, puisque pour eux, le temps est connexe au mouvement et aux corps[77]. Ils s'accordent également avec les Anciens sur l'infinitude du temps futur, ainsi que de l'être dans le futur. Il n'y a divergence entre eux que pour ce qui est du temps passé et de l'être dans le passé, dont les théologiens pensent qu'il est fini – ce qui est aussi la position de Platon et de ses adeptes[78] –, alors qu'Aristote et ceux de son école pensent qu'il est infini, à l'instar de l'être dans le futur[79]. Cette autre [sorte d']être, il est clair qu'elle présente de la similitude à la fois avec l'être proprement issu de la génération, et avec l'être prééternel. Dès lors, ceux pour qui la similitude qu'elle présentait avec le prééternel prévalait sur sa similitude avec l'adventice l'ont nommée prééternelle, tandis que ceux pour qui c'était la similitude avec l'adventice qui prévalait l'ont nommée adventice, alors qu'elle n'est en fait ni adventice au sens propre, ni prééternelle au sens propre, car ce qui est proprement adventice est nécessairement corruptible, et ce qui est proprement prééternel est incausé. Certains encore, Platon et ses adeptes, l'ont nommé adventice-éternelle, parce que le temps selon eux a eu un commencement dans le passé[80]. Les doctrines relatives au monde ne sont donc pas assez fortement éloignées l'une de l'autre pour qu'on en puisse qualifier une d'infidèle, et non l'autre. Car des opinions dont cela serait le cas devraient être éloignées au maximum l'une de l'autre, c'est-à-dire être *opposées*, comme les théolo-

الْمُتَكَلِّمونَ في هَذِهِ الْمَسْأَلَةِ - أَعْني أَنَّ اسْمَ «الْقِدَم» وَ«الْحُدوثِ» في الْعالَم بأَسْرِهِ هُوَ مِنَ الْمُتَقابلَةِ ؛ وَقَدْ تَبَيَّنَ مِنْ قَوْلِنا أَنَّ الأَمْرَ لَيْسَ كَذَلِكَ.

٣٣. وَهَذا كُلُّهُ مَعَ أَنَّ هَذِهِ الآراءَ في الْعالَمِ لَيْسَتْ عَلى ظاهِرِ الشَّرْعِ! فَإِنَّ ظاهِرَ الشَّرْعِ، إِذا تُصُفِّحَ، ظَهَرَ مِنَ الآياتِ الْوارِدَةِ في الأَنْباءِ عَنْ إِيجادِ الْعالَمِ أَنَّ صورَتَهُ مُحْدَثَةٌ بِالْحَقيقَةِ، وَأَنَّ نَفْسَ الْوُجودِ وَالزَّمانِ مُسْتَمِرٌّ مِنَ الطَّرَفَيْنِ، أَعْني غَيْرَ مُنْقَطِعٍ. وَذَلِكَ أَنَّ قَوْلَهُ - تَعالى: «وَهُوَ الَّذِي خَلَقَ السَّمَوَاتِ وَالأَرْضَ في سِتَّةِ أَيَّام وَكَانَ عَرْشُهُ عَلَى الْمَاءِ» يَقْتَضي بِظاهِرِهِ أَنَّ وُجوداً قَبْلَ هَذا الْوُجودِ، وَهُوَ «الْعَرْشُ» وَ«الْماءُ» ؛ وَزَماناً قَبْلَ هَذا الزَّمانِ، أَعْني الْمُقْتَرِنَ بِصورَةِ هَذا الْوُجودِ الَّذي هُوَ عَدَدُ حَرَكَةِ الْفَلَكِ. وَقَوْلُهُ - تَعالى: «يَوْمَ تُبَدَّلُ الأَرْضُ غَيْرَ الأَرْضِ وَالسَّمَوَاتُ» يَقْتَضي أَيْضاً بِظاهِرِهِ أَنَّ وُجوداً ثانِياً بَعْدَ هَذا الْوُجودِ. وَقَوْلُهُ - تَعالى: «ثُمَّ اسْتَوَى إِلَى السَّمَاءِ وَهِيَ دُخَانٌ» يَقْتَضي بِظاهِرِهِ أَنَّ السَّمَواتِ خُلِقَتْ مِنْ شَيْءٍ. فَالْمُتَكَلِّمونَ لَيْسوا في قَوْلِهِمْ أَيْضاً في الْعالَمِ عَلى ظاهِرِ الشَّرْعِ، بَلْ مُتَأَوِّلونَ. فَإِنَّهُ لَيْسَ في الشَّرْعِ أَنَّ اللَّهَ كانَ مَوْجوداً مَعَ الْعَدَمِ الْمَحْضِ، وَلا يوجَدُ هَذا فيه نَصّاً أَبَداً. فَكَيْفَ يُتَصَوَّرُ في تَأْويلِ الْمُتَكَلِّمينَ في هَذِهِ الآياتِ، أَنَّ الإِجْماعَ انْعَقَدَ عَلَيْهِ، وَالظاهِرُ الَّذي قُلْناهُ مِنَ الشَّرْعِ في وُجودِ الْعالَمِ، قَدْ قالَ بِهِ فِرْقَةٌ مِنَ الْحُكَماءِ؟

giens ont estimé que c'était le cas en l'occurrence – à savoir que les noms de «prééternité» et d'«adventicité» appliqués au monde dans sa totalité étaient des opposés; mais il est ressorti de notre propos que ce n'était pas le cas.

33. Tout cela alors que ces opinions [des théologiens] sur le monde ne sont pas conformes au sens obvie du Texte révélé ! Car si l'on procède à l'examen inductif du Texte, il apparaît, d'après les versets produisant des données sur la manière dont [Dieu] a *fait être* le monde [littéralement : sur l'existenciation du monde], que la *forme* du monde est effectivement adventice, alors que l'être même, et le temps, *continuent* dans les deux directions, c'est-à-dire sont sans fin. Car de fait, l'énoncé divin : «C'est Lui qui a créé les cieux et la terre en six jours – Son trône alors était sur l'eau[81]» stipule, par son sens obvie, que quelque chose a *été* antérieurement à cette existence-ci, [ce quelque chose étant désigné comme] «le trône» et «l'eau»; et que s'écoulait du temps antérieurement à ce temps-ci, c'est-à-dire le temps qui est apparié à cette forme d'existence-ci, et qui est le nombre du mouvement[82] de la sphère suprême. De la même façon, l'énoncé divin : «Le Jour où la terre sera changée en autre chose que la terre, et [de même] les cieux [...][83]» stipule, par son sens obvie, qu'il y aura une seconde existence après celle-ci. Et l'énoncé divin : «Il s'est ensuite tourné vers le ciel qui était une fumée [...][84]» stipule, par son sens obvie, que les cieux ont été créés *de* quelque chose. Avec leur thèse à propos du monde non plus[85], les théologiens ne sont pas en conformité avec le sens obvie du Texte révélé. Ils interprètent. Il n'est pas dit en effet dans la Révélation que Dieu ait jamais *été* avec le pur néant, ceci n'y est nulle part énoncé univoquement. Aussi, comment croire qu'il y aurait consensus sur l'interprétation de ces versets par les théologiens, alors qu'une école de philosophes soutient une thèse conforme au sens obvie du Texte à propos de l'existence du monde, que nous venons d'évoquer.

٣٤. وَيُشْبِهُ أَنْ يَكُونَ الْمُخْتَلِفُونَ فِي هَذِهِ الْمَسَائِلِ الْعَوِيصَةِ إِمَّا مُصِيبِينَ مَأْجُورِينَ، وَإِمَّا مُخْطِئِينَ مَعْذُورِينَ. فَإِنَّ التَّصْدِيقَ بِالشَّيْءِ مِنْ قِبَلِ الدَّلِيلِ الْقَائِمِ فِي النَّفْسِ هُوَ شَيْءٌ اِضْطِرَارِيٌّ لا اخْتِيَارِيٌّ، أَعْنِي أَنَّهُ لَيْسَ لَنَا أَنْ لا نُصَدِّقَ أَوْ نُصَدِّقَ، كَمَا لَنَا أَنْ نَقُومَ أَوْ لا نَقُومَ. وَإِذَا كَانَ مِنْ شَرْطِ التَّكْلِيفِ الاخْتِيَارُ، فَالْمُصَدِّقُ بِالْخَطَأِ مِنْ قِبَلِ شُبْهَةٍ عَرَضَتْ لَهُ، إِذَا كَانَ مِنْ أَهْلِ الْعِلْمِ، مَعْذُورٌ. وَلِذَلِكَ قَالَ – عَلَيْهِ السَّلامُ: «إِذَا اجْتَهَدَ الْحَاكِمُ فَأَصَابَ فَلَهُ أَجْرَانِ، وَإِذَا أَخْطَأَ فَلَهُ أَجْرٌ». وَأَيُّ حَاكِمٍ أَعْظَمُ مِنَ الَّذِي يَحْكُمُ عَلَى الْوُجُودِ بِأَنَّهُ كَذَا أَوْ لَيْسَ بِكَذَا. وَهَؤُلاءِ الْحُكَّامُ هُمُ الْعُلَمَاءُ الَّذِينَ خَصَّهُمُ اللَّهُ بِالتَّأْوِيلِ، وَهَذَا الْخَطَأُ الْمَصْفُوحُ عَنْهُ فِي الشَّرْعِ إِنَّمَا هُوَ الْخَطَأُ الَّذِي يَقَعُ مِنَ الْعُلَمَاءِ إِذَا نَظَرُوا فِي الأَشْيَاءِ الْعَوِيصَةِ الَّتِي كَلَّفَهُمُ الشَّرْعُ النَّظَرَ فِيهَا.

٣٥. وَأَمَّا الْخَطَأُ الَّذِي يَقَعُ مِنْ غَيْرِ هَذَا الصِّنْفِ مِنَ النَّاسِ، فَهُوَ إِثْمٌ مَحْضٌ، وَسَوَاءٌ كَانَ الْخَطَأُ فِي الأُمُورِ النَّظَرِيَّةِ أَوْ الْعَمَلِيَّةِ. فَكَمَا أَنَّ الْحَاكِمَ الْجَاهِلَ بِالسُّنَّةِ، إِذَا أَخْطَأَ فِي الْحُكْمِ، لَمْ يَكُنْ مَعْذُوراً، كَذَلِكَ الْحَاكِمُ عَلَى الْمَوْجُودَاتِ، إِذَا لَمْ تُوجَدْ فِيهِ شُرُوطُ الْحُكْمِ، فَلَيْسَ بِمَعْذُورٍ، بَلْ هُوَ إِمَّا آثِمٌ وَإِمَّا كَافِرٌ. وَإِذَا كَانَ يُشْتَرَطُ فِي الْحَاكِمِ فِي الْحَلالِ وَالْحَرَامِ أَنْ تَجْتَمِعَ لَهُ أَسْبَابُ الاجْتِهَادِ –وَهُوَ مَعْرِفَةُ الأُصُولِ وَمَعْرِفَةُ الاسْتِنْبَاطِ مِنْ تِلْكَ الأُصُولِ بِالْقِيَاسِ–، فَكَمْ بِالْحَرِيِّ أَنْ

34. On peut quasiment dire : ceux qui s'opposent sur ces questions extrêmement ardues, soit sont dans le vrai, et dans ce cas ils seront récompensés ; soit se trompent, et alors ils seront pardonnés[86]. Car le fait d'assentir à quelque chose par l'effet d'une preuve établie dans son esprit est un acte contraint et non libre, c'est-à-dire qu'il n'est pas en notre pouvoir d'assentir ou non de la même façon qu'il est en notre pouvoir de nous mettre ou non debout. Aussi, comme une condition de la responsabilité légale[87] est le libre arbitre, celui qui donne son assentiment à une proposition erronée parce que quelque incertitude l'a affecté, s'il est homme de la science, est pardonnable. C'est pourquoi le Prophète – sur lui soit la paix – a dit : «Qu'un juge produise un effort de jugement personnel et tombe juste, il sera doublement récompensé. Qu'il se trompe, il aura une récompense [simple][88].» Or y a-t-il juge plus éminent que celui qui juge que l'*être* est tel plutôt que tel ? Ces juges-là, ce sont les savants auxquels Dieu a réservé – et à eux seuls – le droit d'interpréter ; et cette erreur dont la Loi stipule qu'elle est pardonnable, c'est celle qui peut être le fait des savants lorsqu'ils examinent les questions extrêmement ardues que la Révélation les a engagés à examiner.

35. Par contre, l'erreur commise par ceux qui n'appartiennent pas à cette classe d'hommes, elle, n'est que pur péché, que ce soit dans des questions théoriques ou bien pratiques : de même qu'un juge ignorant de la Tradition prophétique[89] n'est pas pardonnable s'il rend un jugement erroné, de même celui qui juge sur les étants, s'il ne réunit pas les conditions habilitant à juger, n'est pas pardonnable, mais au contraire est soit pécheur, soit infidèle. Si d'une personne qui juge de la licéité ou de l'illicéité [des choses] on exige qu'elle rassemble les conditions [légales] habilitant à pratiquer l'effort interprétatif, c'est-à-dire la connaissance des Sources [du Droit], et la connaissance des procédures de déduction à partir de ces Sources au moyen du raisonnement analogique[90], combien la même chose doit être *a fortiori* exi-

يُشْتَرَطَ ذَلِكَ فِي الْحَاكِمِ عَلَى الْمَوْجُودَاتِ، أَعْنِي أَنْ يَعْرِفَ الأَوائِلَ الْعَقْلِيَّةَ وَوَجْهَ الاسْتِنْبَاطِ مِنْها.

٣٦. وَبِالْجُمْلَةِ، فَالْخَطَأُ فِي الشَّرْعِ عَلَى ضَرْبَيْنِ : إِمَّا خَطَأٌ يُعْذَرُ فيهِ مَنْ هُوَ مِنْ أَهْلِ النَّظَرِ فِي ذَلِكَ الشَّيْءِ الَّذِي وَقَعَ فِيهِ الْخَطَأُ (كَما يُعْذَرُ الطَّبِيبُ الْماهِرُ إِذا أَخْطَأَ فِي صِناعَةِ الطِّبِّ، وَالْحاكِمُ الْماهِرُ إِذا أَخْطَأَ فِي الْحُكْمِ)، وَلا يُعْذَرُ فيهِ مَنْ لَيْسَ مِنْ أَهْلِ ذَلِكَ الشَّأْنِ ؛ وَإِمّا خَطَأٌ لَيْسَ يُعْذَرُ فيهِ أَحَدٌ مِنَ النّاسِ، بَلْ إِنْ وَقَعَ فِي مَبادِئِ الشَّرِيعَةِ، فَهُوَ كُفْرٌ، وَإِنْ وَقَعَ فيما بَعْدَ الْمَبادِئِ، فَهُوَ بِدْعَةٌ. وَهَذا الْخَطَأُ هُوَ الْخَطَأُ الَّذِي يَكُونُ فِي الأَشْياءِ الَّتِي تُفْضِي جَمِيعُ أَصْنافِ طُرُقِ الدَّلائِلِ إِلى مَعْرِفَتِها، فَتَكُونُ مَعْرِفَةُ ذَلِكَ الشَّيْءِ بِهَذِهِ الْجِهَةِ مُمْكِنَةً لِلْجَمِيعِ.

٣٧. وَهَذا مِثْلُ الإِقْرارِ بِاللَّهِ -تَبارَكَ وَتَعالى-، وَبِالنُّبُوّاتِ، وَبِالسَّعادَةِ الأُخْرَوِيَّةِ وَالشَّقاءِ الأُخْرَوِيِّ. وَذَلِكَ أَنَّ هَذِهِ الأُصولَ الثَّلاثَةَ تُؤَدِّي إِلَيْها أَصْنافُ الدَّلائِلِ الثَّلاثَةُ الَّتِي لا يُعْرى أَحَدٌ مِنَ النّاسِ عَنْ وُقوعِ التَّصْدِيقِ لَهُ مِنْ قِبَلِها بِالَّذِي كُلِّفَ مَعْرِفَتَهُ، أَعْنِي الدَّلائِلَ الْخَطابِيَّةَ وَالْجَدَلِيَّةَ وَالْبُرْهانِيَّةَ. فَالْجاحِدُ لأَمْثالِ هَذِهِ الأَشْياءِ، إِذا كانَتْ أَصْلاً مِنْ أُصولِ الشَّرْعِ، كافِرٌ مُعانِدٌ بِلِسانِهِ دونَ قَلْبِهِ، أَوْ بِغَفْلَتِهِ عَنِ التَّعَرُّضِ إِلى مَعْرِفَةِ دَلِيلِها، لأَنَّهُ إِنْ كانَ مِنْ أَهْلِ الْبُرْهانِ، فَقَدْ جُعِلَ لَهُ سَبِيلٌ إِلى التَّصْدِيقِ بِها بِالْبُرْهانِ ؛ وَإِنْ كانَ مِنْ أَهْلِ الْجَدَلِ، فَبِالْجَدَلِ ؛ وَإِنْ كانَ مِنْ أَهْلِ الْمَوْعِظَةِ، فَبِالْمَوْعِظَةِ. وَلِذَلِكَ قالَ -عَلَيْهِ

gible de celui qui juge sur les étants, à savoir qu'il connaisse les principes premiers rationnels et la manière d'en déduire [des conclusions] !

36. En somme, il existe deux sortes d'erreur du point de vue de la Loi : l'erreur pardonnable lorsqu'elle est le fait d'hommes aptes à pratiquer l'examen rationnel dans le domaine où l'erreur a été produite (comme on pardonne au médecin expérimenté de s'être trompé dans l'art de la médecine, ou au juge expérimenté de s'être trompé dans un jugement), et impardonnable si elle provient de quelqu'un qui n'est pas de la partie ; et l'erreur impardonnable de qui qu'elle vienne, et qui, si elle touche les principes [dogmatiques] fondamentaux de la Loi révélée[91], est infidélité ou, si elle touche quelque chose en deçà de ces principes fondamentaux, est une innovation blâmable. Cette sorte d'erreur est celle commise à propos de choses à la connaissance desquelles l'ensemble des méthodes d'argumentation aboutissent [également], et qu'il est de la sorte possible à tout le monde de connaître.

37. Il s'agit par exemple de la reconnaissance de l'existence de Dieu, des prophéties, de la béatitude et des tourments dans l'au-delà[92] ; car ces trois dogmes fondamentaux, les trois types d'arguments par l'effet desquels se produit immanquablement l'assentiment de tous les hommes à ce que la Loi les engage à connaître, les arguments rhétoriques, dialectiques et démonstratifs, aboutissent [également à en établir la véracité]. Celui qui nie des choses telles que celles-ci, lorsqu'il s'agit d'un principe [dogmatique] fondamental de la Loi révélée, est un infidèle – qu'obstiné, il nie en parole alors que de cœur il croit, ou que, par négligence, il ait omis de prendre connaissance de la preuve ; puisque, en effet, s'il fait partie des gens de démonstration, il dispose, comme moyen d'y assentir, de la démonstration ; s'il fait partie des gens de dialectique, de la dialectique ; et s'il fait partie des gens d'exhortation, de l'exhortation[93]. C'est pourquoi le Prophète – sur lui soit la paix – a dit : « Il m'a été ordonné de combattre les hommes jusqu'à ce qu'ils

السَّلامُ - : «أُمِرْتُ أَنْ أُقاتِلَ النّاسَ حَتّى يَقولوا "لا إِلَهَ إِلا اللَّهُ" وَيُؤْمِنوا بي»، يُريدُ : بِأَيِّ طَريقٍ اتَّفَقَ لَهُمْ مِنْ طُرُقِ الإيمانِ الثَّلاثِ.

٣٨. وَأَمّا الأَشْياءُ الَّتي، لِخَفائِها، لا تُعْلَمُ إِلا بِالْبُرْهانِ، فَقَدْ تَلَطَّفَ اللَّهُ فيها لِعِبادِهِ الَّذينَ لا سَبيلَ لَهُمْ إِلى الْبُرْهانِ، إِمّا مِنْ قِبَلِ فِطَرِهِمْ، وَإِمّا مِنْ قِبَلِ عادَتِهِمْ، وَإِمّا مِنْ قِبَلِ عَدَمِهِمْ أَسْبابَ التَّعَلُّمِ، بِأَنْ ضَرَبَ لَهُمْ أَمْثالَها وَأَشْباهَها، وَدَعاهُمْ إِلى التَّصْديقِ بِتِلْكَ الأَمْثالِ، إِذْ كانَتْ تِلْكَ الأَمْثالُ يُمْكِنُ أَنْ يَقَعَ التَّصْديقُ بِها بِالأَدِلَّةِ الْمُشْتَرَكَةِ لِلْجَميعِ، أَعْني الْجَدَلِيَّةَ وَالْخَطابِيَّةَ. وَهَذا هُوَ السَّبَبُ في أَن انْقَسَمَ الشَّرْعُ إِلى ظاهِرٍ وَباطِنٍ : فَإِنَّ الظّاهِرَ هُوَ تِلْكَ الأَمْثالُ الْمَضْروبَةُ لِتِلْكَ الْمَعاني ؛ وَالْباطِنُ هُوَ تِلْكَ الْمَعاني، الَّتي لا تَتَجَلّي إِلا لأَهْلِ الْبُرْهانِ. وَهَذِهِ هِيَ أَصْنافُ تِلْكَ الْمَوْجوداتِ الأَرْبَعَةُ أَوِ الْخَمْسَةُ الَّتي ذَكَرَها أَبو حامِدٍ في كِتابِ **التفرقة**.

٣٩. وَإِذا اتَّفَقَ كَما قُلْنا أَنْ نَعْلَمَ الشَّيْءَ بِنَفْسِهِ بِالطُّرُقِ الثَّلاثِ، لَمْ نَحْتَجْ أَنْ نَضْرِبَ لَهُ أَمْثالاً، وَكانَ عَلى ظاهِرِهِ، لا يَتَطَرَّقُ إِلَيْهِ تَأْويلٌ. وَهَذا النَّحْوُ مِنَ الظاهِرِ، إِنْ كانَ في الأُصولِ، فَالْمُتَأَوِّلُ لَهُ كافِرٌ، مِثْلَ مَنْ يَعْتَقِدُ أَنَّهُ لا سَعادَةَ أُخْرَوِيَّةَ هَهُنا وَلا شَقاءَ، وَأَنَّهُ إِنَّما قُصِدَ بِهَذا الْقَوْلِ أَنْ يَسْلَمَ النّاسُ بَعْضُهُم مِنْ بَعْضٍ في أَبْدانِهِمْ وَحَواسِّهِمْ، وَأَنَّها حيلَةٌ، وَأَنَّهُ لا غايَةَ لِلإِنْسانِ إِلا وُجودُهُ الْمَحْسوسُ فَقَطْ.

٤٠. وَإِذا تَقَرَّرَ هَذا، فَقَدْ ظَهَرَ لَكَ مِنْ قَوْلِنا أَنَّ هَهُنا ظاهِراً مِنَ الشَّرْعِ لا يَجوزُ تَأْويلُهُ، فَإِنْ كانَ تَأْويلُهُ في الْمَبادِئِ، فَهُوَ كُفْرٌ ؛ وَإِنْ

disent “Il n’y a de divinité que Dieu” et qu’ils croient en moi[94] », sous-entendant : par l’effet de l’une quelconque des trois méthodes [conduisant à] la croyance[95].

38. Les choses qui, en raison de leur abscondité, ne peuvent être connues que par la démonstration, Dieu a fait à Ses serviteurs qui n’ont pas accès à la démonstration, à cause de leurs dispositions innées, ou de leurs habitudes, ou à défaut des conditions [qui leur eussent permis] cet apprentissage, la grâce de leur en présenter des symboles et des allégories, et de les convier à accorder leur assentiment à ces symboles, car à ceux-ci il est possible d’assentir au moyen des arguments qui sont communs à tous, c’est-à-dire les dialectiques et les rhétoriques. C’est pour cette raison que le [sens du] Texte révélé se dédouble en sens obvie et sens lointain : l’obvie, ce sont ces symboles employés pour représenter ces idées, et le lointain, ce sont ces idées [elles-mêmes], qui ne se découvrent qu’aux gens de démonstration. C’est à cela que renvoie [la distinction entre] quatre ou cinq sortes d’étants mentionnée par Abū Ḥāmid dans le Livre du Départage[96].

39. Mais s’il se trouve, comme nous l’avions dit, que la connaissance d’une chose en elle-même nous soit [également] accessible au moyen des trois méthodes, alors il n’y a aucune nécessité à ce que l’on représente cette chose par des symboles, et la chose sera telle que [la présente le Texte] au sens obvie, non susceptible d’être interprétée[97]. Si l’énoncé obvie, étant de ce type, est de ceux qui posent un des principes [dogmatiques] fondamentaux, celui qui l’interprète est infidèle : ainsi celui qui pense qu’il *n’y a pas* de béatitude ni de tourments dans l’au-delà, et que l’intention de ces propos est seulement de prémunir les hommes les uns contre les autres dans leur existence corporelle et sensible[98] ; qu’il s’agit d’un subterfuge, et qu’il n’y a pas d’autre fin pour l’homme que son existence sensible[99].

40. Cela étant bien établi, notre propos a fait apparaître qu’il y a dans la Révélation des énoncés auxquels il faut

كانَ فيما بَعْدَ الْمَبادِئِ، فَهُوَ بِدْعَةٌ. وَهَهُنا أَيْضاً ظاهِرٌ يَجِبُ عَلى أَهْلِ الْبُرْهانِ تَأْويلُهُ ؛ وَحَمْلُهُم إِيّاهُ عَلى ظاهِرِهِ كُفْرٌ ؛ وَتَأْويلُ غَيْرِ أَهْلِ الْبُرْهانِ لَهُ وَإِخْراجُهُ عَنْ ظاهِرِهِ كُفْرٌ في حَقِّهِمْ أَوْ بِدْعَةٌ.

٤١. وَمِنْ هَذا الصِّنْفِ آيَةُ الاسْتِواءِ وَحَديثُ النُّزولِ. ولِذَلِكَ قالَ – عَلَيْهِ السَّلامُ – في السَّوْداءِ إِذْ أَخْبَرَتْهُ أَنَّ اللَّهَ في السَّماءِ : «أَعْتِقْها فَإِنَّها مُؤْمِنَةٌ»، إِذْ كانَتْ لَيْسَتْ مِنْ أَهْلِ الْبُرْهانِ. وَالسَّبَبُ في ذَلِكَ أَنَّ الصِّنْفَ مِنَ النّاسِ الَّذينَ لا يَقَعُ لَهُمُ التَّصْديقُ إِلا مِنْ قِبَلِ التَّخَيُّلِ – أَعْني أَنَّهُمْ لا يُصَدِّقونَ بِالشَّيْءِ إِلا مِنْ جِهَةِ ما يَتَخَيَّلونَهُ – يَعْسُرُ وُقوعُ التَّصْديقِ لَهُمْ بِمَوْجودٍ لَيْسَ مَنْسوباً إِلى شَيْءٍ مُتَخَيَّلٍ. وَيَدْخُلُ أَيْضاً عَلى مَنْ لا يَفْهَمُ مِنْ هَذِهِ النِّسْبَةِ إِلا الْمَكانَ، وَهُمُ الَّذينَ شَدَوا عَلى رُتْبَةِ الصِّنْفِ الأَوَّلِ قَليلاً في النَّظَرِ، بِـ<إِنْكارِ> اعْتِقادِ الْجِسْمِيَّةِ. وَلِذَلِكَ كانَ الْجَوابُ لِهَؤُلاءِ في أَمْثالِ هَذِهِ، أَنَّها مِنَ الْمُتَشابِهاتِ، وَأَنَّ الْوَقْفَ في قَوْلِهِ –تَعالى : «وَما يَعْلَمُ تَأْويلَها إِلا اللَّهُ». وَأَهْلُ الْبُرْهانِ، مَعَ أَنَّهُمْ مُجْمِعونَ في هَذا الصِّنْفِ أَنَّهُ مِنَ الْمُؤَوَّلِ، فَقَدْ يَخْتَلِفونَ في تَأْويلِهِ، وَذَلِكَ بِحَسَبِ مَرْتَبَةِ كُلِّ واحِدٍ مِنْ مَعْرِفَةِ الْبُرْهانِ.

٤٢. وَهَهُنا صِنْفٌ ثالِثٌ مِنَ الشَّرْعِ، مُتَرَدِّدٌ بَيْنَ هَذَيْنِ الصِّنْفَيْنِ، يَقَعُ فيهِ شَكٌّ، فَيُلْحِقُهُ قَوْمٌ مِمَّنْ يَتَعاطى النَّظَرَ بِالظّاهِرِ الَّذي لا يَجوزُ

attribuer leur sens obvie et qu'il n'est pas permis d'interpréter, et dont l'interprétation est infidélité si elle met en cause des principes [dogmatiques] fondamentaux ; ou innovation blâmable si elle met en cause quelque chose en deçà des ces principes. Il y a aussi des énoncés qu'il est obligatoire pour les gens de démonstration d'interpréter ; qu'il serait infidélité de leur part de prendre dans leur sens obvie ; et qu'il serait infidélité, ou innovation blâmable, de la part d'autres que les gens de démonstration, d'interpréter et d'étendre au-delà de leur sens obvie.

41. À cette catégorie appartiennent le verset qui évoque l'assise divine et la tradition qui évoque la descente [de Dieu] [100]. C'est pourquoi le Prophète – sur lui soit la paix – a dit de l'esclave noire qui lui avait répondu que Dieu est au ciel : « Affranchis-la, car c'est une croyante [101] », cette personne ne faisant pas partie des gens de démonstration. Et la raison en est qu'à cette classe d'humains dont l'assentiment ne se produit que du fait de l'imagination – c'est-à-dire qui n'assentent à [l'existence d']une chose qu'en tant qu'ils l'imaginent –, il est fort difficile d'assentir à l'existence d'un être qui n'entretient aucune relation à quelque chose d'imaginable. Ceci vaut également pour ceux qui comprennent seulement par cette relation [le fait, pour Dieu, d'être dans] un lieu, et qui se haussent dans la réflexion quelque peu au-dessus du niveau de la classe précédente [en rejetant] la croyance en la corporéité [divine] [102]. C'est pourquoi ce qu'il faut répondre à tous ces gens au sujet de tels énoncés, c'est qu'il s'agit là de ces « versets équivoques », et qu'il faut marquer la pause à : « Mais nul n'en connaît l'interprétation sinon Dieu [103]. » Les gens de démonstration, eux, bien qu'ils s'accordent pour considérer que cet énoncé est à interpréter, divergent sur son interprétation, et ce en fonction du degré de chacun dans la connaissance de la démonstration.

42. Il y a encore une troisième sorte d'énoncés révélés, qui oscillent entre ces deux, sur lesquels il y a doute, et

تَأُويلُهُ، وَيُلْحِقُهُ آخَرُونَ بِالْبَاطِنِ الَّذِي لا يَجوزُ حَمْلُهُ عَلَى الظَّاهِرِ لِلْعُلَمَاءِ، وَذَلِكَ لِعَوَاصِةِ هَذا الصِّنْفِ وَاشْتِبَاهِهِ. وَالْمُخْطِئُ فـي هَذا مَعْذورٌ، أَعْنِي مِنَ الْعُلَمَاءِ.

٤٣. فَإِنْ قِيلَ : فَإِذا تَبَيَّنَ أَنَّ الشَّرْعَ فـي هَذا عَلَى ثَلاثِ مَرَاتِبَ، فَمِنْ أَيِّ هَذِهِ الْمَرَاتِبِ الثَّلاثِ هُـوَ عِنْدَكُمْ مـا جـاءَ فـي صِفـاتِ الْمَعـادِ وَأَحْوالِهِ؟ فَنَقُولُ : إِنَّ هَذِهِ الْمَسْأَلَةَ، الأَمْرُ فيها بَيِّنٌ أَنَّها مِنَ الصِّنْفِ الْمُخْتَلَفِ فيهِ. وَذَلِكَ أَنَّا نَرى قَوْماً يَنْسُبُونَ أَنْفُسَهُمْ إِلَى الْبُرْهانِ يَقُولـونَ إِنَّ الْواجِبَ حَمْلُها عَلَى ظاهِرِها، إِذْ كانَ لَيْسَ هَهُنا بُرْهانٌ يُؤَدِّي إِلَى اسْتِحالَةِ الظّاهِرِ فيها، وَهَذِهِ طَرِيقَةُ الأَشْعَرِيَّةِ؛ وَقَوْمٌ آخَرُونَ، أَيْضـاً مِمَّنْ يَتَعاطى الْبُرْهانَ، يَتَأَوَّلُونَها، وَهَؤُلاءِ يَخْتَلِفُونَ فـي تَأْوِيلِها اخْتِلافـاً كَثيراً. وَفي هَذا الصِّنْفِ أَبُو حامِدٍ مَعْدُودٌ، وكَثِيرٌ مِنَ الْمُتَصَوِّفَةِ. وَمِنْهُمْ مَنْ يَجْمَعُ فيها التَّأْوِيلَيْنِ، كَما يَفْعَلُ ذَلِكَ أَبُو حامِدٍ فـي بَعْضِ كُتُبِهِ.

٤٤. وَيَشْبَهُ أَنْ يَكونَ الْمُخْطِئُ فـي هَذِهِ الْمَسْأَلَةِ مِنَ الْعُلَماءِ مَعْذوراً –وَالْمُصِيبُ مَشْكُورٌ وَمَأْجُوراً–، وَذَلِكَ إِذا اعْتَرَفَ بِـالْوُجودِ، وَتَأَوَّلَ فيها نَحْواً مِنْ أَنْحاءِ التَّأْوِيلِ، أَعْنِي فـي صِفَـةِ الْمَعـادِ، لا فـي وُجودِهِ؛ إِذا كانَ التَّأْوِيلُ لا يُؤَدِّي إِلَى نَفْيِ الْوُجودِ. وَإِنَّما كانِ جَحْدُ الْوُجودِ فـي

qu'une partie de ceux qui pratiquent l'examen rationnel incluent dans [la catégorie de] ce qu'il faut rapporter au sens obvie et qu'il n'est pas permis d'interpréter, d'autres dans [la catégorie de] ce qu'il faut rapporter au sens lointain et qu'il n'est pas permis aux savants de prendre au sens obvie, et ce en raison de la difficulté et de l'ambiguïté de cette sorte [d'énoncés] : celui qui se trompe en cela est pardonnable, pourvu qu'il fasse partie des savants.

43. Si l'on demande : Étant bien clair que la Révélation se répartit de ce point de vue en trois degrés, duquel de ces trois degrés relèvent selon vous les énoncés traitant des caractères et des modalités de la vie future? Nous répondons : Il est clair que les [énoncés traitant de] cette question sont de ceux au sujet desquels il y a divergence [quant à savoir s'il faut ou non les interpréter]. Nous voyons en effet certaines gens se réclamant de la démonstration affirmer qu'il faut attribuer à ces énoncés un sens obvie puisque aucune démonstration n'est à même d'établir l'impossibilité [de ce dont ces énoncés, dans leur sens obvie, posent l'existence] [104], et c'est là l'option des Ash'arites; tandis que d'autres, qui pratiquent également la démonstration, interprètent ces énoncés et, dans leurs interprétations, divergent fréquemment les uns des autres. Parmi ces derniers on compte Abū Ḥāmid et de nombreux soufis; certains d'entre eux en proposent même deux interprétations différentes, comme le fait Abū Ḥāmid dans certains de ses livres [105].

44. On peut quasiment dire que celui qui fait erreur sur cette question sera pardonné, s'il compte parmi les savants – et que celui qui est dans le vrai recevra reconnaissance et rétribution –, pourvu qu'il reconnaisse l'*existence* [de la vie future], et qu'il interprète d'une manière quelconque, c'est-à-dire que son interprétation mette en jeu la *qualité* de cette vie future, non son existence même; et que cette interprétation ne conduise pas à en *nier* l'existence [106]. Car la négation de l'existence, sur ce point, n'est rien d'autre qu'infidélité, puisqu'elle porte

هَذِهِ كُفْراً لِأَنَّهُ فِي أَصْلٍ مِنْ أُصُولِ الشَّرِيعَةِ، وَهُوَ مِمَّا يَقَعُ التَّصْدِيقُ بِهِ بِالطُّرُقِ الثَّلَاثِ الْمُشْتَرَكَةِ «لِلْأَحْمَرِ وَالْأَسْوَدِ». وَأَمَّا مَنْ كَانَ مِنْ غَيْرِ أَهْلِ الْعِلْمِ، فَالْوَاجِبُ عَلَيْهِ حَمْلُها عَلَى ظَاهِرِها، وَتَأْوِيلُها فِي حَقِّهِ كُفْرٌ، لِأَنَّهُ يُؤَدِّي إِلَى الْكُفْرِ. وَلِذَلِكَ مَا نَرَى، أَنَّ مَنْ كَانَ مِنَ النَّاسِ فَرْضُهُ الْإِيمَانُ بِالظَّاهِرِ، فَالتَّأْوِيلُ فِي حَقِّهِ كُفْرٌ: لِأَنَّهُ يُؤَدِّي إِلَى الْكُفْرِ. فَمَنْ أَفْشَاهُ لَهُ مِنْ أَهْلِ التَّأْوِيلِ، فَقَدْ دَعَاهُ إِلَى الْكُفْرِ، وَالدَّاعِي إِلَى الْكُفْرِ كَافِرٌ.

٤٥. وَلِهَذَا يَجِبُ أَنْ لا تُثْبَتَ التَّأْوِيلَاتُ إِلا فِي كُتُبِ الْبَرَاهِينِ، لِأَنَّها، إِذَا كَانَتْ فِي كُتُبِ الْبَرَاهِينِ، لَمْ يَصِلْ إِلَيْها إِلا مَنْ هُوَ مِنْ أَهْلِ الْبُرْهَانِ. وَأَمَّا إِذَا أُثْبِتَتْ فِي غَيْرِ كُتُبِ الْبُرْهَانِ، وَاسْتُعْمِلَ فِيها الطُّرُقُ الشِّعْرِيَّةُ وَالْخِطَابِيَّةُ أَوِ الْجَدَلِيَّةُ، كَمَا يَصْنَعُهُ أَبُو حَامِدٍ، فَخَطَأً عَلَى الشَّرْعِ وَعَلَى الْحِكْمَةِ، وَإِنْ كَانَ الرَّجُلُ إِنَّما قَصَدَ خَيْراً. وَذَلِكَ أَنَّهُ رَامَ أَنْ يَكْثُرَ أَهْلُ الْعِلْمِ بِذَلِكَ، وَلَكِنْ كَثُرَ بِذَلِكَ أَهْلُ الْفَسَادِ لَيْسَ بِدُونِ كَثْرَةِ أَهْلِ الْعِلْمِ. وَتَطَرَّقَ بِذَلِكَ قَوْمٌ إِلَى ثَلْبِ الْحِكْمَةِ، وَقَوْمٌ إِلَى ثَلْبِ الشَّرِيعَةِ، وَقَوْمٌ إِلَى الْجَمْعِ بَيْنَهُما. وَيُشْبِهُ أَنْ يَكُونَ هَذَا أَحَدُ مَقَاصِدِهِ بِكُتُبِهِ. وَالدَّلِيلُ عَلَى أَنَّهُ رَامَ بِذَلِكَ تَنْبِيهَ الْفِطَرِ، أَنَّهُ لَمْ يَلْزَمْ مَذْهَباً فِي كُتُبِهِ، بَلْ هُوَ مَعَ الْأَشْعَرِيَّةِ أَشْعَرِيٌّ، وَمَعَ الصُّوفِيَّةِ صُوفِيٌّ، وَمَعَ الْفَلَاسِفَةِ فَيْلَسُوفٌ، حَتَّى أَنَّهُ كَمَا قِيلَ:

«يَوْماً يَمَانٍ إِذَا لاقَيْتُ ذا يَمَنٍ   وَإِنْ لَقِيتُ مَعَدِّيّاً فَعَدْنَانٍ»

sur un principe [dogmatique] fondamental de la Loi révélée, une chose à l'existence de laquelle l'assentiment est assuré par les trois méthodes communes à tous les hommes, «blancs et noirs»[107]. Ceux qui ne sont pas hommes de la science, eux, ont l'obligation de recevoir [les énoncés portant sur cette question] dans leur sens obvie; les interpréter serait, de leur part, infidélité, dans la mesure où cela conduit à l'infidélité. Et voilà la raison de notre opinion suivant laquelle l'interprétation, pratiquée par des gens auxquels il est fait obligation de croire en le sens obvie, est infidélité : parce qu'elle conduit à l'infidélité. Quant aux hommes habilités à interpréter, et qui divulguent ces interprétations à l'intention de ces gens, ils les provoquent à l'infidélité. Or, qui provoque à l'infidélité est un infidèle.

45. C'est pourquoi les interprétations ne doivent pas être couchées par écrit, hormis dans les ouvrages de démonstration, car si elles se trouvent dans ces livres-là, seuls les gens de démonstration y auront accès. Mais les consigner dans d'autres livres, et employer [pour les exposer] des méthodes poétiques et rhétoriques, ou dialectiques, comme le fait Abū Ḥāmid, c'est pécher et contre la Révélation et contre la philosophie, même si cet homme a cru bien faire. Car son intention, ce faisant, était que s'accroisse le nombre des hommes de science, mais en réalité, le nombre des dépravés en a été accru non moins que celui des hommes de science[108]. Dès lors, certaines personnes en seront venues à dénigrer la philosophie; d'autres à dénigrer la Loi révélée; d'autres [aussi] à opérer la conciliation de l'une et l'autre[109]. Et il semble que cela ait été l'un de ses buts dans ses livres : la preuve qu'il entendait ainsi signaler [cela] aux esprits, c'est qu'il n'a jamais suivi dans [l'ensemble de] ses livres une seule et même école, mais qu'au contraire avec les Ash'arites il est ash'arite, avec les Soufis, soufi, avec les philosophes, philosophe[110], si bien qu'on peut lui appliquer ce vers :

«Un jour yéménite si je rencontre quelqu'un du Yémen, et si je rencontre un Ma'addite, 'adnānide[111].»

٤٦. وَالَّذِي يَجِبُ عَلَـى أَئِمَّةِ الْمُسْلِمِينَ، أَنْ يَنْهَوا عَـنْ كُتُبِهِ الَّتِي تَتَضَمَّنُ الْعِلْمَ، إلا مَنْ كانَ مِنْ أَهْلِ الْعِلْمِ، كَمَا يَجِبُ عَلَيْهِمْ أَنْ يَنْهَوا عَنْ كُتُبِ الْبُرْهان مَنْ لَيْسَ أَهْلاً لَهَا، وَإِنْ كانَ الضَّرَرُ الدَّاخِلُ عَلَى النَّاس مِنْ كُتُبِ الْبُرْهان أَخَفَّ، لأَنَّهُ لا يَقِفُ عَلى كُتُبِ الْبُرْهان فِي الأَكْثَرِ إلا أَهْلُ الفِطَرِ الفَائِقَةِ، وَإِنَّمَا يُؤْتَى هَذا الصِّنْفُ مِـنْ عَـدَمِ الفَضِيلَةِ الْعَمَلِيَّةِ، وَالْقِراءَةِ عَلى غَيْرِ تَرْتِيبٍ، وَأَخْذِها مِنْ غَيْرِ مُعَلِّمٍ.

٤٧. وَلَكِنَّ مَنْعَها بِالْجُمْلَةِ صادٌّ لِما دَعا إلَيْهِ الشَّرْعُ، لأَنَّهُ ظُلْمٌ لأَفْضَلِ أَصْنافِ النَّاس، ولأَفْضَلِ أَصْنافِ الْمَوْجوداتِ، إذْ كانَ الْعَدْلُ فِي أَفْضَلِ أَصْنافِ الْمَوْجوداتِ أَنْ يَعْرِفَها عَلى كُنْهِها مَنْ كانَ مُعَدّاً لِمَعْرِفَتِها عَلى كُنْهِها، وَهُمْ أَفْضَلُ أَصْنافِ النَّاس. فَإِنَّهُ عَلى قَدْرِ عُظْمِ الْمَوْجودِ يَعْظُمُ الْجَوْرُ فِي حَقِّهِ الَّذِي هُوَ الْجَهْلُ بِهِ. وَلِذَلِكَ قالَ – تَعالى : «إنَّ الشِّرْكَ لَظُلْمٌ عَظِيمٌ».

٤٨. فَهَذا ما رَأَيْنا أَنْ نُثْبِتَهُ فِي هَذا الْجِنْس مِنَ النَّظَرِ، أَعْنِي التَّكَلُّمَ <فيما> بَيْنَ الشَّرِيعَةِ وَالْحِكْمَةِ، وَأَحْكامَ التَّأْوِيلِ فِي الشَّرِيعَةِ. وَلَـوْلا شُهْرَةُ ذَلِكَ عِنْدَ النَّاس، وَشُهْرَةُ هَذِهِ الْمَسائِلِ الَّتِي ذَكَرْناها، لَـمَا اسْتَجَزْنا أَنْ نَكْتُبَ فِي ذَلِكَ حَرْفاً، وَلا أَنْ نَعْتَذِرَ فِي ذَلِكَ لأَهْلِ التَّأْوِيلِ بِعُذْرٍ، لأَنَّ شَأْنَ هَذِهِ الْمَسائِلِ أَنْ تُذْكَرَ فِي كُتُبِ الْبُرْهان. وَاللَّهُ الْهادِي الْمُوَفِّقُ لِلصَّوابِ.

٤٩. وَيَنْبَغِي أَنْ نَعْلَمَ أَنَّ مَقْصودَ الشَّرْعِ إنَّما هُوَ تَعْلِيمُ الْعِلْمِ الْحَقِّ وَالْعَمَلِ الْحَقِّ. وَالْعِلْمُ الْحَقُّ هُوَ مَعْرِفَةُ اللَّهِ –تَبارَكَ وَتَعالى– وَسائِرِ

46. Ce que doivent faire les chefs politiques des Musulmans, c'est interdire ceux de ses livres qui contiennent la science[112] à qui n'est pas homme à pratiquer cette science, tout comme il leur incombe d'interdire les livres de démonstration à tous ceux qui ne sont pas hommes à la pratiquer, quoique les dommages survenant aux gens du fait de ces derniers soient bien moins graves, puisque la plupart du temps, seuls les hommes aux dispositions naturelles supérieures en ont connaissance, et que cette sorte d'hommes ne tombent [éventuellement] dans l'erreur que par défaut de vertu pratique[113], ou faute d'avoir procédé à leur lecture dans le bon ordre, ou parce qu'ils les appréhendent sans l'aide d'un maître.

47. Mais interdire totalement[114] [les livres de démonstration] revient à barrer l'accès à quelque chose que la Révélation appelle à pratiquer ; parce que c'est faire du tort à la classe la plus parfaite des humains, et à la classe la plus parfaite d'être. Car c'est un bien que celle-ci soit connue *telle qu'elle est* par ceux qui sont disposés à la connaître telle qu'elle est : les hommes de la classe la plus parfaite. Et le tort où l'on est à l'égard d'un être en l'ignorant est d'autant plus considérable que cet être est plus éminent. D'où l'énoncé divin : « Associer [des divinités à Dieu] est un tort immense[115]. »

48. Voilà en somme ce qu'il nous a semblé opportun de mettre par écrit concernant ce genre de recherche, c'est-à-dire le discours [sur la relation] entre Révélation et philosophie[116] et les statuts [régissant] l'interprétation du Texte révélé. Si ce sujet n'était pas très connu du public, ainsi que les questions que nous avons abordées[117], nous n'aurions jamais pris la licence d'écrire une seule lettre là-dessus, et de [nous mettre en situation d'avoir à] en demander pardon aux gens d'interprétation, car c'est dans les livres de démonstration que l'on doit en principe faire état de ces questions. Mais Dieu nous guide et aide à ce que l'on soit dans le vrai.

49. Il nous faut savoir que la finalité de la Révélation se ramène à ceci : enseigner la science vraie et la pratique

الْمَوْجُوداتِ عَلى ما هِيَ عَلَيْهِ، وَبخاصَّةِ الشَّريفَةِ مِنْها، وَمَعْرِفَةُ
السَّعادَةِ الأُخْرَوِيَّةِ وَالشَّقاءِ الأُخْرَوِيِّ. وَالْعَمَلُ الْحَقُّ هُوَ امْتِثالُ الأَفْعالِ
الَّتي تُفيدُ السَّعادَةَ، وَتَجَنُّبُ الأَفْعالِ الَّتي تُفيدُ الشَّقاءِ. وَالْمَعْرِفَةُ بِهٰذِهِ
الأَفْعالِ هِيَ الَّتي تُسَمَّى الْعِلْمَ الْعَمَلِيَّ.

٥٠. وهٰذِهِ تَنْقَسِمُ قِسْمَيْنِ : أَحَدُهُما أَفْعالٌ ظاهِرَةٌ بَدَنِيَّةٌ، وَالْعِلْمُ بِهٰذِهِ
هُوَ الَّذي يُسَمَّى الْفِقْهَ؛ وَالْقِسْمُ الثّاني أَفْعالٌ نَفْسانِيَّةٌ، مِثْلَ الشُّكْرِ
وَالصَّبْرِ، وَغَيْرِ ذٰلِكَ مِنَ الأَخْلاقِ الَّتي دَعا إِلَيْها الشَّرْعُ أَوْ نَهى عَنْها.
وَالْعِلْمُ بِهٰذِهِ هُوَ الَّذي يُسَمَّى الزُّهْدَ وَعُلومَ الآخِرَةِ. وَإِلى هٰذا نَحا أَبو
حامِدٍ في كِتابِهِ، وَلَمّا كانَ النّاسُ قَدْ أَضْرَبوا عَنْ هٰذا الْجِنْسِ وَخاضوا
في الْجِنْسِ الثّاني، وَكانَ هٰذا الْجِنْسُ أَمْلَكَ بِالتَّقْوى، الَّتي هِيَ سَبَبُ
السَّعادَةِ، سَمَّى كِتابَهُ **إِحْياء عُلوم الدِّين**. وَقَدْ خَرَجْنا عَمّا كُنّا بِسَبيلِهِ،
فَنَرْجِعُ.

٥١. فَنَقولُ : لَمّا كانَ مَقْصودُ الشَّرْعِ تَعْليمَ الْعِلْمِ الْحَقِّ وَالْعَمَلِ
الْحَقِّ، وَكانَ التَّعْليمُ صِنْفَيْنِ : تَصَوُّراً وَتَصْديقاً، كَما بَيَّنَ ذٰلِكَ أَهْلُ
الْعِلْمِ بِالْكَلامِ ؛ وَكانَتْ طُرُقُ التَّصْديقِ الْمَوْجودَةُ لِلنّاسِ ثَلاثاً : الْبُرْهانِيَّةُ
وَالْجَدَلِيَّةُ وَالْخَطابِيَّةُ، وَطُرُقُ التَّصَوُّرِ اثْنَيْنِ : إِمّا الشَّيْءُ نَفْسُهُ وإِمّا
مِثالُهُ؛ وَكانَ النّاسُ كُلُّهُمْ لَيْسَ في طِباعِهِمْ أَنْ يَقْبَلوا الْبَراهينَ –وَلا
الأَقاويلَ الْجَدَلِيَّةَ، فَضْلاً عَنِ الْبُرْهانِيَّةِ–، مَعَ ما في تَعَلُّمِ الأَقاويلِ

vraie. La science vraie, c'est la connaissance de Dieu – Béni et exalté soit-Il – et de l'ensemble des étants *tels qu'ils sont*, – en particulier les plus sublimes d'entre eux –, et la connaissance de la béatitude et des tourments dans l'au-delà. La pratique vraie consiste dans l'accomplissement des actes qui assurent la béatitude, et l'évitement des actes qui valent les tourments. La connaissance de ces actes se nomme la science pratique.

50. Ces actes se divisent en deux catégories : la première rassemble des actes extérieurs et corporels, dont la connaissance s'appelle *science de la Loi* ; et la deuxième catégorie, qui comprend des actes psychiques, tels que la gratitude, la patience et autres dispositions morales prescrites ou proscrites[118] par la Loi révélée, et dont la science s'appelle *ascétisme*, ou *sciences de l'au-delà*. C'est vers ces dernières qu'Abū Ḥāmid s'est tourné dans son livre; et comme les gens s'étaient écartés de ce [dernier] type de science et complètement adonné au précédent, et que ce [dernier] type de science est plus important pour la piété, qui est cause de béatitude, il a appelé son livre *La Revivification des sciences de la religion*[119]. Mais nous nous sommes écarté de notre propos, aussi revenons-y.

51. Nous disons donc : étant donné que la finalité de la Révélation est d'enseigner la science vraie et la pratique vraie ; étant donné que les opérations sur lesquelles repose l'enseignement sont de deux sortes : [la production] de la représentation et [la production de] l'assentiment[120], comme l'ont expliqué les logiciens[121] ; et que les méthodes de production de l'assentiment qui se présentent aux hommes sont au nombre de trois – démonstrative, dialectique et rhétorique –, et les méthodes de production de la représentation, au nombre de deux – représentation de la chose elle-même, ou de son symbole ; étant donné que tous les hommes ne sont pas disposés par leur nature à appréhender des démonstrations – ni même des arguments dialectiques, alors *a fortiori* des arguments démonstratifs ! –, outre la difficulté de l'apprentissage des

الْبُرْهانِيَّةِ مِنَ الْعُسْرِ وَالْحاجَةِ في ذَلِكَ إِلى طول الزَّمانِ لِمَنْ هُوَ أَهْلٌ لِتَعلُّمِها ؛ وكانِ الشَّرْعُ إِنَّما مَقْصودُهُ تَعْليمُ الْجَميعِ، وَجَبَ أَنْ يَكونَ الشَّرْعُ يَشْتَمِلُ عَلى جَميعِ أَنْحاءِ طُرُقِ التَّصْديقِ وَأَنْحاءِ طُرُقِ التَّصَوُّرِ.

٥٢. ولَمّا كانَتْ طُرُقُ التَّصْديقِ مِنْها ما هِيَ عامَّةٌ لأَكْثَرِ النّاسِ ،أَعْني وُقوعَ التَّصْديقِ مِنْ قِبَلِها، وَهِيَ الْخَطابِيَّةُ وَالْجَدَلِيَّةُ، وَالْخَطابِيَّةُ أَعَمُّ مِنَ الْجَدَلِيَّةِ ؛ وَمِنْها ما هِيَ خاصَّةٌ لأَقَلِّ النّاسِ، وَهِيَ الْبُرْهانِيَّةُ ؛ وكانَ الشَّرْعُ مَقْصودُهُ الأَوَّلُ الْعِنايَةُ بِالأَكْثَرِ، -مِنْ غَيْرِ إِغْفالِ تَنْبيهِ الْخَواصِّ-، كانَتْ أَكْثَرُ الطُّرُقِ الْمُصَرَّحِ بِها في الشَّريعَةِ هِيَ الطُّرُقُ الْمُشْتَرَكَةُ لِلأَكْثَرِ في وُقوعِ التَّصَوُّرِ وَالتَّصْديقِ.

٥٣. هَذِهِ الطُّرُقُ هِيَ في الشَّريعَةِ عَلى أَرْبَعَةِ أَصْنافٍ :

أَحَدُها أَنْ تَكونَ، مَعَ أَنَّها مُشْتَرَكَةٌ، خاصَّةً في الأَمْرَيْنِ جَميعاً، أَعْني أَنْ تَكونَ في التَّصَوُّرِ وَالتَّصْديقِ يَقينِيَّةً، مَعَ أَنَّها خَطابِيَّةٌ أَوْ جَدَلِيَّةٌ. وَهَذِهِ الْمَقاييسُ هِيَ الْمَقاييسُ الَّتي عَرَضَ لِمُقَدِّماتِها، مَعَ كَوْنِها مَشْهورَةً أَوْ مَظْنونَةً، أَنْ تَكونَ يَقينِيَّةً، وَعَرَضَ لِنَتائِجِها أَنْ أُخِذَتْ أَنْفُسُها دونَ مِثالاتِها. وَهَذا الصِّنْفُ مِنَ الأَقاويلِ الشَّرْعِيَّةِ لَيْسَ لَهُ تَأْويلٌ، وَالْجاحِدُ لَهُ، أَوِ الْمُتَأَوِّلُ، كافِرٌ.

وَالصِّنْفُ الثّاني أَنْ تَكونَ الْمُقَدِّماتُ، مَعَ كَوْنِها مَشْهورَةً أَوْ مَظْنونَةً، يَقينِيَّةً، وَتَكونَ النَّتائِجُ مِثالاتٍ لِلأُمورِ الَّتي قُصِدَ إِنْتاجُها. وَهَذا يَتَطَرَّقُ إِلَيْهِ التَّأْويلُ، أَعْني لِنَتائِجِهِ.

arguments démonstratifs et le temps fort long que celui-ci requiert [même] de la part de ceux qui y sont aptes[122]; et que la finalité de la Révélation n'est autre que d'enseigner *tous* les hommes, il fallait nécessairement que le Texte révélé comprît *tous* les types de méthodes de production de l'assentiment et de la représentation.

52. De plus, étant donné que parmi ces méthodes de production de l'assentiment, il en est qui sont communes à la majorité des hommes en tant que l'assentiment de ceux-ci se produit par elles : les méthodes rhétorique et dialectique – le rhétorique étant commun à un plus grand nombre de personnes que le dialectique; et une autre qui est particulière à une infime minorité de personnes : la méthode démonstrative; et étant donné que la finalité première de la Révélation est de se soucier du plus grand nombre – sans pour autant omettre de délivrer des signaux à l'intention de l'élite[123] –, les arguments explicitement mis en œuvre par le Texte révélé relèvent dans leur majorité des méthodes de production de la représentation et de l'assentiment communes au plus grand nombre.

53. Ces arguments sont dans le Texte révélé de quatre types :

Le premier recouvre les arguments qui, tout en étant communs [au plus grand nombre], sont également particuliers, en ce qui concerne tant l'une que l'autre opération (c'est-à-dire qui ont valeur de certitude pour la représentation et pour l'assentiment), bien qu'ils soient rhétoriques ou dialectiques. Ces syllogismes sont ceux dont les prémisses, tout en étant [seulement] communément admises, ou encore opinatives, sont certaines accidentellement[124], et dont les conclusions, accidentellement, signifient au propre et non symboliquement. Les arguments de ce type utilisés par le Texte révélé ne sont pas interprétables, et celui qui les désavoue ou les interprète est un infidèle.

Le deuxième type est celui où les prémisses, tout en étant [seulement] communément admises ou opinatives,

وَالثَّالِثُ عَكْسُ هَذا، وَهُوَ أَنْ تَكونَ النَّتائِجُ هِـيَ الأُمورُ الَّتي قُصِدَ
إِنْتاجُها نَفْسُها، وَتَكونَ الْمُقَدِّماتُ مَشْهورَةً أَوْ مَظْنونَةً مِنْ غَيْرِ أَنْ
يَعْرِضَ لَها أَنْ تَكونَ يَقينِيَّةً. وَهَذا أَيْضاً لا يَتَطَرَّقُ إِلَيْهِ تَأْويلٌ، أَعْني
لِنَتائِجِهِ، وَقَدْ يَتَطَرَّقُ لِمُقَدِّماتِهِ.

وَالرَّابِعُ أَنْ تَكونَ مُقَدِّماتُهُ مَشْهورَةً أَوْ مَظْنونَةً مِنْ غَيْرِ أَنْ يَعْرِضَ
لَها أَنْ تَكونَ يَقينِيَّةً، وَتَكونَ نَتائِجُهُ مِثالاتٍ لِما قُصِدَ إِنْتاجُهُ. وَهَذِهِ،
فَرْضُ الْخَواصِّ فيها التَّأْويلُ، وَفَرْضُ الْجُمْهورِ إِمْرارُها عَلى
ظاهِرِها.

وَبِالْجُمْلَةِ، فَكُلُّ ما يَتَطَرَّقُ لَهُ مِنْ هَذِهِ تَأْويلٌ لا يُدْرَكُ إِلا بِالْبُرْهـانِ،
فَفَرْضُ الْخَواصِّ فيهِ هُوَ ذَلِكَ التَّأْويلُ، وَفَرْضُ الْجُمْهورِ هُوَ حَمْلُها
عَلى ظاهِرِها في الْوَجْهَيْنِ جَميعاً، أَعْني في التَّصَوُّرِ وَالتَّصْديقِ، إِذْ
كانَ لَيْسَ في طِباعِهِمْ أَكْثَرُ مِنْ ذَلِكَ.

٥٤. وَقَدْ يَعْرِضُ لِلنُّظَّـارِ في الشَّريعَةِ تَأْويلاتٍ مِنْ قِبَلِ تَفاضُلِ
الطُّرُقِ الْمُشْتَرَكَةِ بَعْضِها عَلى بَعْضٍ في التَّصْديقِ، أَعْني إِذا كانَ دَليلُ
التَّأْويلِ أَتَمَّ إِقْناعاً مِنْ دَليلِ الظَّاهِرِ. وَأَمْثالُ هَـذِهِ التَّأْويلاتِ هِـيَ
جُمْهورِيَّةٌ، وَيُمْكِنُ أَنْ تَكونَ فَرْضَ مَنْ بَلَغَتْ قُواهُمُ النَّظَرِيَّةُ إِلى الْقُوَّةِ
الْجَدَلِيَّةِ. وَفي هَذا الْجِنْسِ يَدْخُلُ بَعْضُ تَأْويلاتِ الأَشْعَرِيَّةِ وَالْمُعْتَزِلَةِ،

sont [aussi] certaines, mais dont les conclusions signifient symboliquement les choses qui veulent être conclues. Les arguments de ce type sont susceptibles d'interprétation, à savoir pour ce qui est de leurs conclusions.

Le troisième est l'inverse. C'est celui où les conclusions signifient les choses mêmes qui veulent être conclues, mais où les prémisses sont communément admises ou opinatives sans être accidentellement certaines. Les arguments de ce type ne sont pas susceptibles d'interprétation, c'est-à-dire pour ce qui est de leurs conclusions, mais leurs prémisses, certes, le sont.

Le quatrième est celui où les prémisses sont communément admises ou opinatives sans être accidentellement certaines, et où les conclusions signifient symboliquement ce qui veut être conclu. Pour l'élite, il est légalement obligatoire d'interpréter ce type d'arguments, tandis qu'il est obligatoire pour la foule de s'en tenir à leur sens obvie.

En somme, tout ce qui parmi ces arguments est susceptible d'interprétation est [aussi] ce qui ne peut être appréhendé [vraiment] que par la démonstration. L'obligation de l'élite, devant tels arguments, est de procéder à cette interprétation ; l'obligation de la foule est de leur attribuer leur sens obvie quant aux deux aspects, à savoir la représentation et l'assentiment, car la nature de ces gens ne les dispose pas à davantage.

54. Il se peut aussi que ceux qui pratiquent l'examen rationnel à partir des données de la Révélation [125] produisent des interprétations du fait de la supériorité de certaines des méthodes communes sur d'autres pour la production de l'assentiment, c'est-à-dire lorsque, du fait de sa valeur probatoire, l'énoncé interprété est à même de produire une persuasion meilleure que le sens obvie de l'énoncé [126]. De telles interprétations sont des interprétations vulgaires ; il est possible qu'elles constituent une obligation pour ceux dont les facultés d'examen rationnel s'élèvent jusqu'à la faculté dialectique. De ce genre relèvent certaines interprétations des Ash'arites et des

وَإِنْ كانَتِ الْمُعْتَزِلَةُ في الأَكْثَرِ أَوْثَقَ أَقْوالاً. وَأَمّا الْجُمْهورُ الَّذينَ لا يَقْدِرونَ عَلى أَكْثَرِ مِنْ الأَقاويلِ الْخَطابِيَّةِ، فَفَرْضُهُمْ إِمْرارُها عَلى ظاهِرِها، وَلا يَجوزُ أَنْ يَعْلَموا ذَلِكَ التَّأْويلَ أَصْلاً.

٥٥. فَإِذاً، النّاسُ في الشَّريعَةِ عَلى ثَلاثَةِ أَصْنافٍ :

صِنْفٌ لَيْسَ هُوَ مِنْ أَهْلِ التَّأْويلِ أَصْلاً، وَهُمُ الْخَطابِيّونَ الَّذينَ هُمُ الْجُمْهورُ الْغالِبُ. وَذَلِكَ أَنَّهُ لَيْسَ يوجَدُ أَحَدٌ سَليمُ الْعَقْلِ يُعْرى مِنْ هَذا النَّوْعِ مِنَ التَّصْديقِ.

وَصِنْفٌ هُوَ مِنْ أَهْلِ التَّأْويلِ الْجَدَلِيِّ، وَهَؤُلاءِ هُمُ الْجَدَلِيّونَ بِالطَّبْعِ فَقَطْ، أَوْ بِالطَّبْعِ وَالْعادَةِ.

وَصِنْفٌ هُوَ مِنْ أَهْلِ التَّأْويلِ الْيَقينِيِّ، وَهَؤُلاءِ هُمُ الْبُرْهانِيّونَ بِالطَّبْعِ وَالصِّناعَةِ، أَعْني صِناعَةَ الْحِكْمَةِ. وَهَذا التَّأْويلُ لَيْسَ يَنْبَغي أَنْ يُصَرَّحَ بِهِ لأَهْلِ الْجَدَلِ، فَضْلاً عَنِ الْجُمْهورِ.

٥٦. وَمَتى صُرِّحَ بِشَيْءٍ مِنْ هَذِهِ التَّأْويلاتِ لِمَنْ هُوَ مِنْ غَيْرِ أَهْلِها، وَبِخاصَّةِ التَّأْويلاتِ الْبُرْهانِيَّةِ، لِبُعْدِها عَنِ الْمَعارِفِ الْمُشْتَرَكَةِ، أَفْضى ذَلِكَ بِالْمُصَرَّحِ لَهُ وَالْمُصَرِّحِ إِلى الْكُفْرِ. وَالسَّبَبُ في ذَلِكَ أَنَّ مَقْصودَهُ إِبْطالُ الظّاهِرِ وَإِثْباتُ الْمُؤَوَّلِ، فَإِذا بَطَلَ الظّاهِرُ عِنْدَ مَنْ هُوَ مِنْ أَهْلِ الظّاهِرِ وَلَمْ يَثْبُتِ الْمُؤَوَّلُ عِنْدَهُ، أَدّاهُ ذَلِكَ إِلى الْكُفْرِ إِنْ كانَ في أُصولِ الشَّريعَةِ. فَالتَّأْويلاتُ لَيْسَ يَنْبَغي أَنْ يُصَرَّحَ بِها لِلْجُمْهورِ

Mu'tazilites, même si les Mu'tazilites sont le plus souvent plus fiables que cela dans leurs arguments. Mais [la partie de] la foule qui ne peut appréhender plus que des arguments rhétoriques, elle, a l'obligation de s'en tenir, pour ces énoncés, à leur sens obvie, et il ne lui est absolument pas permis de connaître ces interprétations.

55. Les hommes se répartissent donc du point de vue de la Loi révélée en trois classes :

Ceux qui ne sont absolument pas hommes à connaître l'interprétation, et qui sont [aussi] les hommes assentant par rhétorique ; c'est la grande masse des humains, car il n'est pas d'homme sain d'esprit dépourvu de la faculté d'assentir [au moins] de cette façon.

Ceux qui sont hommes à connaître l'interprétation dialecticienne, et qui sont [aussi] les hommes assentant par dialectique, que ce soit par nature uniquement ou par nature et par habitude.

Ceux qui sont hommes à connaître l'interprétation certaine, et qui sont [aussi] les hommes assentant par démonstration, du fait de leur nature et de la science [qu'ils exercent], à savoir la science de philosophie. Cette [dernière] interprétation, il ne faut pas l'exposer aux hommes assentant par dialectique, et moins encore à la foule.

56. Exposer quelqu'une de ces interprétations à quelqu'un qui n'est pas homme à les appréhender – en particulier les interprétations démonstratives, en raison de la distance qui sépare celles-ci des connaissances communes – conduit tant celui à qui elle est exposée que celui qui les expose à l'infidélité. La raison en est que l'interprétation suppose deux choses : l'invalidation du sens obvie et l'avèrement du sens dégagé par l'interprétation. Si le sens obvie est invalidé aux yeux de qui est homme à assentir à l'obvie sans que ne s'avère pour autant, pour lui, le sens dégagé par l'interprétation, cela le conduira à l'infidélité s'il s'agit d'un des principes [dogmatiques] fondamentaux de la Loi révélée. Les interprétations ne doivent donc pas être révélées à la foule, ni

وَلا أنْ تُثْبَتَ في الْكُتُبِ الْخَطابِيَّةِ أوِ الْجَدَلِيَّةِ - أعْني الْكُتُبَ الَّتي الأقاويلُ الْمَوْضوعَةُ فيها مِنْ هَذَيْنِ الصِّنْفَيْنِ - كَما صَنَعَ ذَلِكَ أبو حامِدٍ.

٥٧. ولِهَذا يَجِبُ أنْ يُصَرَّحَ وَيُقالَ في الظّاهِرِ الَّذي الإشْكالُ في كَوْنِهِ ظاهِراً بنفْسِهِ لِلْجَميعِ، وكَوْنِ مَعْرِفَةِ تَأْويلِهِ غَيْرَ مُمْكِنٍ فيهِمْ، إنَّهُ مُتَشابهٌ لا يَعْلَمُهُ إلا اللَّهُ، وَإنَّ الْوَقْفَ يَجِبُ هَهُنا في قَوْلِهِ -تَعالى : «وَمَا يَعْلَمُ تَأْويلَهُ إلا اللَّهُ». وَبِمِثْلِ هَذا يَأْتي الْجَوابُ أيْضاً في السُّؤال عَنِ الأُمورِ الْغامِضَةِ الَّتي لا سَبيلَ لِلْجُمْهور إلى فَهْمِها، مِثْلَ قَوْلِهِ - تَعالى : «وَيَسْأَلُونَكَ عَنِ الرُّوحِ قُلِ الرُّوحُ مِنْ أَمْرِ رَبِّي وَمَا أُتِيتُمْ مِنَ الْعِلْمِ إلا قَليلاً».

٥٨. وَأمّا الْمُصَرِّحُ بِهَذِهِ التَّأْويلاتِ لِغَيْرِ أهْلِها، فَكافِرٌ، لِمَكانِ دُعائِهِ النّاسَ إلى الْكُفْرِ، وَهْوَ ضِدُّ دَعْوى الشّارِعِ، وَبِخاصَّةٍ مَتى كانَتْ تَأْويلاتٍ فاسِدَةً في أُصولِ الشَّريعَةِ، كَما عَرَضَ ذَلِكَ لِقَوْمٍ مِنْ أهْلِ زَمانِنا. فَإنّا قَدْ شَهِدْنا مِنْهُمْ أقْواماً ظَنّوا أنَّهُمْ تَفَلْسَفوا وَأنَّهُمْ قَدْ أدْرَكوا بِحِكْمَتِهِمِ الْعَجيبَةِ أشْياءَ مُخالِفَةً لِلشَّرْعِ مِنْ جَميعِ الْوُجوهِ، أعْني لا تَقْبَلُ تَأْويلاً، وَأنَّ الْواجِبَ هُوَ التَّصْريحُ بِهَذِهِ الأشْياءِ لِلْجُمْهورِ، فَصاروا بِتَصْريحِهِمْ لِلْجُمْهور بِتِلْكَ الاعْتِقاداتِ الْفاسِدَةِ سَبَباً لِهَلاكِ الْجُمْهور وَهَلاكِهِمْ في الدُّنْيا وَالآخِرَةِ.

٥٩. وَمِثالُ مَقْصَدِ هَؤُلاءِ مَعَ مَقْصَدِ الشّارِعِ مِثالُ مَنْ قَصَدَ إلى طَبيبٍ ماهِرٍ قَصَدَ إلى حِفْظِ صِحَّةِ جَميعِ النّاسِ وَإزالَةِ الأمْراضِ عَنْهُمْ

couchées par écrit dans des livres rhétoriques ou dialectiques – c'est-à-dire des livres qui contiennent des arguments de ces deux sortes –, ce qu'a fait Abū Ḥāmid.

57. C'est pourquoi il faut expliquer et dire à propos des énoncés de sens obvie dont le fait qu'ils doivent être pris au sens obvie est susceptible de poser problème à tout un chacun, mais dont tout un chacun ne peut [et ne doit] connaître l'interprétation[127], qu'il s'agit là d'un de ces énoncés équivoques dont Dieu seul connaît le sens, et qu'il convient en l'occurrence de placer la pause à «Nul n'en connaît l'interprétation sinon Dieu[128]». C'est la même chose aussi qu'il faut répondre à une question qui serait posée à propos d'un de ces problèmes obscurs à la compréhension desquels la foule n'a pas accès, à l'instar de ce que déclare l'énoncé divin : «Ils t'interrogent au sujet de l'esprit. Dis : "L'esprit est du fait de mon Seigneur"; et il ne vous a été donné que peu de science[129].»

58. Quant à celui qui expose ces interprétations à ceux qui ne sont pas hommes à les connaître, c'est un infidèle dans la mesure où il incite les gens à l'infidélité, ce qui est le contraire de ce à quoi appelle le Législateur, en particulier lorsqu'il s'agit d'interprétations viciées au regard des principes [dogmatiques] fondamentaux de la Révélation, comme cela est arrivé à certains de nos contemporains. Car nous en avons vu certains qui croyaient avoir appris la philosophie, et compris grâce à leur merveilleuse sagesse des choses contredisant la Révélation de toutes les manières, c'est-à-dire des choses non interprétables, et qui se sont estimés dans l'obligation de les exposer à la foule. En exposant ces croyances viciées à la foule, ils ont ainsi causé la perdition de la foule et la leur, dans ce monde comme dans l'autre!

59. Le dessein de ces gens-là vis-à-vis du dessein du Législateur est semblable à celui d'une personne qui viendrait voir un médecin habile, qui a pris pour dessein de préserver la santé de tous les hommes et de les délivrer des maladies en leur prodiguant des préceptes suscep-

بِأَنْ وَضَعَ لَهُمْ أَقَاوِيلَ مُشْتَرَكَةَ التَّصْدِيقِ فِي وُجُوبِ اسْتِعْمالِ الأَشْياءِ
الَّتِي تَحْفَظُ صِحَّتَهُمْ وَتُزِيلُ أَمْراضَهُمْ، وَتَجَنُّبِ أَضْدادِها، إِذْ لَمْ يُمْكِنْهُ
فِيهِمْ أَنْ يُصَيِّرَ جَمِيعَهُمْ أَطِبّاءَ، لأَنَّ الَّذِي يَعْلَمُ الأَشْياءَ الْحافِظَةَ لِلصِّحَّةِ
وَالْمُزِيلَةَ لِلْمَرَضِ بالطُّرُقِ الْبُرْهانِيَّةِ، هُوَ الطَّبِيبُ. فَتَصَدَّى هَذَا إِلى
النّاسِ وَقالَ لَهُمْ : «إِنَّ هَذِهِ الطُّرُقَ الَّتِي وَضَعَها لَكُمْ هَذَا الطَّبِيبُ
لَيْسَتْ بِحَقٍّ»، وَشَرَعَ فِي إِبْطالِها، حَتَّى بَطَلَتْ عِنْدَهُمْ؛ أَوْ قالَ : «إِنَّ
لَها تَأْوِيلاتٍ»، فَلَمْ يَفْهَمُوها، وَلا وَقَعَ لَهُمْ مِنْ قِبَلِها تَصْدِيقٌ فِي الْعَمَلِ.

٦٠. أَفَتَرى النّاسَ الَّذِينَ حالُهُمْ هَذِهِ يَفْعَلُونَ شَيْئاً مِنَ الأَشْياءِ النّافِعَةِ
فِي حِفْظِ الصِّحَّةِ وَإِزالَةِ الْمَرَضِ؟ أَوْ يَقْدِرُ هَذَا الْمُصَرِّحُ لَهُمْ، بِإِبْطالِ
ما كانُوا يَعْتَقِدُونَ فِيها، أَنْ يَسْتَعْمِلَها مَعَهُمْ، أَعْنِي حِفْظَ الصِّحَّةِ؟ لا!
بَلْ ما يَقْدِرُ هُوَ لا عَلى اسْتِعْمالِها مَعَهُمْ، وَلا هُمْ يَسْتَعْمِلُونَها، فَيَشْمَلُهُمُ
الْهَلاكُ. هَذا إِنْ صُرِّحَ لَهُمْ بِتَأْوِيلاتٍ صَحِيحَةٍ فِي تِلْكَ الأَشْياءِ، لِكَوْنِهِمْ
لا يَفْهَمُونَ ذَلِكَ التَّأْوِيلَ، فَضْلاً أَنْ صُرِّحَ لَهُمْ بِتَأْوِيلاتٍ فاسِدَةٍ، لأَنَّهُ
يَؤُولُ بِهِمِ الأَمْرُ إِلى أَنْ لا يَرَوْا أَنَّ هَهُنا صِحَّةً يَجِبُ أَنْ تُحْفَظَ وَلا
مَرَضاً يَجِبُ أَنْ يُزالَ، فَضْلاً عَنْ أَنْ يَرَوْا أَنَّ هَهُنا أَشْياءَ تَحْفَظُ
الصِّحَّةَ وَتُزِيلُ الْمَرَضَ.

٦١. وَهَذِهِ هِيَ حالُ مَنْ يُصَرِّحُ بالتَّأْوِيلِ لِلْجُمْهُورِ، وَلِمَنْ لَيْسَ هُوَ
بِأَهْلٍ لَهُ، مَعَ الشَّرْعِ. وَلِذَلِكَ هُوَ مُفْسِدٌ لَهُ وَصادٌّ عَنْهُ. وَالصّادُّ عَنِ

tibles de recevoir un assentiment général sur l'obligation d'user des choses qui préserveront leur santé et les délivreront des maladies, et d'éviter les contraires [de ces choses] : il ne lui est en effet pas possible de faire que tous deviennent médecins ; car celui qui connaît les choses qui préservent la santé et celles qui délivrent des maladies par la méthode démonstrative, c'est le médecin [et lui seul]. Cette personne irait alors trouver les gens et leur dirait : « Les méthodes qu'a posées ce médecin pour vous ne sont pas la vérité » ; puis il se mettrait à leur en montrer l'invalidité jusqu'à ce qu'ils les considèrent [effectivement] comme invalides ; ou leur dirait : « Elles peuvent être interprétées », mais eux ne comprendraient pas ces interprétations, et celles-ci n'auraient pas pour effet de produire leur assentiment à ce qu'ils doivent mettre en pratique.

60. Pensez-vous donc que des gens qui seraient dans cette situation feraient quoi que ce soit d'utile à préserver leur santé ou à se délivrer des maladies ? Ou que celui qui leur aurait exposé l'invalidité de ce qu'ils croyaient à ce propos serait encore en mesure de leur faire mettre en pratique ces actes, ceux qui préservent la santé ? Certainement pas ! Lui ne serait pas en mesure de les leur faire mettre en pratique, pas plus qu'eux ne les pratiqueraient, et tout le monde ainsi courrait à la perdition. Et cela encore si les interprétations qu'on leur avait exposées au sujet de ces choses en étaient de vraies, parce qu'ils n'auraient pas *compris* l'interprétation. Mais *a fortiori* si les interprétations qu'on leur avait exposées étaient viciées : parce que alors ils en arriveraient à ne même plus croire qu'il y a une santé qu'il faut préserver, ni qu'il y a une maladie dont il faut se délivrer, bien loin de croire qu'il y a des choses qui préservent la santé et délivrent de la maladie.

61. Telle est la situation vis-à-vis de la Révélation de celui qui expose l'interprétation [des énoncés révélés] à la foule et à ceux qui ne sont pas hommes à la connaître. C'est à ce titre qu'il corrompt la Révélation, et qu'il en

الشَّرْعِ كافِرٌ. وإنَّما كانَ هَذا التَّمْثيلُ يَقينِيّاً، ولَيْسَ بِشِعْرِيٍّ، كَما لِقائِلٍ أَنْ يَقولَ، لأَنَّهُ صَحيحُ التَّناسُبِ. وَذَلِكَ أَنَّ نِسْبَةَ الطَّبيبِ إِلى صِحَّةِ الأَبْدانِ نِسْبَةُ الشّارِعِ إِلى صِحَّةِ الأَنْفُسِ : أَعْني أَنَّ الطَّبيبَ هُوَ الَّذي يَطْلُبُ أَنْ يَحْفَظَ صِحَّةَ الأَبْدانِ إِذا وُجِدَتْ، ويَسْتَرِدَّها إِذا عَدِمَتْ ؛ وَالشّارِعُ هُوَ الَّذي يَبْتَغي هَذا في صِحَّةِ الأَنْفُسِ.

٦٢. وَهَذِهِ الصِحَّةُ هِيَ الْمُسَمّاةُ تَقْوى. وَقَدْ صَرَّحَ الْكِتابُ الْعَزيزُ بِطَلَبِها بِالأَفْعالِ الشَّرْعِيَّةِ في غَيْرِ ما آيَةٍ، فَقالَ -تَعالى : «كُتِبَ عَلَيْكُمُ الصِّيامُ كَما كُتِبَ عَلَى الَّذينَ مِنْ قَبْلِكُمْ لَعَلَّكُمْ تَتَّقُونَ» ؛ وَقالَ -تَعالى : «لَنْ يَنالَ اللَّهَ لُحُومُهَا وَلا دِمَاؤُهَا وَلَكِنْ يَنالُهُ التَقْوى مِنْكُم» ؛ وَقالَ -تَعالى : «إِنَّ الصَّلاةَ تَنْهى عَنِ الْفَحْشاءِ وَالْمُنْكَرِ»، إِلى غَيْرِ ذَلِكَ مِنَ الآياتِ الَّتي تَضَمَّنَها الْكِتابُ الْعَزيزُ مِنْ هَذا الْمَعْنى. فَالشّارِعُ إِنَّما يَطْلُبُ بِالْعِلْمِ الشَّرْعِيِّ وَالْعَمَلِ الشَّرْعِيِّ هَذِهِ الصِّحَّةَ. وَهَذِهِ الصِّحَّةُ هِيَ الَّتي تَتَرَتَّبُ عَلَيْها السَّعادَةُ الأُخْرَوِيَّةُ، وَعَلى ضِدِّها الشَّقاءُ الأُخْرَوِيُّ.

٦٣. فَقَدْ تَبَيَّنَ لَكَ مِنْ هَذا أَنَّهُ لَيْسَ يَجِبُ أَنْ تُثْبَتَ التَّأْويلاتُ الصَّحيحَةُ في الْكُتُبِ الْجُمْهورِيَّةِ، فَضْلاً عَنِ الْفاسِدَةِ. وَالتَّأْويلُ الصَّحيحُ هِيَ الأَمانَةُ الَّتي حُمِّلَها الإِنْسانُ، فَأَبى أَنْ يَحْمِلَها وَأَشْفَقَ مِنْها جَميعُ الْمَوْجوداتِ، أَعْني الْمَذْكورَةَ في قَوْلِهِ -تَعالى : «إِنّا عَرَضْنَا الأَمَانَةَ عَلَى السَّمَواتِ وَالأَرْضِ وَالْجِبَالِ»، الآيَةُ.

٦٤. وَمِنْ قِبَلِ التَّأْويلاتِ وَالظَّنِّ بِأَنَّها مِمّا يَجِبُ أَنْ يُصَرَّحَ بِها في الشَّرْعِ لِلْجَميعِ، نَشَأَتْ فِرَقُ الإِسْلامِ، حَتّى كَفَّرَ بَعْضُهُمْ بَعْضاً وَبَدَّعَ

détourne [les hommes]. Or celui qui détourne les hommes de la Révélation est un infidèle. L'usage de cet exemple a valeur de certitude et n'est pas d'ordre poétique, comme on pourrait l'objecter. La correspondance est en effet exacte, car la relation du médecin à la santé des corps est identique à la relation du Législateur à la santé des âmes : le médecin est celui qui recherche la préservation de la santé des corps si santé il y a, ou son rétablissement si elle n'existe plus ; et le Législateur, celui qui aspire à cela même pour la santé des âmes.

62. Cette santé-là, c'est ce qu'on appelle la piété révérencieuse[130]. C'est elle dont le Livre précieux affirme explicitement, en plus d'un verset, qu'il faut chercher à l'acquérir en accomplissant les actes prescrits par la Loi. Dieu dit ainsi : « Ô vous qui croyez ! Le jeûne vous a été prescrit comme il a été prescrit aux générations qui vous ont précédés – Peut-être révérerez-vous Dieu[131] » ; ou encore : « Ni leur chair ni leur sang n'atteindront jamais Dieu ; mais votre révérencieuse piété L'atteindra [...][132] » ; ou encore : « [...] la prière éloigne l'homme de la turpitude et des actions blâmables [...][133] » ; ou d'autres versets que comprend le Livre précieux, et qui expriment cette idée. Ce que recherche le Législateur par [l'institution de] la science légale et de la pratique légale n'est autre que cette santé. C'est d'elle que procède la béatitude dans l'au-delà ; de son contraire que procèdent les tourments dans l'au-delà.

63. Il vous est donc apparu que les interprétations vraies [des énoncés révélés] ne devaient pas être couchées par écrit dans les livres destinés à la foule, et moins encore celles qui sont viciées. L'interprétation vraie est le *dépôt* qui fut donné en charge à l'homme et dont l'homme se chargea, alors qu'en furent effrayés tous les [autres] étants, à savoir ceux cités dans l'énoncé divin : « Oui, nous avions proposé le dépôt aux cieux, à la terre et aux montagnes[134] », etc., jusqu'à la fin du verset[135].

64. C'est du fait des interprétations, et du fait de l'opinion que celles-ci devraient, du point de vue de la

بَعْضُهُمْ بَعْضاً، وَبخاصَّةٍ الْفاسِدَةُ مِنْها. فَأَوَّلَتِ الْمُعْتَزِلَةُ آياتٍ كَثيرَةً وَأَحاديثَ كَثيرَةً، وَصَرَّحوا بِتَأْويلِهِمْ لِلْجُمْهورِ، وَكَذَلِكَ فَعَلَتِ الأَشْعَرِيَّةُ، وَإِنْ كانوا أَقَلَّ تَأْويلاً. فَأَوْقَعوا النّاسَ مِنْ قِبَلِ ذَلِكَ في شَنَآنٍ وَتَباغُضٍ وَحُروبٍ، وَمَزَّقوا الشَّرْعَ وَفَرَّقوا النّاسَ كُلَّ التَّفْريقِ.

٦٥. وَزائِداً إِلى هَذا كُلِّهِ أَنَّ طُرُقَهُمُ الَّتي سَلَكوها في إِثْباتِ تَأْويلاتِهِمْ، لَيْسوا فيها لا مَعَ الْجُمْهورِ وَلا مَعَ الْخَواصِّ : أَمّا مَعَ الْجُمْهورِ، فَلِكَوْنِها أَغْمَضَ مِنَ الطُّرُقِ الْمُشْتَرَكَةِ لِلأَكْثَرِ ؛ وَأَمّا مَعَ الْخَواصِّ، فَلِكَوْنِها، إِذا تُؤُمِّلَتْ، وُجِدَتْ ناقِصَةً عَنْ شَرائِطِ الْبُرْهانِ. وَذَلِكَ، يَقِفُ عَلَيْهِ بِأَدْنى تَأَمُّلٍ مِنْ عَرَفَ شَرائِطَ الْبُرْهانِ. بَلْ كَثيرٌ مِنَ الأُصولِ الَّتي بَنَتْ عَلَيْها الأَشْعَرِيَّةُ مَعارِفَها هِيَ سوفِسْطائِيَّةٌ، فَإِنَّها تَجْحَدُ كَثيراً مِنَ الضَّروريّاتِ، مِثْلَ ثُبوتِ الأَعْراضِ، وَتَأْثيرِ الأَشْياءِ بَعْضِها في بَعْضٍ، وَوُجودِ الأَسْبابِ الضَّرورِيَّةِ لِلْمُسَبَّباتِ، وَالصُّوَرِ الْجَوْهَرِيَّةِ، وَالْوَسائِطِ.

٦٦. وَلَقَدْ بَلَغَ تَعَدّي نُظّارِهِمْ في هَذا الْمَعْنى عَلى الْمُسْلِمينَ أَنَّ فِرْقَةً مِنَ الأَشْعَرِيَّةِ كَفَّرَتْ مَنْ لَيْسَ يَعْرِفُ وُجودَ الْباري – سُبْحانَهُ – بِالطُّرُقِ الَّتي وَضَعوها لِمَعْرِفَتِهِ في كُتُبِهِمْ، وَهُم الكافِرونَ وَالضّالّونَ بِالْحَقيقَةِ ! وَمِنْ هُنا اخْتَلَفوا، فَقالَ قَوْمٌ : أَوَّلُ الْواجِباتِ النَّظَرُ، وَقالَ قَوْمٌ : الإيمانُ. أَعْني مِنْ قِبَلِ أَنَّهُمْ لَمْ يَعْرِفوا أَيَّ الطُّرُقِ هِيَ الطُّرُقُ

Loi révélée, être exposées à tout un chacun, que sont apparues les sectes[136] de l'Islam, qui en vinrent au point de s'accuser mutuellement d'infidélité ou d'innovation blâmable, en particulier celles d'entre elles qui étaient perverses. Les Mu'tazilites ont ainsi interprété nombre de versets et de traditions prophétiques, et exposé ces interprétations à la foule, et pareillement les Ash'arites, même si ces derniers ont moins interprété[137]. Ils ont de ce fait précipité les gens dans la haine, l'exécration mutuelle et les guerres, déchiré la Révélation en morceaux et complètement divisé les hommes.

65. En plus de tout cela, les méthodes qu'ils ont employées pour établir [la validité de] leurs interprétations ne conviennent ni à la foule ni à l'élite : ni à la foule parce qu'elles sont plus abstruses que les méthodes communes au plus grand nombre; ni à l'élite, car si on les examine, on s'aperçoit qu'elles ne satisfont pas aux conditions de la démonstration, comme s'en rendra compte au moindre examen quiconque connaît les conditions de la démonstration. Beaucoup des principes sur lesquels les Ash'arites ont fondé leurs connaissances sont même sophistiques, car ils nient plus d'une vérité nécessaire, comme la permanence des accidents, l'action des choses les unes sur les autres, l'existence des causes nécessaires aux effets, les formes substantielles et les causes secondes.

66. Leurs penseurs spéculatifs sont devenus des oppresseurs pour les Musulmans, en ce sens qu'une fraction des Ash'arites a déclaré que quiconque ne reconnaîtrait pas l'existence du Créateur – louangé soit-Il – d'après les méthodes qu'eux-mêmes ont instituées dans leurs livres pour Le connaître était infidèle[138], alors que les infidèles, les égarés, ce sont eux en vérité ! De là vient qu'ils divergent, et que certains ont soutenu que c'est l'obligation de l'examen qui prime, et d'autres que c'est celle de croire : de ce qu'ils ignoraient ce qu'étaient les [différentes] méthodes qui concernent la totalité des hommes, dont la Révélation invite chaque homme à fran-

الْمُشْتَرَكَةُ لِلْجَمِيعِ، الَّتِي دَعا الشَّرْعُ مِنْ أَبْوابِها جَمِيعَ النَّاسِ، وَظَنُّوا أَنَّ ذَلِكَ طَرِيقٌ واحِدٌ. فَأَخْطَأُوا مَقْصِدَ الشَّارِعِ، وَضَلُّوا وَأَضَلُّوا.

٦٧. فَإِنْ قِيلَ : فَإِذا لَمْ تَكُنْ هَذِهِ الطُّرُقُ الَّتِي سَلَكَتْها الأَشْعَرِيَّةُ وَلا غَيْرُهُمْ مِنْ أَهْلِ النَّظَرِ هِيَ الطُّرُقَ الْمُشْتَرَكَةَ الَّتِي قَصَدَ الشَّارِعُ تَعْلِيمَ الْجُمْهُورِ بِها، وَهِيَ الَّتِي لا يُمْكِنُ تَعْلِيمُهُمْ بِغَيْرِها، فَأَيُّ الطُّرُقِ هِيَ هَذِهِ الطُّرُقُ فِي شَرِيعَتِنا هَذِهِ؟ قُلْنا : هِيَ الطُّرُقُ الَّتِي ثَبَتَتْ فِي الْكِتابِ الْعَزِيزِ فَقَطْ، فَإِنَّ الْكِتابَ الْعَزِيزَ، إِذا تُؤُمِّلَ، وُجِدَتْ فِيهِ الطُّرُقُ الثَّلاثُ الْمَوْجُودَةُ لِجَمِيعِ النَّاسِ، وَ< هَذِهِ هِيَ > الطُّرُقُ الْمُشْتَرَكَةُ لِتَعْلِيمِ أَكْثَرِ النَّاسِ، وَالْخاصَّةُ. وَإِذا تُؤُمِّلَ الأَمْرُ، ظَهَرَ أَنَّهُ لَيْسَ يُلْفى طُرُقٌ مُشْتَرَكَةٌ لِتَعْلِيمِ الْجُمْهُورِ أَفْضَلُ مِنَ الطُّرُقِ الْمَذْكُورَةِ فِيهِ.

٦٨. فَمَنْ حَرَّفَها بِتَأْوِيلٍ لا يَكُونُ ظاهِراً بِنَفْسِهِ، أَوْ أَظْهَرَ مِنْها لِلْجَمِيعِ –وَذَلِكَ شَيْءٌ غَيْرُ مَوْجُودٍ–، فَقَدْ أَبْطَلَ فِعْلَها الْمَقْصُودَ فِي إِفادَةِ السَّعادَةِ الإِنْسانِيَّةِ. وَذَلِكَ ظاهِرٌ جِدّاً مِنْ حالِ الصَّدْرِ الأَوَّلِ وَحالِ مَنْ أَتى بَعْدَهُمْ. فَإِنَّ الصَّدْرَ الأَوَّلَ إِنَّما صارَ إِلى الْفَضِيلَةِ الْكامِلَةِ وَالتَّقْوى بِاسْتِعْمالِ هَذِهِ الأَقاوِيلِ دُونَ تَأْوِيلاتٍ فِيها، وَمَنْ كانَ مِنْهُمْ وَقَفَ عَلى تَأْوِيلٍ، لَمْ يَرَ أَنْ يُصَرِّحَ بِهِ. وَأَمَّا مَنْ أَتى بَعْدَهُمْ فَإِنَّهُمْ، لَمَّا اسْتَعْمَلُوا التَّأْوِيلَ، قَلَّ تَقْواهُمْ وَكَثُرَ اخْتِلافُهُمْ، وَرُفِعَتْ مَحَبَّتُهُمْ، وَتَفَرَّقُوا فِرَقاً.

chir les portes [139] ; et qu'ils croyaient qu'il s'agissait d'une voie *unique*. Ils se sont ainsi trompés quant au dessein du Législateur, se sont égarés et ont égaré les autres.

67. Et si l'on demande : «si ce ne sont pas les procédés utilisés par les Ash'arites ni par d'autres spéculatifs [140] qui sont ces procédés communs par lesquels la Révélation entend que soit enseignée la foule, et à défaut desquels il ne serait pas possible de l'enseigner, alors quels sont-ils, ces procédés, du point de vue de cette Révélation qui est nôtre ? Nous répondons : Les procédés qui figurent dans le Livre précieux exclusivement. Car le Livre précieux, si on l'observe, comprend les trois genres de procédés existant pour tous les humains, <et qui sont> : les procédés communs destinés à l'enseignement du plus grand nombre, et les [procédés] particuliers [aux hommes de démonstration] [141]. Et si l'on songe à ce qu'il en est [de ces procédés], il apparaîtra qu'on ne saurait trouver de procédés communs destinés à l'enseignement de la foule meilleurs que ceux énoncés dans le Livre.

68. Ceux qui les altèrent par des interprétations, à moins que le fait qu'il faille interpréter s'impose de lui-même de façon obvie [142] – ou à moins que l'interprétation procure à tous plus de clarté [que l'énoncé pris dans son sens obvie], ce qui ne saurait se trouver [143] –, oblitèrent la sagesse qui sous-tend ces énoncés, et rend inopérant l'acte qui en constitue le dessein : assurer la félicité humaine. Cela apparaît fort clairement si nous comparons de ce point de vue les hommes du premier âge de l'Islam et ceux des époques ultérieures : les hommes du premier âge arrivaient à une vertu parfaite et à une révérencieuse piété en usant de ces arguments sans en donner d'interprétations ; et pour ceux d'entre eux qui en connaissait une, ils étaient d'avis de ne pas l'exposer. Quant à ceux des époques ultérieures, dès lors qu'ils usèrent de l'interprétation, leur piété diminua ; leurs divergences augmentèrent ; l'amour [qu'ils portaient à Dieu] fut suspendu ; et ils se fractionnèrent en nombre de sectes.

٦٩. فَيَجِبُ عَلى مَنْ أَرادَ أَنْ يَرْفَعَ هَذِهِ الْبِدْعَةَ عَنِ الشَّرِيعَةِ أَنْ يَعْمِدَ إِلى الْكِتَابِ الْعَزِيزِ، فَيَلْتَقِطَ مِنْهُ الاسْتِدْلالاتِ الْمَوْجودَةَ في شَيْءٍ شَيْءٍ مِمّا كُلِّفْنا اعْتِقادَهُ، وَيَجْتَهِدَ في نَظَرِهِ ظاهِراً ما أَمْكَنَهُ، مِنْ غَيْرِ أَنْ يَتَأَوَّلَ مِنْ ذَلِكَ شَيْئاً إِلا إِذا كانَ التَّأْويلُ ظاهِراً بِنَفْسِهِ، أَعْني ظُهوراً مُشْتَرَكاً لِلْجَميعِ. فَإِنَّ الأَقاويلَ الْمَوْضوعَةَ في الشَّرْعِ لِتَعْليمِ الناسِ، إِذا تُؤُمِّلَتْ، يُشْبِهُ أَنْ يَبْلُغَ مِنْ نُصْرَتِها إِلى حَدٍّ لا يُخْرِجُ عَنْ ظاهِرِها ما هُوَ مِنْها لَيْسَ عَلى ظاهِرِهِ إِلا مَنْ كانَ مِنْ أَهْلِ الْبُرْهانِ. وَهَذِهِ الْخاصَّةُ لَيْسَتْ توجَدُ لِغَيْرِها مِنَ الأَقاويلِ.

٧٠. فَإِنَّ الأَقاويلَ الشَّرْعِيَّةَ الْمُصَرَّحَ بِها في الْكِتابِ الْعَزيزِ لِلْجَميعِ، لَها ثَلاثُ خَواصٍّ دَلَّتْ عَلى الإِعْجازِ : إِحْداها أَنَّهُ لا يوجَدُ أَتَمُّ إِقْناعاً وَتَصْديقاً لِلْجَميعِ مِنْها ؛ وَالثّانِيَةُ أَنَّها تَقْبَلُ النُّصْرَةَ بِطَبْعِها إِلى أَنْ تَنْتَهي إِلى حَدٍّ لا يَقِفُ عَلى التَّأْويلِ فيها – إِنْ كانَتْ مِمّا فيها تَأْويلٌ – إِلا أَهْلُ الْبُرْهانِ ؛ وَالثّالِثَةُ أَنَّها تَتَضَمَّنُ التَّنْبيهَ لأَهْلِ الْحَقِّ عَلى التَّأْويلِ الْحَقِّ. وَهَذا لَيْسَ يوجَدُ لا في مَذاهِبِ الأَشْعَرِيَّةِ وَلا في مَذاهِبِ الْمُعْتَزِلَةِ، أَعْني أَنَّ تَأْويلَهُمْ لا يَقْبَلُ النُّصْرَةَ، وَلا يَتَضَمَّنُ التَّنْبيهَ عَلى الْحَقِّ، وَلا هُوَ حَقٌّ. وَلِذَلِكَ كَثُرَتِ الْبِدَعُ.

٧١. وَبِوُدِّنا لَوْ تَفَرَّغْنا لِهَذا الْمَقْصَدِ وَقَدَرْنا عَلَيْهِ. وَإِنْ أَنْسَأَ اللَّهُ في الْعُمْرِ، فَسَنُثْبِتُ فيهِ قَدْرَ ما تَيَسَّرَ لَنا مِنْهُ، فَعَسى أَنْ يَكونَ ذَلِكَ مَبْدَأً لِمَنْ يَأْتي بَعْدُ. فَإِنَّ النَّفْسَ مِمّا تَخَلَّلَ هَذِهِ الشَّرِيعَةَ مِنَ الأَهْواءِ الْفاسِدَةِ

69. Celui qui veut soustraire à cette innovation blâmable la Révélation, il faut qu'il recoure au Livre précieux et en extraie les arguments qui y prouvent chacune des choses que nous sommes chargés [par la Loi] de croire ; et qu'il fasse porter son effort d'examen rationnel sur le sens obvie [de ces arguments] autant que possible, sans en rien interpréter, sauf s'il est obvie, par l'énoncé lui-même, qu'il faut interpréter, à savoir quand cela est obvie aux yeux de tout le monde ensemble. Car les arguments produits par le Texte révélé pour enseigner les hommes, si on les considère, se montrent si convaincants qu'on pourrait presque dire qu'il est impossible de soustraire au sens obvie ceux d'entre eux dont le sens [véritable] n'est pas le sens obvie, à moins d'être homme de démonstration ; et c'est là une propriété qu'on ne retrouve pas en d'autres arguments.

70. Les arguments révélés exposés dans le Livre précieux à l'intention de tous possèdent trois propriétés, qui prouvent l'insupérabilité [144] [du Livre]. Premièrement, il n'y a pas d'arguments plus propres qu'eux à produire la persuasion et l'assentiment de tous. Deuxièmement, de par leur nature, ils se soutiennent si éminemment que seuls peuvent en découvrir l'interprétation – s'il s'agit d'énoncés interprétables – les hommes de démonstration. Troisièmement, ils comportent, à l'intention des hommes [habilités à connaître la vérité], des indices signalant l'interprétation vraie. Et cela ne se retrouve ni dans les doctrines des Ash'arites, ni dans celles de Mu'tazilites : c'est-à-dire que leurs interprétations n'emportent pas la conviction, qu'elles ne contiennent nul indice qui signale la vérité, pas plus qu'elles ne sont elles-mêmes la vérité. Et c'est bien pourquoi les innovations blâmables se sont multipliées [145].

71. Nous souhaiterions trouver le loisir de nous consacrer à ce dessein, et être capable de le mener à bien. Si Dieu nous prête vie, nous écrirons sur le sujet [146] ce qui sera en notre mesure. Peut-être sera-ce un point de départ pour ceux qui viendront après nous. Car notre âme, à

وَالاعْتِقاداتِ الْمُحَرَّفَةِ في غايَةِ الْحُزْنِ وَالتَأَلُّم، وبخاصَّةٍ ما عَرَضَ لَها مِنْ ذَلِكَ مِنْ قِبَلِ مَنْ يَنْسُبُ نفسَهُ نَفْسَهُ إلى الْحِكْمَةِ، فَإِنَّ الأَذايَةَ مِنَ الصَّديقِ هِيَ أَشَدُّ مِنَ الأَذايَةِ مِنَ الْعَدُوِّ، أَعْني أَنَّ الْحِكْمَةَ هِيَ صاحِبَةُ الشَّريعَةِ وَالأُخْتُ الرَّضيعَةُ، فَالأَذايَةُ مِمَّنْ يُنسَبُ إِلَيْها هِيَ أَشَدُّ الأَذايَةِ، مَعَ ما يَقَعُ بَيْنَهُما مِنَ الْعَداوَةِ وَالْبَغْضاءِ وَالْمُشاجَرَةِ، وَهُما الْمُصْطَحِبَتانِ بِالطَّبْعِ، الْمَتحابَّتانِ بِالْجَوْهَرِ وَالْغَريزَةِ. وَقَدْ آذاها أَيْضاً كَثيرٌ مِنَ الأَصْدِقاءِ الجُهّالِ مِمَّنْ يَنْسُبونَ أَنْفُسَهُمْ إِلَيْها، وَهِيَ الْفِرَقُ الْمَوْجودَةُ فيها. وَاللَّهُ يَسَدِّدُ الْكُلَّ، وَيُوَفِّقُ الْجَميعَ لِمَحَبَّتِهِ، وَيَجْمَعُ قُلوبَهُمْ عَلى تَقْواهُ، وَيَرْفَعُ عَنْهُمُ الْبَغضَ وَالشَّنَآنَ، بِفَضْلِهِ وَبِرَحْمَتِهِ.

٧٢. وَقَدْ رَفَعَ اللَّهُ كَثيراً مِنْ هَذِهِ الشُّرورِ وَالْجَهالاتِ وَالْمَسالِكِ الْمُضِلاتِ بِهَذا الأَمْرِ الْغالِبِ، وَطَرَّقَ بِهِ إِلى كَثيرٍ مِنَ الْخَيْراتِ، وَبِخاصَّةٍ عَلى الصِّنْفِ الَّذينَ سَلَكوا مَسْلَكَ النَّظَرِ وَرَغِبوا في مَعْرِفَةِ الْحَقِّ. وَذَلِكَ أَنَّهُ دَعا الْجُمْهورَ مِنْ مَعْرِفَةِ اللَّهِ –سُبْحانَهُ– إِلى طَريقٍ وَسَطٍ ارْتَفَعَ عَنْ حَضيضِ الْمُقَلِّدينَ وَانْحَطَّ عَنْ تَشْغيبِ الْمُتَكَلِّمينَ، وَنَبَّهَ الْخَواصَّ عَلى وُجوبِ النَّظَرِ التَّامِّ في أَصْلِ الشَّريعَةِ. وَاللَّهُ الْمُوَفِّقُ وَالْهادي بِفَضْلِهِ.

cause des tendances viciées et des croyances altérées qui se sont insinuées dans cette Loi révélée, est au comble de la tristesse et de l'affliction ; tout particulièrement lorsque ces choses sont le fait de gens qui se réclament de la philosophie, car le mal qui vient d'un ami est bien plus pénible que celui qui vient d'un ennemi. Je veux dire que la philosophie est la compagne de la Révélation et sa sœur de lait, et que donc, le mal fait par ceux qui se réclament de la philosophie est le plus pénible des maux, outre l'inimitié, l'aversion et les disputes qu'il crée entre elles, tandis qu'elles sont compagnes par nature, amies par essence et disposition innée. Beaucoup d'amis ignorants, qui se réclamaient d'elle [la Révélation], lui ont fait du mal aussi, les gens des sectes qui existent en son sein. Mais Dieu imprime à chacun la bonne direction, accompagne chacun vers l'amour de Lui, accorde les cœurs de tous les hommes pour qu'ils Le révèrent, et les délivre de la détestation et de la haine, par Sa grâce et Sa miséricorde.

72. Dieu a mis fin à beaucoup de ces maux, de ces ignorances et de ces tendances pernicieuses grâce à ce pouvoir vainqueur. Il a par lui ouvert la voie à de nombreux bienfaits, surtout pour cette classe de personnes qui s'est engagée dans la voie de l'examen rationnel et aspire à connaître la vérité. Car il a appelé la foule à la connaissance de Dieu – louangé soit-Il – par une voie moyenne, qui se situe au-delà du bas niveau du conformisme imitatif, mais en deçà de l'éristique des théologiens dialectiques ; et il a signalé à l'élite la nécessité de s'engager radicalement dans l'examen rationnel de la Source de la Révélation[147]. Dieu nous accorde Son concours et nous guide par Sa grâce.

NOTES

1. Cette entrée en matière annonce la perspective dans laquelle veut se situer le texte, qui prend l'allure d'un avis juridique (*fatwā*), produit de l'effort interprétatif d'un docteur autorisé, qui entreprend d'établir le statut légal (*ḥukm*) de l'acte d'exercer la philosophie. Les cas envisagés ici correspondent aux *cinq qualifications* que la science de la Loi musulmane (*fiqh*) attribue à l'ensemble des actes humains. On distingue les actes « permis » (*mubāḥ*), indifférents du point de vue de la Loi, dont l'accomplissement ou le non-accomplissement n'entraîne ni récompense ni châtiment ; supérieurs axiologiquement aux premiers, les actes prescrits, de deux sortes : « recommandés » (*mandūb 'ilay-hi*), dont l'accomplissement entraîne une récompense et le non-accomplissement n'entraîne pas de châtiment, et « obligatoires » (*wājib*), dont l'accomplissement entraîne une récompense et le non-accomplissement un châtiment ; en deçà des actes « permis », les actes condamnés, également de deux sortes : « blâmables » (*makrūh*), dont le non-accomplissement n'entraîne pas de récompense mais dont l'accomplissement peut entraîner un châtiment, et « interdits » (*ḥarām*), dont l'accomplissement entraîne nécessairement un châtiment. Les condamnations de la philosophie auxquelles Ibn Rushd doit répondre ayant été formulées au nom de la religion, Ibn Rushd doit, avant d'exposer la théorie qui lui permet de concilier la vérité philosophique avec la vérité religieuse, démontrer que l'exercice de la philosophie est une *obligation* inférée de la Loi religieuse elle-même et que, par conséquent, nul ne peut condamner la philosophie sans enfreindre la Loi dont il se réclame.

2. *Min jihat[i] dalālat[i]-hā 'alā ṣ-ṣāni'*. Nous traduisons *dalāla* (de « *dalīl* ») par *preuve*, car il s'agit bien de la preuve téléologique de l'existence de Dieu (cf. note 3). Cf. *Encyclopédie philosophique universelle, I, Les notions philosophiques*, Paris, PUF, 1990, s.v. « Dalīl » : il s'agit ici de la démonstration qui fait connaître l'existence de la chose (*sullogismos tou hoti*).

3. Il y a analogie entre l'univers créé par Dieu et un artefact fabriqué par un artisan, entre les opérations de l'art (*ṣinā'a, tekhnê*) et les opérations de la nature (*ṭabī'a, phusis*). L'observation et l'étude de la nature révèlent que celle-ci est suspendue à une réalité transcendante, car les choses y sont arrangées de façon que chacune y soit en rapport avec les autres (cf. Aristote, *Métaph.* Λ, 10, 1075a16-25). L'intelligence qui est le Principe premier est ainsi manifestée partout dans le monde, sous la forme de la nature. C'est pourquoi Ibn Rushd dit : «Ce en quoi [l'artefact] prouve [l'existence de l'artisan], c'est qu'il y a dans l'artefact la preuve, de par l'ordre qui existe dans ses parties, c'est-à-dire le fait que certaines [de ses parties] ont été fabriquées en vue des autres, et de par l'adéquation de la totalité [des parties] à l'usage visé [par la production de] cet artefact, que celui-ci n'est pas un produit de la nature, mais qu'il a été produit par un artisan qui y a ordonné chaque chose suivant sa place [...]» (cf. Ibn Rushd, *al-Kashf 'an manāhij al-'adilla*, in *Falsafat Ibn Rushd*, Beyrouth, Dār al-'āfāq al-jadīda,1402 h./1982, p. 70). Il en est donc des productions de la nature comme des productions de l'art humain parce que les unes et les autres existent en vue d'une fin. L'art procède comme la nature, et la nature procède comme l'art (cf. Aristote, *Phys.* II, 8, 199a8-20). En vertu de cette analogie, pour Ibn Rushd, la connaissance de Dieu, en tant qu'il est l'artisan dont la *Science* (= l'art) comprend la structure intelligible du réel, est donc conditionnée par la connaissance des étants en tant qu'ils sont analogues à des artefacts «créés», c'est-à-dire par la connaissance de la fabrique (*ṣan'a*) de ces étants (Ibn Rushd parle d'*ikhtirā'*, «invention»), et proportionnée à elle. Ceci est vrai autant pour la connaissance que la foule a de Dieu, et qui lui est dispensée par la lettre de la Révélation (*Coran*, LXXXVI, 6 ; LXXXVIII, 17 ; XXII, 73, versets dans lesquels le Législateur invite à reconnaître la nécessité de l'existence du Créateur en invoquant celle des créatures), que pour la connaissance du philosophe, qui connaîtra Dieu d'une façon plus parfaite parce que sa connaissance de l'univers est plus complète. Cf. Ibn Rushd, *op. cit.*, p. 63-64 : «La manière dont la foule considère les étants est similaire à la manière dont elle considère les artefacts dont elle ne connaît pas la fabrique. Elle sait seulement qu'ils sont fabriqués, et que leur artisan existe. La manière dont les savants [considèrent les étants] est semblable à celle d'une personne qui considère des artefacts dont elle connaît en partie la fabrique, et la sagesse inhérente à celle-ci. Il ne fait aucun doute que celui qui connaît des artefacts de cette [seconde] manière connaît mieux leur artisan en tant qu'il est artisan que celui qui sait seulement à propos de ces artefacts que ce sont des artefacts [qu'ils sont fabriqués]» (nous traduisons). Cf. aussi *op. cit.*, p. 61 : «C'est pourquoi il est obligatoire, pour celui qui veut connaître vraiment Dieu, de connaître les substances des choses afin de connaître la vraie création (*'ikhtirā'*) dans tous les étants, car celui qui ne

connaît pas la réalité de la chose ne connaît pas la réalité de la création» (nous traduisons). Le surcroît de connaissance de Dieu qui résulte de la connaissance philosophique n'est pas seulement quantitatif, mais qualitatif. La création étant l'actualisation par l'Agent des formes en puissance dans la matière, la connaissance des substances, dans lesquelles s'actualisent les formes revient en quelque sorte à la connaissance de l'Agent en qui ces formes existent à l'état d'acte (premier). Cf. Ibn Rushd, *Tafsīr mā ba'd aṭ-ṭabī'at («Grand commentaire» de la métaphysique)*, éd. M. Bouyges, Beyrouth, Dar el-Machreq, 1973, vol. 3, p. 1505 : «C'est pourquoi on dit que l'ensemble des proportions et des formes existent en puissance dans la matière et en acte dans le moteur premier, ce qui est en quelque sorte comparable à l'existence en acte de l'objet fabriqué dans l'esprit de l'artisan» (trad. A. Martin, *Averroès, Grand Commentaire de la Métaphysique d'Aristote [tafsīr ma ba'd aṭ-ṭabī'at], Livre Lam-lambda*, traduit de l'arabe et annoté, Paris, Les Belles Lettres, 1984, p. 140). Connaître la réalité de la substance des étants, c'est donc connaître la Science divine, c'est-à-dire appréhender Dieu du point de vue d'un de ses attributs qualitatifs, ce qui est différent de savoir seulement qu'*il y a* un Dieu. Ainsi, la connaissance que la foule a de Dieu diffère de ce point de vue de la connaissance philosophique. L'affirmation, si marquée en ce début de texte (et qui sera reprise *infra*, § 10), que Dieu est effectivement l'Artisan-Producteur (*ṣāni'*) du monde, et que c'est la recherche philosophique et elle seule qui permet de le connaître en tant que tel prend tout son sens lorsqu'on se souvient que c'est sur ce thème qu'al-Ghazālī attaquait les philosophes dans la troisième *question* de son *Tahāfut al-falāsifa*, en voulant démontrer que cette qualité d'Artisan de l'univers n'est reconnue à Dieu par les philosophes qu'à titre purement métaphorique et non proprement, par volonté d'induire en erreur (cf. *Tahāfut al-falāsifa*, rééd. de l'éd. M. Bouyges, Beyrouth, Dar el-Machreq, 1982, p. 89 *sq.*).

4. *Coran*, LIX, 2 (nous traduisons). L. Gauthier (*Traité décisif sur l'accord de la religion et de la philosophie*, Alger 1948 ; reprint Vrin-Reprise, Paris, 1983, p. 1) traduit : «Tirez enseignement [de cela], ô vous qui êtes doués de clairvoyance», et remarque en note (p. 39) qu'«Ibn Rochd joue ici quelque peu sur le sens de cette expression». Mais celle-ci, pour l'exégèse coranique traditionnelle, n'est pas une admonestation adressée en particulier aux juifs rebelles de Nadhīr qui «correspond exactement au latin *et nunc erudimini* (que cela vous serve de leçon, que cela vous apprenne [à ne pas récidiver])», mais une exhortation générale à *réfléchir* sur le sort de cette tribu rebelle, réduite par les Musulmans avec l'aide divine malgré sa puissance matérielle (cf. par ex. al-Bayḍāwī, *Tafsīr*, *ad loc.*). La distorsion entre le sens coranique de l'expression et le sens qu'Ibn Rushd veut lui prêter dans son argumentation est donc moins flagrante que ne veut le penser Gauthier.

5. *Naṣṣ*. Dans la « science des Sources/Fondements du Droit », ou théorie et méthodologie du Droit (*'uṣūl al-fiqh*), le terme désigne un énoncé absolument univoque et non susceptible d'interprétation. Ibn Rushd le définit comme le cas où un objet qualifié par le Texte est désigné par un signifiant (*lafẓ*) ne renvoyant qu'à un seul signifié (*ma'nā*) (cf. Ibn Rushd, *Bidāyat al-mujtahid wa nihāyat al-muqtaṣid* [« Début pour qui s'efforce, fin pour qui se contente de l'enseignement reçu »], Le Caire, Maktabat al-kulliyyāt al-'azhariyya, 1394 h./1974, t. I, p. 4).

6. Le syllogisme juridique (*qiyās shar'ī*), pendant du syllogisme rationnel (*qiyās 'aqlī*) introduit dans la pensée musulmane avec l'hellénisme, est la procédure de raisonnement élaborée par les théoriciens musulmans des Sources/Fondements du Droit (*'uṣūl al-fiqh*) pour inférer des Sources (*'uṣūl*) de la législation musulmane (Coran, Tradition prophétique et Consensus) le statut légal (*ḥukm*) de ce qui n'a pas été expressément qualifié par les Sources par analogie avec un cas ayant fait l'objet d'une qualification expresse. C'est cette analogie qui permet, pour reprendre un exemple courant, d'étendre la qualification d'illicite de la consommation du vin à celle de toute boisson alcoolisée parce que le vin est expressément défendu dans le Coran (V, 90), et que l'on considère que le « motif » (*'illa*) de l'interdiction est le fait d'être une boisson fermentée enivrante. On distingue principalement : le *qiyās 'illa* (analogie « motivée »), où l'extension de statut du « cas de base » (*'aṣl*) au cas dérivé (*far'*) s'opère en vertu d'un « motif », qualité substantielle commune aux deux cas, comme dans l'exemple précité ; et le *qiyās shabah* (analogie de similitude), qui ne fait pas intervenir cet indice commun du « motif » (comme par exemple l'analogie qui assimile l'esclave à l'homme libre pour le paiement du *pretium sanguinis* [*diya*] lorsqu'il est l'auteur du délit, et aux choses lorsqu'il en est la victime ; cf. *Encyclopédie de l'Islam*, nouv. éd., Leiden, Brill-Paris, Maisonneuve et Larose [= *E.I.* ²], s.v. « Kiyās », vol. V, p. 236-240). Il faut noter que le verset LIX, 2 sur lequel Ibn Rushd s'appuie pour affirmer le caractère obligatoire de l'usage du syllogisme rationnel est celui-là même que les théoriciens des Sources/Fondements du Droit ont présenté comme le fondement scripturaire de l'analogie juridique, la « réflexion » (*i'tibār*) consistant pour le juriste dans le passage du cas de base au cas dérivé. On voit s'ébaucher ici la stratégie qu'Ibn Rushd va poursuivre tout au long du traité : lier le sort de la science de la Loi à celui de la philosophie, pour pouvoir soutenir que tout ce qui vaut pour l'une vaut aussi pour l'autre, et vaut *a fortiori*, du fait de la supériorité dont peut se prévaloir la philosophie, science théorique, sur le Droit, science pratique. Le juriste ne peut dénier au philosophe le droit de faire usage du syllogisme rationnel, à moins de s'interdire à lui-même l'analogie juridique.

7. *Coran*, VII, 185 (nous traduisons).

8. *Coran*, VI, 75 (nous traduisons). Sur la figure d'Abraham comme initiateur de la démarche philosophique dans la littérature religieuse juive, cf. *supra*, l'« Introduction » d'A. de Libera, note 22.

9. *Coran*, LXXXVIII, 17-18 (nous traduisons).

10. *Coran*, III, 191 (trad. D. Masson, *Le Coran*, Paris, Gallimard, 1967). Texte de la séquence entière : « Dans la création des cieux et de la terre, dans la succession de la nuit et du jour, il y a vraiment des Signes pour ceux qui sont doués d'intelligence, pour ceux qui pensent à Dieu, debout, assis et couchés, et qui méditent sur la création des cieux et de la terre » (III, 190-191).

11. Ibn Rushd et les logiciens arabes, à la suite des commentateurs alexandrins, ajoutent à la distinction aristotélicienne entre les trois types de syllogismes, apodictique (démonstratif), dialectique et éristique (sophistique) telle qu'elle est formulée au premier chapitre des *Topiques* (I, 1, 100a), deux classes supplémentaires de syllogismes, le syllogisme rhétorique et le syllogisme poétique, car le corpus logique aristotélicien tel qu'il circulait dans le monde musulman médiéval comprenait aussi la *Rhétorique* et la *Poétique* (ainsi que, dans certains cas, l'*Isagoge* de Porphyre). Cf. I. Madkour, *L'Organon d'Aristote dans le monde arabe*, Paris, Vrin, 2e éd. 1969, p. 10-19. On distingue ainsi cinq types de syllogismes, définis globalement comme des discours dans lesquels, « certaines choses étant posées, une autre chose différente d'elles en résulte nécessairement, par les choses mêmes qui sont posées » (Aristote, *Topiques*, 100a25, trad. Tricot), et dont le degré de certitude est fonction de la nature des prémisses. La théorie d'Ibn Rushd portant sur les types d'arguments utilisés dans le discours religieux, elle devait nécessairement exclure les syllogismes sophistiques et poétiques – qui ne sont pas des arguments vrais, mais, pour des raisons et avec des visées différentes, ont seulement l'apparence du vrai – puisque le discours religieux ne peut évidemment être que vrai. Restent donc les trois classes d'arguments que sont les syllogismes démonstratif, dialectique et rhétorique. Conformément à la définition d'Aristote, le syllogisme est une démonstration « quand il part de prémisses vraies et premières, ou encore de prémisses telles que la connaissance que nous en avons prend elle-même son origine dans des prémisses premières et vraies » (*ibid.*). Le syllogisme dialectique est celui qui conclut de prémisses probables, qui sont des « opinions qui sont reçues par tous les hommes, ou par la plupart d'entre eux, ou par les sages, et, parmi ces derniers, soit par tous, soit par la plupart, soit enfin par les plus notables et les plus illustres (*ibid.*, 100b20). Les principaux domaines d'application de la dialectique sont pour Aristote l'établissement des principes éthiques et politiques, l'établissement des principes premiers de la démonstration, la réfutation des faux raisonnements et l'établissement des raisonnements vrais. À un degré moindre de certitude, l'argument rhétorique est celui auquel

l'âme accorde foi tout en sachant que le contraire est possible. Comme l'argument dialectique, l'argument rhétorique remplit la fonction politique d'inculquer à l'homme en société les principes d'une conduite juste (cf. *Averroes' Three Short Commentaries on Aristotle's « Topics », « Rhetoric » and « Poetics »*, trad. et éd. Ch. Butterworth, New York Albany, 1977, p. 198, texte arabe). L'étude du syllogisme éristique, objet des *Réfutations sophistiques*, est également nécessaire, pour se garder de son emploi. C'est « le syllogisme qui part d'opinions qui, tout en paraissant probables, en réalité ne le sont pas ; et encore, le syllogisme qui ne conclut qu'en apparence d'opinions probables ou paraissant probables » (*Topiques*, 100b20-25).

12. L'usage inattendu de la particule *qad*, traduite ici par « certes », se répète à plusieurs reprises dans le texte (par ex. *infra*, §§ 9, 10, 13), ce qui n'a pas manqué de retenir l'attention des commentateurs. Cf. Ch. E. Butterworth, « The source that nourishes Averroes's decisive determination », in *Arabic Sciences and Philosophy,* vol. 5, n° 1, mars 1995, p. 101-102. Butterworth pense que la particule a réellement une valeur dubitative, et qu'Ibn Rushd entend par là atténuer lui-même la certitude de sa conclusion parce qu'elle procéderait de prémisses que l'on pourrait au mieux qualifier de dialectiques. Mais l'usage de la formule *fa-qad yajib*, qui semble bien être une habitude stylistique propre à Ibn Rushd, ne signale pas toujours dans son écriture une proposition peu certaine dont il voudrait atténuer l'affirmation. Cf. par ex. Ibn Rushd, *Paraphrase de la logique d'Aristote,* éd. G. Jéhamy, Beyrouth, Publications de l'Université libanaise, 1982, t. II, p. 369, début du commentaire des *Seconds Analytiques* (71a5-10) : « fa-qad yajib^{u} *qabl^{a} ta'allum^{i}-hi natījat^{a} l-qiyās^{i} 'an yakūn^{a} qad sabaqa 'inda-hu l-'ilm^{u} bi-muqaddimāt^{i} l-qiyās* » (*Il faut certes* qu'avant de connaître la conclusion du syllogisme, il ait eu préalablement la connaissance des ses prémisses) ; et plus loin : « *wa-lladhī yuṣaḥḥiḥ^{u} l-muqaddimat^{a} l-kulliyyat^{a} bi-l-istiqrā^{i}* qad yagib^{u} *ayḍ^{an} 'an takūn^{a} 'inda-hu ma'rifat^{u} l-juz'iyyât^{i} mutaqaddimat^{an} 'alâ ma'rifat^{i} l-kulliyya* » (et celui qui établit une prémisse générale par l'induction, *il faut certes* aussi que la connaissance des particuliers précède chez lui la connaissance du général). Il est bien évident, dans ces deux exemples, que ces propositions ne peuvent être affectées d'une modalité de doute. Donc, soit il s'agit d'un usage oratoire, soit la particule, bien qu'utilisée avec l'inaccompli, a ici une valeur corroborative. La valeur atténuative de *qad* avec l'inaccompli, bien que prépondérante dans l'usage, n'est en effet pas la seule. Cf. R. Blachère et M. Gaudefroy-Demombynes, *Grammaire de l'arabe classique*, Paris, Maisonneuve & Larose, 3e éd. 1975, p. 253, § 165, qui donne des exemples contraires.

13. *Yajib^{u} 'alā l-mu'min^{i}, bi-sh-shar'^{i} l-mumtathal^{i} 'amr^{u}-hu bi-n-naẓar*, etc. On peut aussi lire : *yajib^{u} 'alā l-mu'min^{i}, bi-sh-shar'^{i,} l-mumtathal^{i} 'amr^{u}-hu,* etc., comme certaines éditions voca-

lisées et certains traducteurs (cf. par ex. Hourani, *Averroes on the harmony of religion and philosophy*, Londres, Luzac, 1961, p. 46), et comprendre alors : « Celui qui croit dans la Révélation, et qui se conforme à l'ordre de celle-ci de... », etc.

14. *al-'ārif*. Précisé *infra* dans le paragraphe par *al-'ārif bi-llāh*. Terme à connotation mystique dont Ibn Rushd se sert ici pour désigner le philosophe qui cultive la philosophie première et qui connaît ou aspire à connaître Dieu tel qu'il est vraiment. Cf. Gauthier, *Traité décisif*, p. 39-40, note 13-14.

15. Cf. *supra*, note 4.

16. Cf. *supra*, note 14.

17. Parce que, comme Ibn Rushd le dira *infra*, § 20, le syllogisme juridique n'a qu'une valeur opinative, tandis que le syllogisme démonstratif est certain.

18. *Bid'a*. Terme juridique désignant une innovation d'ordre cultuel, juridique ou doctrinal, une modification du dogme ou des prescriptions énoncés par la Révélation, soit par ajout soit par défaut. Cette « innovation blâmable » est condamnée par les juristes en vertu de nombreux *ḥadīth*-s (traditions prophétiques), par ex. Muslim, *Jumu'a*, trad. n° 43 : « Les pires d'entre les choses sont celles nouvellement créées, et toute innovation est erreur (*sharr*^{u} *l-'umūr*^{i} *muḥdathāt*^{u}*-hā, wa kull*^{u} *bid'at*^{in} *ḍalāla*). »

19. Gauthier (*Traité décisif*, p. 40, note 15) avance que « "la raison que ce n'est pas ici le lieu d'indiquer" est sans doute celle qu'il [Ibn Rushd] indiquera plus loin, p. 9, l. 11-13, et p. 17, l. 1-8 [du *Traité* de Gauthier] », à savoir, si l'on se reporte aux deux passages indiqués : « Car le jurisconsulte ne dispose que d'un syllogisme d'opinion, tandis que le métaphysicien dispose d'un syllogisme de certitude » ; et : « Et si celui qui juge sur le licite et l'interdit doit préalablement réunir les conditions de la compétence (*idjtihād*), à savoir la connaissance de la déduction qui opère sur ces principes au moyen du syllogisme, combien plus cela est-il exigible de celui qui juge sur l'univers, je veux dire de connaître les principes rationnels et les procédés de déduction qui s'y appliquent ! » En réalité, on ne voit pas bien comment ces deux assertions pourraient expliquer que l'étude du syllogisme rationnel, bien que n'ayant pas existé au début de l'Islam, n'ait cependant pas à être qualifiée de *bid'a* (innovation blâmable) ! Il nous semble plutôt qu'Ibn Rushd a voulu dire que l'ouvrage même du *Faṣl al-maqāl* n'offre pas le lieu d'expliquer cette raison, et qu'il se contente donc d'y faire allusion. Le parallèle avec le syllogisme juridique, dont l'usage ne remonte pas non plus aux premiers âges de l'Islam et que cependant on ne considère pas comme une innovation blâmable, ne vaudrait ici que comme un simple *exemple*, suffisant à convaincre le lecteur ordinaire que, pour condamner l'usage du syllogisme rationnel, on ne peut alléguer le prétexte que celui-ci n'était pas pratiqué par les premiers Musulmans. Quant à la véritable raison pour laquelle il serait faux de dire que le syllogisme rationnel, même apparu

postérieurement aux débuts de l'Islam, n'est pas à proprement parler une innovation du point de vue religieux, elle serait de l'ordre des vérités qu'il faut passer sous silence, parce qu'elles sont réservées aux savants, et qu'il ne faut pas divulguer à la masse. Il n'est pas exclu qu'Ibn Rushd songe ici à la théorie fārābienne d'après laquelle les religions révélées – dont l'Islam –, apparues après l'achèvement des sciences chez les Grecs avec le système d'Aristote, sont des présentations sous forme de discours rhétorique des mêmes vérités découvertes *antérieurement* par la philosophie, afin d'assurer une diffusion générale de celles-ci dans l'humanité (cf. al-Fārābī, *Kitāb al-ḥurūf*, éd. Muḥsin Mahdī, Beyrouth, Dar el-Machreq, 1970, p. 131-157). Si la philosophie apparaît chez les Musulmans postérieurement à la Religion, elle peut sembler à première vue une « innovation » par rapport à celle-ci. Mais en réalité cela n'infirme en rien la primauté de la philosophie. Si c'est à cela que songeait Ibn Rushd, il pouvait en effet difficilement en faire état dans le contexte du *Faṣl al-maqāl*, alors qu'il mentionne volontiers cette thèse dans des ouvrages relevant du commentaire philosophique. Cf. *Averroes' Commentary on Plato's Republic*, éd. et trad. E.I.J. Rosenthal, Cambridge University Press, 1956, p. 185, trad. angl. d'une version hébraïque d'un original arabe perdu du commentaire de la *République* : « Si l'on examine la Loi, la connaissance qu'elle dispense se divise en connaissance uniquement abstraite – tel ce que notre Loi religieuse ordonne de croire concernant la manière dont il faut considérer Dieu – et en pratique – telles les vertus morales qu'elle ordonne de pratiquer. Les desseins de la Loi, pour ce propos, sont essentiellement les mêmes que ceux de la philosophie, quant au genre et quant à l'intention. *C'est pourquoi certaines personnes sont d'avis que ces Lois religieuses ne font que suivre l'ancienne sagesse* » (nous soulignons et nous traduisons).

20. Notamment les adversaires ash'arites d'Ibn Rushd, et en premier lieu al-Ghazālī. Cf. *al-Munqidh min aḍ-ḍalāl* (« Celui qui sauve de l'égarement »), éd. A. al-Marrāq, Tunis, ad-Dār at-tūnisiyya li-n-nashr-Alger, al-Mu'assasat al-waṭaniyya li-l-kitāb, 1984, p. 52-53 : la logique est « un examen rationnel des méthodes de preuve et de critère, des conditions touchant aux prémisses du syllogisme démonstratif et de la manière de les agencer, des conditions de la définition juste et de la manière de l'organiser ». En tant que telles, elles n'ont aucun rapport avec la religion, ni pour la rejeter, ni pour l'établir. Dans un traité intitulé *al-Qisṭās al-mustaqīm* (« La balance équilibrée »), al-Ghazālī a d'ailleurs montré qu'il y a dans le Coran des démonstrations syllogistiques, et il s'est attaché à les mettre en forme. Cf. aussi Farid Jabre, *La Notion de certitude selon Ghazālī*, Paris, Vrin, 1958, p. 97-120.

21. *Ḥashwiyya*. Terme péjoratif tiré de *ḥashw* (« farce », et de là, « discours prolixe et inutile »), qui désigne de façon générale des

savants de bas étage, et est employé pour désigner des traditionnistes extrémistes ou dont les recherches ne présentent guère d'utilité (cf. *E.I.*², s.v. « Ḥashwiyya », vol. III, p. 277). La théodicée littéraliste, formulée en particulier dans le cadre du ḥanbalisme, comportant l'affirmation que la pluralité des attributs divins et la réalité des attributs corporels devaient être prises « sans comment » (*bi-lā kayf*), c'est-à-dire telles qu'elles étaient présentées par la lettre de la Révélation, les théologiens mu'tazilites puis ash'arites, adversaires des Ḥanbalites et partisans d'interpréter dans un sens allégorique les formules anthropomorphiques du Coran, ont souvent utilisé dans leurs traités le terme de *ḥashwiyya* pour désigner les Ḥanbalites avec la connotation péjorative d'« assimilationnisme » (de Dieu à la créature) (*tashbīh*) ou de « corporéisme » (*tajsīm*). C'est sans doute pour cette raison que A. Nādir affirme dans son édition arabe (*Kitāb faṣl al-maqāl*, Beyrouth, Dar el-Machreq, 5ᵉ éd. 1986, p. 31, note 1) que l'expression employée ici, « *ṭā'ifa min al-ḥashwiyyat*ⁱ *qalīla* », désigne une minorité parmi les *ḥashwiyya*, à savoir ceux qui professent le corporéisme et l'assimilationnisme. Mais dans plusieurs textes, Ibn Rushd attribue le corporéisme aux Ḥanbalites en général (cf. par ex. *al-Kashf*, p. 79). D'ailleurs, ce n'est pas de cette querelle qu'il s'agit ici, mais de la validité du syllogisme rationnel dans les sciences religieuses. Ce que critique Ibn Rushd, c'est la prévention contre l'usage du syllogisme rationnel – que les Ash'arites admettent comme un outil valide dans la spéculation sur les questions religieuses, et les Ḥanbalites non –, ce qui n'a en principe rien à voir avec le fait d'être ou non corporéiste. Ce sont donc les Ḥanbalites en général, d'après Ibn Rushd adversaires de toute forme de raisonnement rationnel, qu'il critique (cf. le passage du *Kashf* cité note suivante). Il faut donc comprendre : les *ḥashwiyya*, qui sont un petit nombre, et non : une minorité parmi les *ḥashwiyya*. Ibn Rushd, la distance géographique aidant, pouvait en effet très bien penser que les Ḥanbalites, dont les productions « rayonnaient » forcément moins que celles des grands théologiens ash'arites (al-Juwaynī, al-Ghazālī), représentaient de son temps une petite minorité en Orient, ce qui n'était en fait pas toujours le cas.

22. Ibn Rushd mentionne ces preuves scripturaires opposables aux *ḥashwiyya* dans le *Kashf* : « Quant à la secte dite des *ḥashwiyya*, ses représentants affirment que la voie menant à la connaissance de Dieu – exalté soit-Il – serait la tradition (*sam'*), à l'exclusion de la raison. Je veux dire qu'il suffirait aux hommes, pour avoir la croyance en Son existence – ce à quoi la Loi révélée leur impose d'accorder leur assentiment –, de la recevoir de la part du Législateur et d'y accorder simplement foi, de la même façon qu'on reçoit de Lui [les données concernant] les circonstances de la vie future ou d'autres questions auxquelles la raison n'a pas accès. Il est évident que cette secte égarée est en deçà de comprendre l'intention du Législateur quant à la voie conduisant à la connais-

sance de Dieu qu'Il a Lui-même tracée à l'ensemble des hommes et par laquelle Il a invité ces hommes à Le connaître. Il apparaît en effet clairement que, dans maints versets du Livre de Dieu, Il a invité les hommes à assentir à l'existence du Créateur au moyen de preuves (*'adilla*) rationnelles, qui s'y trouvent univoquement et explicitement formulées. Il dit par exemple : « Ô gens, adorez votre Seigneur qui vous a créés, et ceux qui ont vécu avant vous », etc., jusqu'à la fin du verset (*Coran*, II, 21) ; ou par exemple : « [...] Y a-t-il un doute sur Dieu, le Créateur des cieux et de la terre [...] ? » (*Coran*, XIV, 10)» (*al-Kashf*, p. 46-47).

23. Comparer avec Thomas d'Aquin, *Somme théologique*, Paris, Cerf, 1984, t. II, 1re partie, q. 92, art. 1, trad. A.M. Roguet : « [...] il semble naturel à la raison humaine de parvenir progressivement de l'imparfait au parfait. Ainsi, dans les sciences spéculatives, voyons-nous que les premiers philosophes n'ont transmis que des résultats imparfaits. Ceux-ci, dans la suite, ont été enseignés par leurs successeurs de façon plus parfaite. Il en va de même dans les techniques. » Gauthier (*Traité décisif*, p. 40, note 16) remarque que Galien dit de même dans son commentaire à l'aphorisme 1 d'Hippocrate : « Car il n'est personne qui puisse tout seul inventer un art et le mener à sa perfection. » La source commune aux trois auteurs doit être Aristote, *Métaph.* α, 993 b11-19, commenté par Ibn Rushd (*Tafsīr mā ba'd aṭ-ṭabī'a*, vol. I, p. 10) : « [...] une seule personne ne peut le plus souvent concevoir (*istanbaṭa*) à lui seul une science, pratique ou théorique, et celles-ci n'atteignent leur achèvement que parce que le prédécesseur aide en cela le successeur. Sans le prédécesseur, le successeur n'existerait pas » (nous traduisons). La restriction « le plus souvent » s'explique parce que Ibn Rushd considère qu'Aristote aurait en fait fondé la philosophie quasiment tout seul, étant donné le peu de connaissances vraies dont il serait redevable à ses prédécesseurs (cf. *loc. cit.*, *supra*). Il faut donc comprendre que la chose est *pratiquement* impossible.

24. *Tadhkiya*. Gauthier a cru devoir lire *tazkiya* (purification), au lieu de *tadhkiya* (égorgement, immolation rituelle), bien qu'aucun des manuscrits du texte n'offrent cette leçon, et traduit en conséquence : « [...] car l'instrument grâce auquel est valide la purification rend valide la purification » (cf. Gauthier, *Traité décisif*, p. 4), en considérant qu'« il est beaucoup plus naturel de comparer le syllogisme à un instrument de purification (intellectuelle) qu'à un instrument d'égorgement (le couteau du sacrifice) » (Gauthier, *op. cit.* p. 40, note 17). Malgré les critiques pertinentes de Goldziher (cf. *Revue de l'histoire des religions*, Paris, 1905, n° 52, p. 219-236), Gauthier a conservé cette leçon dans ses deux éditions ultérieures de texte de 1942 et 1948. Outre le fait que la comparaison n'est certainement choquante que pour un esprit moderne, Goldziher aurait pu ajouter que la question de la validité de l'instrument du sacrifice est parfaitement familière aux juristes musulmans, puisque traitée dans tout manuel de juris-

prudence, et que le propre traité de Droit d'Ibn Rushd comporte un *Bāb fī-mā takūn*ᵘ *bi-hi dh-dhakāt* (chapitre de ce par quoi [= l'instrument] on peut exécuter l'immolation rituelle) ! Cf. Ibn Rushd, *Bidāya...*, t. I, p. 631.

25. À savoir qu'il soit un instrument tranchant en fer, en pierre, en bois ou en branche, à quoi certains juristes ajoutent la dent, la griffe et l'os (Ibn Rushd, *loc. cit.*).

26. Cf. *supra*, note 12.

27. C'est l'argument téléologique déjà présenté au § 2 (cf. *supra*, note 3). Il tient ici un rôle dans la progression de l'argumentation. Une fois l'étude de la logique pour elle-même fondée du point de vue légal, il s'agit d'en proposer la mise en œuvre, comme outil, dans l'étude d'une matière : la connaissance de Dieu étant évidemment une fin que nous devons poursuivre, et celle-ci nécessitant la connaissance des étants, il est obligatoire pour nous de recourir à l'outil qui permet cette recherche sur les étants, de l'utiliser à cette fin.

28. Cf. *supra*, note 12.

29. *Ṣinā'a*, qui traduit en arabe la notion grecque de *tekhnê*, la connaissance envisagée sous le rapport de ses réalisations pratiques, opposée à l'*epistêmê*. Le terme se traduira soit par « art », soit par « science ».

30. L'astronomie fait partie des mathématiques, avec l'arithmétique (*'ilm al-'adad*), la géométrie (*'ilm al-handasa*) et la musique. On y ajoutait parfois aussi l'optique, la science des poids et la mécanique.

31. *Waḥy*. C'est le mode de connaissance prophétique dans lequel Dieu crée une idée (*ma'nā*) dans le récepteur humain sans l'intermédiaire des mots (cf. *al-Kashf*, p. 72). Le ton de la phrase suggère que cette réflexion n'est peut-être pas dénuée d'ironie. D'ailleurs, Ibn Rushd pense que la connaissance prophétique, qui est du même ordre que la prémonition par le rêve et résulte d'une action immédiate de l'intellect agent sur la faculté imaginative, ne saisit pas les universaux mais seulement les futurs contingents (cf. Averroes, *Epitome of Parva Naturalia*, trad. de l'arabe par H. Blumberg, Cambridge, Massachusetts, 1961, p. 43), ce qui paraît exclure qu'Ibn Rushd envisage *sérieusement* qu'une connaissance en matière de mathématiques puisse être créée dans un sujet humain par inspiration.

32. Dans le *Tahāfut at-tahāfut*, éd. M. Bouyges, Beyrouth, Dar el-Machreq, 3ᵉ éd. 1992, Ibn Rushd dit : « cent soixante-dix fois ». C'est cette seconde mesure qui correspond au résultat de l'*Almageste* de Ptolémée. Cf. *Des Claudius Ptolemäus Handbuch der Astronomie*, trad. K. Manitius, t. I (l. I-V), Leipzig, Teubner, 1912. (On sait aujourd'hui que le diamètre du Soleil est d'environ cent neuf fois celui de la Terre.)

33. Si la philosophie est bien tributaire de prédécesseurs, le Droit ne l'est pas moins, et l'est même davantage. Encore une fois,

il s'agit de lier le sort de la science de la Loi à celui de la philosophie, et d'insister sur leur homologie.

34. Ibn Rushd partage l'idée commune aux juristes musulmans (*fuqahā'*) que les procédés de raisonnement juridique élaborés par les *imām-s* (chefs de file) des grandes écoles (*madhhāb*-s) constituées et leurs continuateurs, ainsi que les corpus de solutions juridiques produits et recueillis dans ce cadre, représentent un certain achèvement de l'étude (*naẓar*) en science de la Loi. Postérieurement aux Iᵉʳ, IIᵉ et début du IIIᵉ siècles de l'Hégire (VIIᵉ, VIIIᵉ et début IXᵉ s. ap. J.-C.), qui avaient vu la constitution de courants juridiques différenciés (ḥanafisme, mālikisme, shāfi'isme, ḥanbalisme juridique, etc.), s'est en effet répandue, pour des raisons sans doute liées à la politique, l'idée que l'ère de l'*ijtihād* (effort personnel d'élaboration doctrinale en matière de science de la Loi) était révolue et qu'il convenait d'appartenir à l'une des écoles constituées (cf. H. Laoust, *Les Schismes dans l'Islam*, Paris, Payot, 1965, p. 388).

35. Il n'y a pas eu, ou peu, de confrontations entre les écoles juridiques dans l'Occident musulman parce que, pour des motifs politiques, s'est très tôt imposée dans cette région une seule école juridique, l'école mālikite, introduite à la fin du VIIIᵉ siècle, et qui régna bientôt sans partage. C'est un climat entièrement différent qui règne en Orient, berceau des différentes écoles, où le pluralisme juridique est de règle, et où, dans les grands centres intellectuels, la discussion des questions controversées (*masā'il al-khilāf*) avait quasiment acquis le statut de discipline autonome, objet de tous les soins des étudiants en science de la Loi, au grand dam d'auteurs comme al-Ghazālī, ou Ibn al-Jawzī, le contemporain bagdadien d'Ibn Rushd. De plus, la pratique juridique au Maghreb et en al-Andalus se distinguait par l'absence d'étude des Fondements (*'uṣūl*) du Droit, et consistait surtout dans l'étude des applications, des cas d'espèce (*furū'*) consignés dans des manuels classiques de jurisprudence mālikite tels que la *Mudawwana* de Saḥnūn et la *Wāḍiḥa* d'Ibn Ḥabīb, tous deux du IXᵉ siècle. Pour un résumé de cette histoire de la jurisprudence mālikite dans l'Occident musulman, cf. A. Turki, « La place d'Averroès juriste dans l'histoire du malikisme et de l'Espagne musulmane », in *Multiple Averroès*, Paris, Les Belles Lettres, 1978.

36. Cf. *supra*, note 12.

37. Réminiscence de la fin des *Réfutations sophistiques*, 34, 184b2-8 : « [...] il ne vous restera plus, à vous tous, à tous ceux qui ont suivi ces leçons, qu'à montrer de l'indulgence pour les lacunes de notre enquête, et beaucoup de reconnaissance pour les découvertes qui y ont été faites » (trad. Tricot).

38. L'habilité à la pratique de la philosophie est conditionnée par une « disposition innée » (*fiṭra*) présente dans la nature de chaque homme. On peut trouver comme une description de cette disposition dans le commentaire de la *République*, où, pour évoquer

les conditions auxquelles on peut être un roi philosophe, habilité à l'étude des sciences théorétiques, Ibn Rushd dit : « L'une de ces [conditions requises], et la plus importante, est que [cet homme] soit *disposé naturellement* à l'étude des sciences théorétiques. Tel est le cas *s'il reconnaît naturellement ce qu'est une chose en son essence, et qu'il le distingue de ce qu'est cette chose par accident* » (*Averroes' Commentary on Plato's Republic, op. cit.*, p. 178 ; nous soulignons et traduisons).

39. *'Adāla shar'iyya*. Gauthier (*Traité décisif*, p. 6) traduit par « orthodoxie religieuse ». Mais le terme désigne en Droit musulman la qualité d'une personne qui observe les prescriptions de la Loi, sans référence à la qualité de sa croyance. La *'adāla* est la probité requise par la Loi (en vertu de *Coran* LXV, 2 : « Appelez deux témoins équitables [*dhaway 'adl*^{in}] choisis parmi vous » ; trad. Masson) pour accéder à diverses fonctions publiques et avoir le droit de témoigner dans un procès. On la définit en principe comme le fait d'« exécuter les prescriptions de la Loi obligatoires et recommandées, et d'éviter celles illicites et blâmables » (Ibn Rushd, *Bidāya...*, t. 2, p. 496 ; nous traduisons). Apparemment, Ibn Rushd identifie ici la *'adāla* à la « vertu pratique », qui fait pendant dans le texte à la vertu morale. Il faut associer ce rapprochement à celui que l'on retrouvera *infra*, § 50, à propos de la distinction, dans le domaine de la science pratique, entre les « actions extérieures et corporelles » qui sont l'objet de la science de la Loi, et les « actions psychiques telles que la gratitude, la patience et autres dispositions *morales* [...] », qu'Ibn Rushd présente comme l'objet de l'*Iḥyā' 'ulūm ad-dīn* d'al-Ghazālī (cf. *infra*, note 117). On trouve également ces notions associées dans le commentaire de *La République* de Platon, où Ibn Rushd dit : « [...] les perfections humaines sont en général de quatre sortes : les vertus spéculatives, les vertus intellectuelles, les vertus morales et l'activité pratique » (*Averroes' Commentary on Plato's Republic, op. cit.,* p. 112). Cette classification des vertus ou perfections humaines reprend les données contenues dans divers passages de l'*Éthique à Nicomaque* (X, 7, 1177a10-20 : la contemplation ; I, 13, 1103a5-10 : les vertus intellectuelle et morale ; X, 7, 1177b1-5 et X, 8, 1178b20-25 : l'activité pratique). À propos des vertus morales comme conditions requises pour l'étude de la philosophie, cf. *Averroes' Commentary on Plato's Republic, op. cit.*, p. 182 : « Il est également évident, pour ce qui est de ceux qui se consacrent à la philosophie sans posséder parfaitement ces qualités [les vertus morales], que non seulement les États ne retireront aucun avantage de leur activité, mais que de surcroît, ils seront ce qu'il y a de plus dommageable à la philosophie. Car ils sont en général enclins le plus à la luxure et à tous les genres d'actes répréhensibles, telles la violence et l'oppression. Ils ne possèdent aucune vertu propre à eux-mêmes qui les retiendrait de commettre ces actes » (nous traduisons).

40. Al-Bukhārī, *ṭibb*, 4, 24 ; Muslim, *salām*, 91. Cette tradition fait allusion au verset coranique qui, parlant des abeilles, vante les vertus thérapeutiques du miel : « [...] De leurs entrailles sort une liqueur diaprée où les hommes trouvent une guérison, il y a là vraiment un signe pour un peuple qui comprend » (*Coran*, XVI, 69, trad. Masson).

41. Gauthier traduit : « parce qu'on juge que certains hommes de rien sont tombés dans l'erreur pour les avoir étudiés », qui est équivoque. Ibn Rushd considère que l'erreur de celui qui interdit est de supposer que c'est l'étude des ouvrages de philosophie qui est la cause essentielle de l'égarement, alors qu'elle n'en est, pour Ibn Rushd, qu'une cause accidentelle. La version de Gauthier laisserait supposer qu'Ibn Rushd voudrait mettre en doute la réalité de l'égarement des « hommes de rien », ou au moins minimiser la portée de l'argument, alors que la question n'est pas de savoir jusqu'à quel point se sont réellement égarés ceux qui se sont adonnés à l'étude de la philosophie sans y être aptes – et qu'Ibn Rushd désigne d'ailleurs du terme extrêmement péjoratif de *'arādhil* (littéralement : « vils », « abjects » ou, mieux, « les plus vils », « les plus abjects »), plutôt que « hommes de rien » (Gauthier) –, mais l'attribution de la cause de cet égarement (cf. texte, *supra*, § 14). Sur la sévérité d'Ibn Rushd envers ceux que l'étude de la philosophie conduit à des positions hétérodoxes, cf. Ibn Rushd, *Tahāfut at-tahāfut*, p. 527.

42. Gauthier traduit « *li-'anna qawm*[an] *sharaqū bi-hi* » par : « sous prétexte qu'il y a des gens qui se sont noyés dans l'eau ». Mais le verbe *sharaqa* signifie au sens premier « être suffoqué par une grande quantité de salive qui afflue à la gorge » (cf. Kazimirski, *Dictionnaire arabe-français*, s.v. « Sharaqa »), et également « avaler de travers en buvant » (cf. Dozy, *Supplément*, s.v. « Sharaqa »). D'ailleurs, « se noyer » devrait être une conséquence accidentelle de « nager », et non de « boire » !

43. Parce que celle-ci est d'un ordre supérieur, et plus difficile à réaliser dans un être humain que la première.

44. *Ṭarīq* : l'une des trois méthodes d'argumentation (démonstrative, dialectique, rhétorique) présentes à divers titres dans le Texte révélé. Dans d'autres passages, le terme au pluriel (*ṭuruq*) en vient à désigner non plus les méthodes, ou genres de procédés, d'arguments, mais les arguments eux-mêmes. Il est alors pratiquement synonyme de *'aqāwīl* (cf. par ex. texte, § 53 ; § 67).

45. Sur les implications politiques de cette classification cognitive, d'ailleurs suggérée par la correspondance « voie de l'élite » (*ṭarīqat al-khawāṣṣ*) et voie démonstrative, « voie de la foule » (*ṭarīqat al-jumhūr*) et voie rhétorique ou dialectique (cf. *al-Kashf*, p. 72), cf. A. Hyman, « Les types d'arguments dans les écrits théologico-politiques et polémiques d'Averroès », in *Penser avec Aristote*, Toulouse, Erès, 1991, p. 657-658. Dans son commentaire de la *République* de Platon, Ibn Rushd reprend la parabole platoni-

cienne des trois métaux servant à illustrer l'inégalité des hommes en société, en y superposant sa propre théorie des trois «voies» de l'assentiment. L'homme d'État-philosophe est celui qui est capable d'appréhender des catégories intellectuelles, de connaître par la démonstration, tandis que les gardes et la foule répondent respectivement aux voies dialectique et rhétorique ou poétique. C'est la persuasion également assurée à chacun par la voie qui lui est propre – et préférable à la coercition – qui garantit l'adhésion à l'ordre social, nécessaire au maintien de la société idéale (cf. *Averroes' Commentary on Plato's Republic*, *op. cit.*, p. 117).

46. Chaque genre d'argument produit dans l'esprit de l'homme appartenant à la classe correspondante un assentiment aussi plénier que le genre d'argument inférieur dans l'esprit de l'homme de la classe inférieure.

47. Littéralement : «au noir et au rouge». Référence au *ḥadīth : «bu'ithtu 'ilā kull[i] 'aḥmar[a] wa-'aswad»* («J'ai été envoyé à tout [homme] blanc et noir»). Cf. Wensinck, *Concordance*, vol. III, p. 20. Cette tradition, passée en proverbe, est souvent citée pour témoigner de l'universalité de la mission de Muḥammad.

48. *Coran* (XVI, 125 ; nous traduisons). Cette citation est d'une importance capitale pour l'argumentation d'Ibn Rushd, puisque le verset fournit une attestation scripturaire de sa théorie des trois voies de la connaissance : le terme traduit par «sagesse», *ḥikma*, est celui habituellement utilisé dans l'ouvrage pour désigner la philosophie; dans la «belle exhortation», discours orné de figures, il faut naturellement reconnaître la rhétorique; enfin l'impératif «dispute avec eux» (*jādil-hum*) renvoie à la racine *jdl.*, sur laquelle est également formé le terme qui désigne techniquement en arabe la dialectique, *al-jadal*. L'injonction adressée par Dieu au Prophète est le signal que la Révélation invite les hommes, selon leur nature, à connaître Dieu par ces trois voies distinctes, sachant bien qu'elle même, ayant pour finalité de persuader le plus grand nombre, ne recourt en fait qu'à des arguments dialectiques et rhétoriques, représentant ainsi ces deux voies à double titre, à la fois comme recommandées et comme effectivement mises en œuvre, tandis que la philosophie serait là – mais éminemment là – plutôt impliquée potentiellement par la Révélation. Puisque la Révélation, qui est la Vérité, présente le savoir philosophique comme l'une des voies d'accès à la Vérité, la connaissance obtenue par la démonstration – qui est la Vérité au dire de la Révélation – et la Vérité représentée au grand nombre sous une forme dialectique et rhétorique ne sont nécessairement qu'une seule et même chose, et le savoir philosophique ne peut pas être en contradiction avec la Parole révélée (ce qui va être affirmé au § suivant). Ibn Rushd accule ainsi ses adversaires qui condamnent la philosophie au nom de la Révélation, à reconnaître soit que la philosophie est la vérité, soit que la Révélation ne l'est pas : l'adversaire, qui s'était déjà vu accuser implicitement de désobéir à la Loi pour cause d'hostilité à une pra-

tique obligatoire (cf. texte, § 13) est maintenant implicitement qualifié d'infidèle (*kāfir*), si l'on pousse jusqu'au bout les conséquences du raisonnement d'Ibn Rushd.

49. Comparer avec Thomas d'Aquin, *Somme contre les Gentils*, Paris, Cerf, 1993, trad. R. Bernier et M. Corvez, I, 7, p. 28 : « Seul le faux étant le contraire du vrai [...], il est impossible que la vérité de foi soit contraire aux principes que la raison connaît naturellement. » Une étude des parallèles les plus évidents entre les thèses d'Ibn Rushd dans ses écrits « théologico-polémiques » (*Faṣl al-maqāl*, *al-Kashf* et *Tahāfut at-tahāfut*) et celles de Thomas sur la question du rapport entre raison et révélation a été proposée par M. Asín Palacios dans un article intitulé « El averroismo teológico de Santo Tomás de Aquino », in *Homenaje a D. Francisco Codera en su jubilación del doctorado*, Saragosse, Escar, 1904, p. 271-331, repris dans *Huellas del Islam*, Madrid, Espasa-Calpe, 1941, p. 13-69. L'auteur y soutient que Thomas aurait pu connaître très précisément les théories exposées par Ibn Rushd dans le *Faṣl*, le *Kashf* et le *Tahāfut at-tahāfut* par l'intermédiaire de son compagnon d'ordre catalan Ramon Marti (Raimundo Martín), arabisant, auteur du *De pugio fidei adversus Iudaeos et Mauros* (« Le poignard de la foi contre les Juifs et les Maures »).

50. On distingue dans la rhétorique arabe (*'ilm al-bayān*) le sens propre (*ḥaqīqa*) des mots de leur sens tropique (*majāz*). Les différents cas envisagés ici correspondent : 1° à la métaphore (*isti'āra*), cas où l'on étend le mot au-delà de sa signification propre – à l'invitation du contexte, qui doit indiquer que ce n'est pas le sens généralement commun, obvie, que l'on a en vue – à un comparable (l'autre terme d'une comparaison où ce mot serait impliqué) ; 2° à la transposition de type métonymique, pour laquelle il n'existe pas de terme spécifique, mais dont les rhétoriciens nous disent qu'elle se distingue de la première en ce qu'elle n'implique pas d'intention hyperbolique (*mubālagha*), et où le passage du sens propre au sens transposé s'effectue en vertu d'un lien de contiguïté immédiate entre les deux notions, qui peut être : – soit contiguïté de la cause à l'effet, comme, par exemple, dans le fait de désigner la générosité, ou la force, ou la rigueur, par la main, qui en est la cause ; ou par exemple de désigner la pluie par la subsistance (dans *Coran*, XL, 13 : « Il fait descendre pour vous du ciel une *subsistance* »), qui en est l'effet ; – soit contiguïté de proximité physique immédiate, comme dans le fait de désigner le sac de voyage (proprement *mazāda*) par *rāwiya* (bête de somme, qui porte le sac). Cf. *E.I.*[2], s.v. « Madjāz », vol. V, p. 1021-1022 ; et surtout as-Sakākī, *Miftāḥ al-'ulūm* (« La clef des sciences »), Dār al-kutub al-'ilmiyya, Beyrouth, 1407 h./1987, p. 356-384.

51. On a remarqué la convergence de ce jugement d'Ibn Rushd sur le syllogisme juridique avec la critique formulée à l'encontre du *qiyās* par le juriste andalou Ibn Ḥazm au nom de la doctrine ẓāhirite. (cf. A.M. Turki, « La place d'Averroès juriste », in

Multiple Averroès, p. 38). Pour Ibn Ḥazm, l'extension de la qualification du cas de base au cas dérivé s'opérant en vertu d'une propriété substantielle de l'objet désignée de façon arbitraire comme le «motif» (*'illa*) de la qualification, on ne peut avoir la certitude, mais seulement la présomption, que c'est effectivement en vertu de ce motif-là que telle qualification affecte l'objet. D'ailleurs, Dieu n'a pas à motiver le statut qu'il accorde aux choses. Toute chose qualifiée par analogie et non expressément par le Texte ne tient donc son statut légal que d'une conjecture. En outre, du point de vue logique propre à Ibn Rushd, le *qiyās* juridique, qui procède du particulier au particulier, s'apparente plutôt à l'exemple (*mithāl*) dans l'ordre des arguments rhétoriques. Cf. *Averroes' Three Short Commentaries*, *op. cit.*, p. 184 et 186 : l'exemple n'a qu'une valeur opinative parce qu'il procède du particulier au particulier.

52. Comparer avec Thomas d'Aquin, *Somme théologique*, Paris, Cerf, 1990, 1re partie, q. 1, art. 9, p. 162, trad. A.M. Roguet : «Le rayon de la divine révélation [...] n'est pas supprimé par les figures sensibles qui le voilent; il demeure dans sa vérité, de sorte qu'il ne soit pas permis aux esprits auxquels est faite la révélation de s'en tenir aux images mêmes; il les élève jusqu'à la connaissance des choses intelligibles [...]. *C'est pourquoi ce qui est livré en un endroit de l'écriture sous des métaphores est présenté plus explicitement dans d'autres passages* (nous soulignons); et *ibid.*, art. 10, p. 163-164 : «*Rien de ce qui est nécessaire à la foi n'est contenu dans le sens spirituel sans que l'Écriture nous le livre clairement ailleurs par le sens littéral* [...]. Quand en effet l'Écriture parle du bras de Dieu, le sens n'est pas que Dieu ait un bras corporel, mais ce qui est signifié par ce membre, à savoir une puissance active. Cela montre bien que dans le sens littéral de l'Écriture il ne peut y avoir de fausseté» (nous soulignons).

53. *Coran*, XX, 5 : «Le Miséricordieux est assis en majesté sur le Trône» (nous traduisons). Gauthier (*Traité décisif*, p. 9) parle du «verset [où se trouve l'expression : Dieu] se dirigea [vers le ciel]. Cette expression se trouve effectivement dans deux versets du Coran (II, 29 ; XLI, 11) qui utilisent le verbe *istawā* avec la préposition *'ilā*. Ibn Rushd va d'ailleurs citer LXI, 11 : «Il s'est ensuite tourné vers le ciel, qui était une fumée», *infra*, § 33, mais pour montrer que Texte révélé atteste qu'une matière a préexisté à la création; et Gauthier (*Traité décisif*, p. 41-42, note 24) a tort de supposer qu'il faut mettre en rapport les deux mentions. En l'occurrence, c'est plus certainement du verset XX, 5 dont il est question, car c'est lui qui est conventionnellement appelé « *'āyat*u *l-istiwā'*» (verset de l'assise) et associé, comme ici, au *ḥadīth* mentionnant la descente de Dieu – «Dieu descend chaque nuit au ciel inférieur» (Wensinck, *Concordance*, vol. VI, p. 414) – dans les développements des théologiens concernant le *ta'wīl* (cf. al-Ghazālī, *al-Iqtiṣād fī l-i'tiqād* («L'enseignement reçu en matière de

dogmatique»), al-Ḥikma, Damas, 1415 h./1994, p. 65). Ces énoncés ont fait l'objet d'âpres controverses entre les traditionalistes littéralistes et les théologiens dialectiques, mu'tazilites puis ash'arites. Les traditionalistes considèrent que les termes d'*assise* (*istiwā'*) et de *descente* (*nuzūl*), prédiqués de Dieu par la Révélation même – bien qu'impliquant une forme de localité (*taḥayyuz*) – devaient être compris littéralement, au même titre que tous les autres attributs dont Dieu s'est qualifié lui-même dans la Révélation, même s'il n'est pas possible de connaître leur modalité, ou «comment» (*kayf*). En revanche, pour les théologiens, ces expressions sont forcément métaphoriques : il est exclu que Dieu soit localisé, puisque toute substance qui est dans un lieu doit nécessairement être soit en mouvement, soit en repos. Or le mouvement et le repos sont des accidents, et tous les accidents sont adventices/contingents (*ḥādith*) (selon les Ash'arites, et non selon les philosophes, pour lesquels le mouvement des corps célestes, par exemple, est éternel) ; et toute substance ne pouvant être dénuée d'un adventice est elle-même adventice. Dieu, étant éternel, ne peut donc être localisé, et il faut attribuer aux termes utilisés par la Révélation qui affirment de Dieu cette qualité un sens tropologique. Cf. al-Ghazālī, *al-Iqtiṣād fī l-i'tiqād,* p. 65-71, où sont examinées les possibilités de signification de ces expressions du double point de vue de l'exigence rationnelle et linguistique : l'*assise* signifie l'exercice de la suprématie ; la *descente* de Dieu peut s'interpréter soit comme la descente d'êtres liés à Lui par un rapport de subordination, les anges (transposition de type *métonymique*), soit métaphoriquement comme bienveillance et condescendance envers les créatures.

54. Cf. *supra*, note 38.

55. *Qarīḥa*. Au sens premier, c'est la première eau qui paraît quand on creuse un puits ; de là, le commencement de toute chose, la nature, le naturel de l'homme, ou encore une disposition innée, une inclination pour quelque chose (cf. Kazimirski, *Dict. ar.-fr.*, art. *qrh)*.

56. Comparer avec Thomas d'Aquin, *Somme théologique*, 1re partie, q. 1, art. 9 : «Du reste, l'obscurité même des figures est utile, tant pour exercer les esprits studieux que pour éviter les moqueries des infidèles, au sujet desquels saint Matthieu dit (7, 6) : "Ne donnez pas aux chiens ce qui est sacré."»

57. *Coran,* III, 7. Selon la lecture retenue par Ibn Rushd : «C'est Lui qui a fait descendre sur toi le Livre. On y trouve des versets univoques (*muḥkamāt*), qui sont la Mère du Livre, et d'autres équivoques (*mutashābihāt*). Ceux dont les cœurs inclinent vers l'erreur s'attachent à ce qui est équivoque, car ils recherchent la discorde, et sont avides d'interprétations ; mais nul n'en connaît l'interprétation, sinon Dieu et les hommes d'une science profonde. Ils disent : Nous croyons en Lui, tout vient de notre Seigneur ! Mais seuls les hommes doués d'intelligence s'en souviennent» (nous

traduisons). Cette lecture, l'une des deux attestées depuis les origines de la tradition exégétique musulmane, offre à Ibn Rushd une confirmation scripturaire de sa thèse selon laquelle une certaine classe d'hommes, celle des «hommes d'une science profonde» (identifiés aux hommes de démonstration), peut et doit intégrer l'exigence rationnelle à sa compréhension de la Révélation en usant du *ta'wīl*. Ce verset sert d'ailleurs d'argument à tous les non-littéralistes, théologiens, mystiques, pour affirmer l'existence de divers niveaux de signification dans le Texte révélé. Cf. par ex. az-Zamakhsharī, *al-Kashshāf*, *ad loc.* L'autre lecture donne au verset un sens totalement opposé : en marquant une pause après «sinon Dieu», on obtient : «Nul n'en connaît l'interprétation sinon Dieu. Les hommes d'une science profonde disent : nous y croyons [...].» C'est la lecture retenue en général par les traditionalistes pour justifier à l'inverse leur attitude fidéiste.

58. L'objection est sérieuse parce que le Consensus (*'ijmā'*), diversement défini comme accord unanime sur une question donnée des Compagnons du Prophète, ou plus fréquemment des savants faisant autorité à une même époque, est considéré comme une des Sources du Droit à côté du Coran et de la Tradition, et a force de loi au même titre qu'eux. En principe, la réalisation du Consensus sur une question donnée prouve donc de façon *intangible et définitive* la validité d'un jugement. Le caractère contraignant du Consensus est fondé sur la déclaration attribuée au Prophète : «Ma Communauté ne tombera jamais d'accord sur une erreur.»

59. Cf. al-Juwaynī, *Al-Burhān fī 'uṣūl al-fiqh* («Le [livre] probant sur les Fondements du Droit»), éd. A. ad-Dīb, Le Caire, Dār al-'anṣār, 1400 h./1980, t. I, p. 724 : «[L'idée] est répandue parmi les juristes que celui qui rompt le Consensus doit être taxé d'infidélité. Ceci est catégoriquement faux.» Al-Juwaynī distingue entre ceux qui rompent le Consensus tout en en reconnaissant la validité et ceux qui n'en reconnaissent pas la validité. Ce sont les premiers qui sont infidèles puisqu'ils démentent ce qui de leur propre point de vue a à être considéré comme une vérité de foi. Par contre, ceux qui refusent une valeur contraignante au Consensus lui-même ne peuvent être considérés comme infidèles. Pour l'opinion d'al-Ghazālī sur la même question, Ibn Rushd dit encore dans le *Kashf* (p. 90), s'agissant du *Fayṣal at-tafriqa* d'al-Ghazālī (cf. *infra*, note 67), que celui-ci y a «énuméré les types d'interprétations, et catégoriquement établi que celui qui interprète n'est pas un infidèle, même s'il rompt le Consensus par son interprétation». La même opinion est encore prêtée à al-Ghazālī dans l'Epitomé de la Rhétorique (*Averroes' Three Short Commentaries, op. cit.*, p. 195 du texte arabe). En fait, ce n'est pas exactement ce que dit al-Ghazālī dans le *Fayṣal at-tafriqa*. Après avoir en effet insisté sur les problèmes pratiques que posent l'établissement du Consensus et sa transmission, une fois qu'il a été

établi, al-Ghazālī affirme seulement que celui qui enfreint le consensus *alors que celui-ci n'est pas encore établi pour lui* (*wa-lam yathbut 'inda-hu ba'd*, c'est-à-dire s'il n'est pas parvenu à sa connaissance) ne peut être qualifié d'infidèle» (cf. *Fayṣal at-tafriqa bayna l-'islām wa- z-zandaqa*, éd. S. Dunyā, Le Caire, Dār 'iḥyā' al-kutub al-'arabiyya, 1381 h./1961, p. 200). Ibn Rushd va donc s'attacher dans la suite immédiate du texte à montrer que l'établissement du Consensus sur les questions théoriques est impossible, pour pouvoir en réfuter le caractère contraignant et soustraire ainsi à la définition de l'infidèle celui qui rompt le Consensus à propos de cette sorte de questions.

60. *Naql tawātur*. Dans la terminologie des sciences de la Tradition (*'ulūm al-ḥadīth*), on appelle *tawātur* le fait, pour une donnée traditionnelle, d'être «rapportée par un nombre suffisant de transmetteurs pour qu'il soit impossible, tant selon la raison que selon le cours habituel des choses (*'āda*), qu'il y ait eu collusion entre eux pour rapporter une donnée mensongère, d'après un nombre égal d'[autres] transmetteurs, au début, au milieu comme en fin de la chaîne» (cf. Ibn Ḥajar al-'Asqalānī, *Sharḥ nukhbat al-fikar fī mustalaḥ 'ahl al-'athar* [sur la terminologie des sciences de la Tradition], Le Caire, 1352 h./1934, p. 3; nous traduisons). La transmission par suffisamment de voies indépendantes les unes des autres est une garantie d'authenticité qui confère à la donnée une valeur de certitude, contrairement à la donnée transmise par voie unique (*khabar 'āḥādī*), à qui la plupart des auteurs ne reconnaissent qu'une valeur opinative.

61. *Ẓāhir* et *bāṭin*, précédemment traduits par «obvie» et «lointain», doivent s'entendre ici au sens plus général d'«apparent» et de «caché». On a vu que pour Ibn Rushd, le *ẓāhir* de l'énoncé révélé, qui correspond à son sens obvie, était la représentation sous forme de discours rhétorique (pour produire l'assentiment de la foule), d'une vérité accessible à l'élite par le raisonnement, dont la conclusion s'identifie avec le *bāṭin* de l'énoncé, la signification secondaire, lointaine, à laquelle l'énoncé renvoie par-delà son sens propre obvie. La connaissance de l'homme du commun, à qui le *ta'wīl* est interdit, diffère donc de la connaissance de l'homme de démonstration, pour qui il est obligatoire, en ce qu'un même énoncé renvoie chacun d'eux à des sens différents. Dans cette mesure, le *ẓāhir* de la Révélation, la totalité des sens pouvant être appréhendés indistinctement par tous, est bien l'«apparent», l'«exotérique» : il est des connaissances qui demeurent cachées à l'homme du commun parce que, n'étant pas à la mesure de son entendement, elles ne seraient pas reçues dans leur vérité, et qu'appréhende seul l'homme de l'élite, dont l'interprétation rétablit la conformité du sens du Texte avec la conclusion de la démonstration. Il s'agit ici de prouver que, du moment qu'on ne peut pas établir que tous les hommes faisant autorité en matière de dogme à une époque donnée – à commencer par la période des

débuts de l'Islam – n'ont pas gardé pour eux-mêmes certaines interprétations qu'ils assumaient effectivement, mais qu'ils pensaient relever du «caché» et ne devoir pas être divulguées, il subsiste toujours une présomption de rupture du consensus, puisqu'une autorité a toujours pu être en désaccord sur un point d'interprétation, sans cependant l'afficher.

62. Abū 'Abdallāh Muḥammad al-Bukhārī (m. 256 h./870). Traditionniste illustre originaire de Bukhārā en Transoxiane, auteur d'un recueil de *ḥadīth*-s (traditions prophétiques), *al-Jāmi' aṣ-ṣaḥīḥ* («Le Compendium authentique»), qui s'est imposé comme l'un des six recueils canoniques dans le monde musulman sunnite.

63. Cousin et gendre du Prophète, considéré par les Musulmans shî'ites comme l'ancêtre des diverses lignées d'*Imām*-s infaillibles. La tradition soufie en fait également un de ses pères fondateurs en tant que dépositaire d'une «science cachée», et pour le sunnisme même, il est une figure majeure des premiers temps, en tant que Compagnon privilégié du Prophète et le troisième des quatre Califes «bien guidés» (*al-khulafā' ar-rāshidūn*) qui succédèrent à Muḥammad à la tête de la Communauté musulmane.

64. Al-Bukhārī, *'ilm*; propos de 'Alī rapporté à la suite du *ḥadīth* n° 118, sous le titre : «De ceux qui réservent la science à certaines personnes à l'exclusion d'autres, de crainte que ceux-ci ne comprennent pas».

65. *Al-'amaliyyāt,* c'est-à-dire les prescriptions cultuelles et proprement juridiques de la Loi musulmane, qui régissent la pratique religieuse et sociale, et dont l'observance relève de l'«obligation personnelle» (*farḍ 'ayn*) qui incombe à tout Musulman individuellement. L'accès au sens vrai des énoncés qui demandent à être interprétés, n'étant obligatoire que pour la classe des hommes de démonstration et interdit aux autres, relèverait quant à lui plutôt de l'«obligation de communauté» (*farḍ kifāya*). C'est parce que la science pratique peut et doit être connue de tous que sa transmission par les voies de la tradition musulmane peut être jugée fiable. Pour les connaissances théoriques en revanche, l'argument traditionnel ne tient pas, et la seule contrainte de l'interprétation reste bien la conformité à l'usage linguistique arabe.

66. Titre complet de l'ouvrage : *L'Incohérence des philosophes* (*Tahāfut al-falāsifa*), ouvrage dans lequel al-Ghazālī réfute les philosophes à travers deux de leurs représentants, al-Fārābī et Ibn Sīnā, considérés comme les interprètes les plus autorisés de la pensée aristotélicienne en islam, ce qui dispensait de réfuter des auteurs de moindre importance. Pour al-Ghazālī, il convient de distinguer dans ces sciences les disciplines dépourvues de toute incidence sur le dogme religieux, comme les mathématiques et la logique, et celles susceptibles d'aboutir à des contradictions avec le dogme, la métaphysique et la physique. Al-Ghazālī recense ainsi, pour les réfuter, seize propositions métaphysiques et quatre propositions physiques attribuables aux philosophes et contradictoires

avec le dogme musulman. La plupart méritent d'être qualifiées d'« innovations blâmables » (*bid'a*-s). Mais pour trois d'entre elles, particulièrement graves (parce qu'elles constituent un démenti formel de la parole du Prophète), les philosophes tombent sous l'accusation d'infidélité (*kufr*) (cf. *Tahāfut al-falāsifa*, reprint de l'éd. M. Bouyges, Beyrouth, Dar el-Machreq, 1982, p. 254). Ce sont ces trois propositions qu'Ibn Rushd relève dans le paragraphe, et pour deux desquelles (la science divine et l'éternité du monde) il va ensuite opposer à l'accusation ghazālienne sa propre position (§§ 29-30 et 31-32), présentée comme le *véritable* point de vue aristotélicien, qui ne saurait être qualifié d'« infidèle ». La troisième, la question de la résurrection et de la vie future, qui relève de la psychologie, science qui ne doit en aucun cas être exposée à la foule, n'est pas traitée directement; mais Ibn Rushd développe dans la suite toute une théorie du *ta'wīl* (§§ 34-42) pour arriver finalement à la conclusion que les énoncés révélés concernant la vie future sont de ceux au sujet desquels il y a divergence quant à savoir s'il faut les interpréter ou non (§ 43), et dégager ainsi les philosophes, tenants de l'interprétation allégorique de ces énoncés, de l'accusation d'infidélité.

67. Titre complet de l'ouvrage : *L'Arrêt qui départage la croyance et la mécréance* (*Fayṣal at-tafriqa bayna l-'islām wa-z-zandaqa*). Le propos d'al-Ghazālī dans le *Fayṣal at-tafriqa* est de déterminer de façon catégorique les limites de l'appartenance à la communauté musulmane. Al-Ghazālī part d'une définition juridique : est infidèle (*kāfir*) quiconque taxe de mensonge (*yukadhdhib*) le Prophète, dément sa parole. *A contrario*, est musulman quiconque assent à la totalité des énoncés compris dans la Révélation, et croit que tout ce qui est proposé par la Révélation *existe*, sous une forme ou sous une autre. De là, Ghazālī se propose d'établir les différentes modalités possibles de l'existence d'une chose, et en recense cinq : l'essentielle (*dhātī*), la sensible (*ḥissī*), l'imaginaire (*khayālī*), l'intellectuelle (*'aqlī*) et la métaphorique/analogique (*shabahī*). Pour l'explicitation de ces notions, cf. F. Jabre, *La Notion de certitude selon Ghazālī*, Paris, Vrin, 1958, p. 410-413, où on trouvera une traduction française de ce passage du *Fayṣal at-tafriqa*. Ibn Rushd ne manquera pas de rappeler la théorie ghazālienne (cf. texte, § 38), pour réduire la portée du *takfir* d'al-Ghazālī, pourtant catégoriquement énoncé à la fin du *Tahāfut al-falāsifa*, à un simple excès polémique, et suggérer qu'al-Ghazālī se contredirait lui-même s'il jugeait véritablement les philosophes infidèles.

68. Ce n'est pas littéralement ce que dit al-Ghazālī. Cf. *supra*, note 59.

69. Cf. *supra*, note 57.

70. Parce que le sens lointain de l'énoncé coranique coïncide nécessairement avec le résultat de la démonstration (cf. texte, § 22). La croyance du philosophe diffère donc de celle du non-philosophe

en ce qu'elle atteint au degré de certitude qui est celui de la démonstration. Ibn Rushd tire ici parti de son exégèse de *Coran*, III, 7 déjà esquissée au § 23. Le fait que la séquence controversée (« sinon Dieu » ou « sinon Dieu *et* les hommes d'une science profonde ») soit immédiatement suivie par l'affirmation « [les hommes d'une science profonde] disent : *Nous croyons en Lui* » paraît témoigner en faveur de la compréhension fidéiste des adversaires selon laquelle, certaines vérités ressortissant exclusivement à la science divine, *même* « les hommes d'une science profonde » se doivent de croire en Sa parole *à défaut* justement d'en connaître l'interprétation. Or c'est de la formule même « nous croyons en Lui » qu'Ibn Rushd tire son argument en faveur de l'interprétation contraire : si Dieu a spécifiquement qualifié de « croyants en Lui » les « hommes d'une science profonde », identifiés aux hommes de démonstration, alors que ce qualificatif pourrait s'appliquer aussi à ceux qui ne sont pas « hommes d'une science profonde », c'est simplement qu'il y a ici restriction de l'extension du terme « croyant », usage d'un terme général pour signifier un particulier (*'âmm^{un} yurād^{u} bi-hi l-khāṣṣ*) dans la terminologie des *'uṣūl al-fiqh*, et que par conséquent le Texte reconnaît à l'homme de démonstration une croyance d'une qualité particulière et supérieure.

71. Toutes les éditions portent : «*fa-'inna-hu 'illat^{un} li -l-ma'lûm^{i} lladhî huwa* l-mawjūd^{u}» (littéralement : « Car elle est cause de ce qui est connu, et qui est l'*étant* »). Nous préférons la leçon, offerte seulement par le manuscrit de Dār al-kutub al-miṣriyya, coll. Taymūriyya n° 133, p. 14 : « [...] *alladhī huwa l-*wujūd^{u} » (et qui est l'*être*), plus en conformité avec les thèses d'Ibn Rushd sur la question de la science divine. Dans le *Grand commentaire de la Métaphysique*, t. III, p. 1707, Ibn Rushd, après avoir longuement commenté la proposition d'Aristote sur l'objet de l'intellection divine (*Métaph.* Λ, IX, 1074b30-35) : « L'intelligence suprême se pense donc elle-même, puisqu'elle est ce qu'il y a de plus excellent, et sa Pensée est pensée de pensée » (trad. Tricot), soulève pour la réfuter aussitôt l'objection que cette proposition ne peut manquer de susciter du point de vue religieux, et explique qu'« en vérité, en tant qu'Il ne connaît que Lui-même, Il connaît les étants par [son] être, qui est la cause de leur être ». Connaissant Son propre Être exclusivement, Dieu connaît *ipso facto* les étants *en tant qu'ils sont*, puisqu'Il est la cause de cet être. L'objet de la science divine est donc bien l'*être* (*al-wujūd*).

72. Ce sont des énantionymes (*'aḍḍād*). Ces groupes de deux mots de même forme mais de signification antithétique sont considérés par les linguistes arabes comme des cas particuliers de l'homonymie (*ishtirāk*). La tradition linguistique arabe a produit plusieurs ouvrages portant le titre de *Kitāb al-'aḍḍād*, spécialement consacrés à ce phénomène considéré comme fréquent dans la langue arabe.

73. C'est une critique de la méthode du raisonnement analogique des théologiens dite *istidlāl bi-sh-shāhid 'alā l-ghā'ib* (démons-

tration par analogie du présent avec l'absent). L'abus de cette analogie, lorsque les termes sont de nature différente, est cause de nombreuses erreurs chez les théologiens. La véracité d'une science étant fonction de sa conformité (*muṭābaqa*) à son objet, elle dépend de la qualité de son rapport (*ta'alluq*) à l'objet. Dans le cas de la science divine, c'est ce rapport à l'objet qui est génériquement autre, et d'une nature plus éminente que dans la science humaine (cf. *Tahāfut at-tahāfut,* p. 463). Contrairement à la science humaine, la science divine ne peut être qualifiée ni de particulière (*juz'ī*) ni d'universelle (*kullī*) : si l'on disait que Dieu connaît l'universel, il faudrait considérer qu'Il aurait la science du particulier *en puissance*. Or toute puissance est exclue de la science divine, qui est acte pur (cf. *Tafsīr mā ba'd aṭ-ṭabī'at,* vol. III, p. 1708). L'attaque d'al-Ghazālī contre «les philosophes» dans le *Tahāfut al-falāsifa* portait en fait sur la position d'Ibn Sīnā, qui affirmait que Dieu connaît les choses particulières de manière universelle (*al-'ilm bi-l-juz'iyyāt'alā nahw*[in] *kullī*). Tout en répondant à al-Ghazālī, Ibn Rushd se démarque donc aussi d'Ibn Sīnā. Celui-ci avait cherché à concilier le principe d'immutabilité de la science divine, requis tant par le dogme religieux (Cf. *Coran*, II, 255 ; XIX, 64 ; dans la théologie musulmane, seul un petit nombre de «sectes», comme les jahmites ou les karrāmites, sont censées avoir soutenu que Dieu connaît les choses adventices d'une science adventice), que par l'aristotélisme (cf. Aristote, *Métaph.* Λ, IX, 1074b 25-30 : «Il est donc évident qu'elle [l'intelligence divine] pense ce qu'il y a de plus divin et de plus digne, et qu'elle ne change pas, car ce serait un changement vers le pire, et une pareille chose serait déjà un mouvement» [trad. Tricot]), avec le dogme de l'omniscience. Si la science divine saisissait la chose particulière, c'est-à-dire «cette chose-ci», dans sa relation (*'iḍāfa*) accidentelle à un temps et à un lieu, elle devrait être soit défectueuse, soit mutable. Car les «relations» changent en permanence. Dieu ne pourrait pas connaître d'une science *une* un fait avant, pendant et après sa survenue, car soit la science qu'il aurait d'une chose à un moment donné cesserait d'être vraie au moment suivant, et Dieu serait ignorant ; soit la science divine serait mutable, parce qu'elle *suivrait* la venue à l'être des choses du monde. C'est pourquoi il faut considérer que la science divine saisit toutes les choses dans leur universalité, sans relation au temps et au lieu. À cela, al-Ghazālī objecte que si la science divine ne saisissait que les universaux, Dieu connaîtrait par exemple l'homme universellement, comme Il connaîtrait l'infidélité universellement, mais ne saurait pas que *cet homme-ci* est infidèle. Il connaîtrait le prophétat, mais ne saurait pas que *Muḥammad* est prophète (cf. *Tahāfut al-falāsifa*, p. 166). Il en résulterait une invalidation de la Loi révélée, qui justifie pour al-Ghazālī l'accusation d'infidélité qu'il porte contre les philosophes pour leur opinion sur la question de la science divine. Mais on a vu qu'Ibn Rushd, en niant que l'opposition particulier/universel soit pertinente pour la science divine, et en revenant à une position qui se veut plus strictement aristotélicienne, se soustrait à cette accusation. En l'occurrence, c'est la mésinterprétation de la thèse aristotélicienne et non cette thèse en elle-même qui peut se trouver contredire la Révélation (cf. *al-Kashf*, p. 90).

74. Il s'agit de l'opuscule dit *Ḍamīma* (« Appendice »), sur la question de la science divine où Ibn Rushd développe l'idée de la différence générique entre la science divine et la science humaine. Il est d'usage de publier ce texte à la suite du *Faṣl al-maqāl* parce que dans le manuscrit de l'Escurial, sur lequel reposent la plupart des éditions du texte, cette petite épître fait immédiatement suite au *Faṣl*, dont elle est présentée comme l'« appendice ». Mais il s'agit en fait d'un regroupement accidentel, auquel rien n'oblige, sinon le fait que le texte est mentionné ici. Ce texte a été connu au Moyen Âge en Occident pour avoir été traduit en latin et inséré dans le *De pugio fidei adversus Iudaeos et Mauros* du dominicain catalan Ramon Marti sous l'appellation *Epistola ad amicum*. Miguel Asín Palacios reproduit cette version latine en annexe de la première édition de « El averroismo teológico de Santo Tomás de Aquino », *op. cit.*, p. 325-331. L'« ami » auquel fait allusion le titre latin du texte aussi bien que sa mention dans le *Faṣl* désigne en fait sans doute le souverain almohade Abū Ya'qūb Yūsuf (cf. Gauthier, *Traité décisif*, p. 49-50, note 80).

75. Dans son commentaire des *Parva naturalia*, Ibn Rushd identifie formellement la divination des songes et la vision prophétique. L'une et l'autre procèdent d'une actuation immédiate par l'intellect agent de la faculté imaginative (cf. Averroes, *Epitome of Parva naturalia*, trad. de l'arabe par H. Blumberg, Cambridge, Massachusetts, 1961, p. 39-53). Sur cette question, cf. A. Elamrani-Jamal, « De la multiplicité des modes de la prophétie chez Ibn Sīnā », in Jolivet et R. Rashed (éd.), *Études sur Avicenne*, Paris, Les Belles Lettres, 1984, p. 125-142, qui offre, de ce point de vue, une comparaison éclairante entre la théorie de la prophétie chez Ibn Sīnā et chez Ibn Rushd.

76. Ibn Rushd s'apprête en effet à démontrer que l'opinion des théologiens, si elle diffère en effet de celle d'Aristote sur un point, est identique à celle de Platon.

77. Sur le rapport entre temps et mouvement chez les théologiens musulmans, cf. D. Gimaret, *La Doctrine d'al-Ash'arī* Paris, Cerf, 1990, p. 66. La distance dans l'espace est conçue comme un alignement de points, de « lieux » que le corps en mouvement franchit successivement, au cours d'une série correspondante d'« instants », atomes de temps. Dans un sens, et Ibn Rushd le relève, cela s'accorde avec sa propre conception aristotélicienne (*Phys.*, IV, 11, 220a24-26 ; VIII, 1, 251b12-28) du temps comme nombre du mouvement. À la différence que pour les philosophes, ceci implique que le temps ne puisse précéder l'existence du corps

en mouvement, dont il est comme un accident. Il n'y a de temps que lorsqu'il y a mouvement (et comme le temps n'a pas de commencement, l'univers en mouvement est éternel dans le passé, thèse aristotélicienne ; ou pour le moins, si le monde a un commencement, celui-ci est aussi le commencement du temps, comme Ibn Rushd voudrait que les théologiens l'admettent eux aussi).

78. Cf. *infra*, note 80.

79. C'est naturellement cette dernière opinion qui a la faveur d'Ibn Rushd. Cf. l'Epitomé du *De caelo et mundo, Kitāb as-samā' wa-l-'ālam*, Ḥaydarābād, Dā'irat al-ma'ārif al-'uthmāniyya, 1947, p. 28-35, où il démontre, contre Platon dit-il, que le monde ne peut être adventice et éternel dans le futur, car tout ce qui est issu de la génération est promis à la corruption et tout ce qui est éternel est incorruptible.

80. Cf. *Timée*, 38b : « Le temps, donc, est né avec le Ciel, afin que, engendrés ensemble, ensemble aussi ils soient dissous si jamais dissolution doit advenir » (trad. Robin). La création du monde coïncidant avec le début du temps, le temps n'a pas précédé la création du monde, idée qu'Ibn Rushd voulait à l'instant imputer aux théologiens, qui seraient ainsi, en quelque sorte, platoniciens sans le savoir. En réduisant ainsi l'opposition entre partisans de l'éternité et de l'adventicité du monde à un simple débat entre Aristote et Platon, Ibn Rushd prépare sa conclusion : les deux thèses n'étant pas absolument à l'opposé l'une de l'autre, il n'y a pas lieu que les tenants de l'une taxent d'infidélité les tenants de l'autre. Les théologiens, quoi qu'ils en disent, ne peuvent soutenir que le monde dans sa totalité est véritablement adventice au sens où le sont les choses particulières qui le composent. Ibn Rushd a spécialement consacré un opuscule à le démontrer. L'original arabe de cet opuscule est aujourd'hui perdu, mais il est conservé dans plusieurs versions hébraïques. Il s'agit du texte qu'Ibn 'Abī 'Uṣaybi'a (*'Uyūn al-'anbā' fī ṭabaqāt al-'aṭibbā'* [biographies des médecins célèbres], éd. Nizār Riḍā, Beyrouth, Dār maktabat al-Ḥayāt, s. d., p. 533) désigne comme *Maqāla fī 'anna mā ya'taqid^{u}-hu l-mashshā'ūna wa-mā ya'taqid^{u}-hu l-mutakallimūna min 'ahl^{i} millat^{i}-nā fī kayfiyyat^{i} wujūd^{i} al-'ālam^{i} mutaqārib^{un} fī l-ma'nā* (« Traité [établissant] que ce que croient les péripatéticiens et ce que croient les théologiens de notre religion concernant la manière dont existe le monde est proche quant à l'intention »), dont il existe une traduction anglaise dans B. S. Kogan, « Eternity and origination : Averroes' discourse on the manner of the world's existence », in *Islamic Theology and Philosophy, Studies in Honour of George F. Hourani*, New York Albany, 1984, p. 207-212. Cf. aussi l'Epitomé de la *Physique, Jawāmi' kitāb as-samā' aṭ-ṭabī'ī*, éd. J. Puig, Madrid, 1983, p. 134 : l'opinion des théo-logiens dialectiques musulmans et chrétiens sur l'origine du monde est empruntée à Platon.

81. *Coran*, XI, 7 (trad. Masson).
82. Définition aristotélicienne du temps. Cf. *Phys.* IV, 11, 220a24-26.
83. *Coran*, XIV, 48 (nous traduisons). Ce verset est une évocation du jour du Jugement. Il fournit à Ibn Rushd un appui scripturaire à l'idée que la fin du monde est une *transformation* et non un anéantissement.
84. *Coran*, XLI, 11 (trad. Masson).
85. Peut-être sous-entendu : « pas plus qu'avec leurs thèses sur d'autres grands points de dogme ».
86. Écho anticipé du *ḥadīth* qui va être cité quelques lignes plus bas dans le paragraphe. Il s'agit pour Ibn Rushd d'identifier la spéculation philosophique à un «*ijtihād*» au sens juridique, un effort individuel d'interprétation de la Loi à partir des Sources. Le *ḥadīth* en question accrédite l'idée que l'effort interprétatif est méritoire en soi, en vertu de quoi celui qui l'exerce acquiert en quelque sorte un «droit à l'erreur». Celui-ci doit être a fortiori reconnu au philosophe, «*mujtahid*» qui exerce son effort d'interprétation sur l'univers, les étants. C'est un nouvel aspect de l'analogie construite par Ibn Rushd entre science de la Loi et philosophie : les Sources/Fondements de la Loi correspondent aux principes premiers rationnels et les procédures de déduction juridique, à la syllogistique. Le Droit étant seulement une science pratique, tout ce qui vaut pour lui vaut *a fortiori* pour la science théorétique qu'est la philosophie (cf. texte, §§ 12 ; 15 ; 20, etc.).
87. D'après un principe juridique fondé sur *Coran*, II, 286 : «Dieu n'impose à chaque homme que ce qu'il peut porter» (trad. Masson). Le *taklīf* (fait de se voir imposer une charge, une obligation) désigne l'état du sujet légalement responsable de ses actes (*mukallaf*). La responsabilité légale du sujet ne peut être engagée que dans ce sur quoi il a pouvoir d'agir (car le contraire impliquerait l'injustice divine). L'assentiment dépendant de l'adéquation des types d'arguments utilisés (démonstratifs, dialectiques, rhétoriques) avec la «disposition à assentir» déterminée par la nature de chacun, nous pouvons décider qu'une proposition est vraie ou fausse, mais pas décider de la décider vraie ou fausse.
88. *Ḥadīth* rapporté par al-Bukhārī et Muslim. Cf. Wensinck, *Concordance*, vol. I, p. 20.
89. *Sunna*, l'une des Sources du Droit.
90. *Qiyās*. C'est le *syllogisme juridique*, qui a déjà été mis en parallèle avec le syllogisme rationnel au § 6. Cf. aussi note 6.
91. *Mabādi' ash-sharī'a*. Le discours de la Révélation repose sur certaines propositions dogmatiques, comme l'affirmation de la résurrection ou des miracles des anciens prophètes. Ces propositions sont des postulats à défaut desquels la Révélation serait empêchée de réaliser comme il le faut sa finalité d'assurer le bonheur des hommes dans cette vie et dans la vie future. Ces propositions sont homologues, dans la science religieuse, aux principes premiers

indémontrables sur lesquels se fonde toute science. C'est au nom de cette homologie qu'Ibn Rushd affirme que ces principes ne peuvent absolument pas être discutés (cf. *Tahāfut at-Tahāfut*, p. 514 ; 584, et *passim*).

92. Cf. al-Ghazālī, *Fayṣal at-tafriqa*, p. 195-196. Ce sont ces mêmes dogmes (croyance en Dieu, en son Prophète et en le Jugement) qu'al-Ghazālī appelle dans le *Fayṣal at-tafriqa* les trois dogmes-fondements de la Révélation (*'uṣūl ash-sharī'a*), qui ne peuvent absolument pas faire l'objet d'une interprétation. Toutes les autres croyances sont pour al-Ghazālī des *furū'*, des dogmes « dérivés » de ou « subordonnés » à ces fondements. Rushd vient de même, au § précédent, de distinguer entre les dogmes « principes fondamentaux » (*mabādi'*) de la Révélation, et ceux « en deçà des principes » (*mā ba'da l-mabādi'*).

93. L'idée a déjà été exprimée *supra*, § 17 : l'adhésion universelle aux dogmes proposés par la Révélation, dont la vérité est garantie par leur conformité avec les conclusions du raisonnement démonstratif, est nécessaire, puisque la Révélation comprend et recommande les trois « voies » de l'argumentation, et que tout humain relève nécessairement de l'une d'entre elles. On est donc croyant essentiellement, et le défaut d'assentiment à la Révélation, qui est l'infidélité, s'explique par des causes accidentelles.

94. *Ḥadīth* rapporté par al-Bukhārī et Muslim. Cf. Wensinck, *Concordance*, vol. I, p. 99.

95. Autrement dit : la déclaration du Prophète se comprend parce que l'existence de ces trois méthodes rend l'assentiment universel à la Révélation *nécessaire*.

96. Cf. note 67. C'est parce que la Révélation comporte des énoncés pouvant signifier soit proprement soit de façon figurée que l'on doit reconnaître aux choses dont l'existence est posée par la Révélation plusieurs degrés distincts de réalité, comme le fait al-Ghazālī. Signalons l'incroyable erreur de Gauthier (*Traité décisif*, p. 44, note 47) qui renvoie, à propos de ce même passage, à un extrait de la fin du *Kashf* (p. 140) où Ibn Rushd cite les cinq formes de l'existence d'une chose selon al-Ghazālī. Dans sa version, *Shabahī* (métaphorique ou analogique) devient : « problématique » (peut-être parce qu'il lit *shubuhī*, adjectif de relation supposé formé sur *shubha*, le doute, l'incertitude !). Aussi Gauthier avance-t-il que : « Ibn Rochd, ici, dit *quatre ou cinq* parce que la cinquième est inconsistante. » Ce n'est évidemment pas le cas. Notons que Nādir, dans son édition arabe du texte (*Kitāb faṣl al-maqāl*, p. 45, n. 2), reprend l'erreur de Gauthier, et ce parce qu'il retraduit simplement en arabe la version française de celui-ci, sans avoir pris la peine de se reporter au texte original du *Kashf*, encore moins au texte d'al-Ghazālī ! « *Shabahī* », devenu : « problématique » chez Gauthier, se transforme ainsi en « *ẓannī* », de même que « *dhātī* » (essentiel), en « *jawharī* » ! En fait, comme le relève M. 'Amāra dans son édition arabe du texte (*Faṣl al-maqāl*, Le Caire, Dār al-ma'ārif, 1969,

p. 46-47, note 3), l'hésitation d'Ibn Rushd est sans doute simplement l'écho de l'irrésolution d'al-Ghazālī lui-même, qui dans d'autres textes distingue non cinq, mais *quatre* degrés de l'existence d'une chose.

97. *Kāna 'alā ẓāhirihi lā yataṭarraqu 'ilay-hi t-ta'wīl.* Gauthier (*Traité décisif*, p. 18) traduit : «[...] et elle n'offre dans son sens extérieur aucun accès à la démonstration.»

98. *Fī 'abdānihim wa-hawāssihim.* Contre toute autorité, Gauthier (*Op. cit.*, p. 19 ; et p. 44, note 48) propose de remplacer *hawāssihim* (leurs sens) par *khawāṣṣihim* (leurs biens), et traduit en conséquence : «[...] de préserver les hommes les uns des autres dans leurs corps et dans leurs biens». Pour la critique de ce choix, cf. Hourani, *Kitāb Faṣl al-maqāl*, p. 24, note 215.

99. Dans la conception musulmane, les morts seront ressuscités au Jour du jugement et convoqués en un grand rassemblement (*ḥashr*) sur l'esplanade du jugement où ils comparaîtront devant Dieu et seront admis à perpétuité au Paradis ou en Enfer. La lettre du texte coranique affirme la résurrection de la chair et le caractère physique des délices ou des tourments éprouvés dans l'au-delà. Pour les données scripturaires sur lesquelles repose le dogme musulman, cf. S. al-Ṣāleh, *La Vie future selon le Coran*, Paris, Vrin, 1971. Pour les théologiens musulmans en général, la résurrection est donc à la fois spirituelle et corporelle. Si l'âme rationnelle est bien l'objet de la résurrection parce que c'est elle qui assume la responsabilité des actes prescrits, de l'obéissance ou de la désobéissance, cette âme est liée au corps, et Dieu crée un corps au ressuscité auquel il est lié comme dans la vie d'ici-bas (cf. *E.I.*[2], s.v. «Ma'ād», vol. 5 p. 899-901, et D. Gimaret, *La Doctrine d'al-Ash'arī*, Paris, Cerf, 1990, p. 505-514). Les philosophes comme al-Fārābī et Ibn Sīnā rejettent en effet explicitement ces conceptions comme incompatibles avec leurs principes. Sur l'eschatologie avicennienne, cf. J. Michot, *La Destinée de l'homme selon Avicenne, le retour à Dieu et l'imagination,* Louvain, Peeters, 1986. Pour Ibn Sīnā, l'essence de l'homme étant intellectuelle, son bonheur dans l'au-delà ne peut se concevoir que dans un désengagement de tout ce qui n'est pas Dieu, dans un éloignement de la matérialité. Aussi recréer dans l'au-delà un homme corporel, limité par la contingence de la nature, serait-il une absurdité et une injustice trop grande pour que Dieu ait pu en concevoir le projet. La félicité dans l'au-delà sera donc, pour le philosophe, d'ordre intellectuel. Cependant il se peut que les âmes des hommes simples, non disposées à la condition d'immatérialité, réalisent dans l'au-delà une union avec des corps célestes, et éprouvent, dans cet état, les délices ou les tourments promis par le Coran, suscités dans leur faculté imaginative. Il peut sembler étonnant qu'Ibn Rushd présente l'opinion rapportée ici comme une *interprétation* des données coraniques concernant l'au-delà (cf. aussi texte, § 44) alors qu'on a l'impression qu'elle en est une négation pure et simple, et que ce

sont plutôt les conceptions eschatologiques d'al-Fārābī et d'Ibn Sīnā qui, si elles se distinguent en effet de la croyance en la vie future assortie de délices ou de tourments corporels telle que la décrit la Révélation, n'en excluent pas pour autant l'existence sous une certaine forme, qui mériteraient plutôt d'être considérées comme une *interprétation*. Mais Ibn Rushd distingue plusieurs degrés de l'interprétation illégitime – à supposer que l'interprétation des données coraniques sur la vie future soit véritablement illégitime, ce qui, au demeurant, n'est pas le cas, puisque Ibn Rushd les compte parmi les énoncés au sujet desquels il y a divergence quant au fait de savoir s'il faut ou non les interpréter, et pour lesquels les savants sont pardonnables s'ils les interprètent à tort (cf. texte, § 42). Il distingue l'interprétation qui met radicalement en cause les « principes fondamentaux » du dogme, et qui doit être qualifiée d'infidélité (cf. *Tahāfut at-tahāfut*, p. 585), et l'interprétation qui met en cause « quelque chose en deçà des principes dogmatiques fondamentaux », qui est seulement une « innovation blâmable ». Pour l'interprétation des principes dogmatiques fondamentaux eux-mêmes, on distinguera encore l'interprétation « radicale » qui nie l'existence de la chose (comme c'est le cas ici) de celle qui porte seulement sur les modalités de la chose, le caractère physique ou spirituel (cf. texte, § 42).

100. Cf. *supra*, note 53.

101. *Ḥadīth* rapporté par Muslim. Cf. Wensinck, *Concordance*, vol. I, p. 117. D'après le récit, le maître de l'esclave, qui venait de frapper violemment celle-ci et avait entretenu le Prophète de l'incident, pris de remords, s'était proposé de l'affranchir. Le Prophète veut alors éprouver l'esclave et lui adresse en présence du maître la question : Où est Dieu ?

102. *bi-<'inkār> i'tiqād al-jismiyya*. L'interpolation de *(bi-)'inkār* est due à Hourani. C'est en effet la seule manière d'obtenir un sens satis-faisant. Sinon, il faudrait supposer qu'il y a pour Ibn Rushd un type de représentation de Dieu en deçà de la croyance en la corporéité.

103. Cf. *supra*, note 57. Ces énoncés sont liés à la question de la corporéité divine. Or la Révélation laisse cette question en suspens à dessein, et le tort des théologiens est d'avoir voulu la trancher et imposer leur interprétation indistinctement à tous. Cf. *al-Kashf*, p. 79 : « Il est obligatoire selon moi, en ce qui concerne cet attribut [la corporéité], de suivre la voie empruntée par la Révélation, et donc de ne pas se prononcer, ni négativement ni positivement. [...] La foule croit que l'étant, c'est l'imaginable et le sensible, et que ce qui n'est pas imaginable ni sensible est du non-être. Aussi, si on lui disait qu'il y a un étant qui n'est pas un corps, on lui ôterait la possibilité de l'imaginer, et cet étant serait pour elle de l'ordre du non-être. » Notons que sur ce point, Ibn Rushd se démarque franchement de la dogmatique almohade, dont il reconnaît par ailleurs l'efficacité pour l'enseignement de la foule.

104. Cf. al-Ghazālī, *Fayṣal at-tafriqa*, p. 191 (nous traduisons) : «Pour ce qui concerne ce genre de fondements de la croyance (*'uṣūl al-'aqā'id*) capitaux, il faut déclarer infidèles ceux qui dévoient le sens obvie sans démonstration catégorique. Ainsi, par exemple, ceux qui nient la résurrection des corps et les châtiments sensibles dans l'au-delà sur la foi de conjectures, de conceptions subjectives et de dénégations, sans une démonstration catégorique, doivent être catégoriquement taxés d'infidélité : car l'impossibilité du retour de l'esprit dans le corps n'est pas chose démontrée.»

105. L'intention polémique est évidente. Al-Ghazālī aurait fait le contraire de ce qu'il dit. Mais on ne voit pas quels sont les écrits où al-Ghazālī aurait remis en cause la littéralité des données coraniques concernant la résurrection et auxquels Ibn Rushd fait allusion ici. On sait bien par ailleurs qu'al-Ghazālī condamne l'interprétation de ces données et en fait un motif d'infidélité (cf. *Tahāfut al-falāsifa*, p. 254 ; cf. aussi *Fayṣal at-tafriqa*, p. 193, où les tenants de la thèse de la résurrection spirituelle, bien que qualifiés de *zindīq*-s («mécréants»), ne sont cependant pas «excommuniés» de manière catégorique – al-Ghazālī consent en effet à les créditer d'un degré minimal de foi, puisqu'ils reconnaissent tout de même une forme d'existence, ne serait-ce que métaphorique, à ce dont l'existence a été posée par la parole des prophètes). Par contre, dans plusieurs textes traitant de la vie future – et peut-être est-ce là, comme le suggère M. 'Amāra (*Faṣl al-maqāl*, p. 50-51, note 4), qu'Ibn Rushd cherche à prendre son adversaire en défaut –, al-Ghazālī évoque bien le caractère corporel de la résurrection au titre de possibilité, non de nécessité.

106. Les conceptions eschatologiques d'al-Fārābī et d'Ibn Sīnā, si elles se distinguent en effet de la croyance en la vie future assortie de délices ou de tourments corporels telle que la décrit la Révélation, n'excluent pas pour autant l'existence, sous une certaine forme, de ceux-ci. La conception en est seulement intellectualisée. Les délices sont interprétées comme béatitude de l'âme parfaite libérée du corps, et les tourments, comme souffrance de l'âme gouvernée par ses facultés inférieures, et pour qui la séparation du corps, dont les parties font office d'organes à ces facultés, représente une privation (cf. *La Métaphysique du Shifā'*, trad. G. Anawati, t. II, Paris, Vrin, 1978, p. 157-162). Pourvu que les philosophes assentent à l'existence effective d'une certaine sorte de vie future, il n'y a pas *démenti* du donné révélé, donc pas de *kufr* au sens propre. Il en va différemment de ceux qui ont expliqué les données de la Révélation relatives à la vie future comme une sorte de «subterfuge» (*ḥīla*) par lequel les prophètes entendaient garantir l'observance par les hommes des règles morales qu'ils avaient édictées, et qui n'auraient pas été respectées sans la croyance en un châtiment ou une récompense éternelles (cf. texte, § 39). Ceci n'ayant jamais été la position d'al-Fārābī ou d'Ibn Sīnā, ils ne peu-

vent tomber sous l'accusation de *kufr* portée par al-Ghazālī, ce qu'il fallait démontrer.

107. Cf. *supra*, note 47.

108. [...] *rāma 'an yakthur*^{a} *'ahl*^{u} *l-'ilm*^{i} *bi-dhālika wa-lākin kathura bi-dhālika 'ahl*^{u} *l-fasād*^{i} laysa *bi-dūn*^{i} *kathrat*^{i} *'ahl*^{i} *l-'ilm*. Dans son édition, Gauthier (*Traité décisif*, p. 21), suivi par les éditions ultérieures, a jugé nécessaire de supprimer *laysa* porté par son manuscrit, et traduit : « Il a voulu accroître ainsi le nombre des hommes de science : il a accru ainsi la corruption et non pas le nombre des hommes de science. » Mais l'assertion contredit alors ce qui suit, où Ibn Rushd reconnaît que l'attitude d'al-Ghazālī a pu accidentellement mener certaines personnes à opérer la « réunion » de la Révélation et de la philosophie (cf. note suivante). Il faudrait donc plutôt comprendre que le nombre des savants a bien augmenté, mais avec lui celui des dépravés, dans des proportions qui ne sont pas moindres (*laysa bi-dūn*^{i}...).

109. Par une heureuse conséquence accidentelle des erreurs d'al-Ghazālī. La raison n'en apparaît pas dans ce passage quelque peu elliptique, mais est davantage explicitée dans *al-Kashf*, p. 90 : « Le tort qu'il [al-Ghazālī] a fait à la Révélation tient à ce qu'il a formulé explicitement des interprétations de celles-ci qui ne doivent pas être révélées. Le tort qu'il a fait à la philosophie tient à ce qu'aussi il a formulé explicitement des idées (*ma'ān*^{in}) de celle-ci qui ne doivent être formulées que dans les livres de démonstration. Ce en quoi il a [au contraire] préservé l'une et l'autre, c'est en ce que beaucoup de gens n'ont pas vu de contradiction entre l'une et l'autre alors qu'ils en opéraient la réunion. Il a [d'ailleurs] appuyé cette idée, en faisant connaître le moyen de concilier les deux, et ce dans son livre intitulé *Le Départage de la croyance et de la mécréance*, où il a énuméré les sortes d'interprétation et où il a catégoriquement conclu que celui qui interprète n'est pas un infidèle, même s'il rompt le consensus établi sur l'interprétation [ou non d'un énoncé]. Donc, ces choses qu'il a faites ont nui dans un sens à la Révélation, dans un sens à la philosophie, et dans un sens à l'une et à l'autre. Mais si l'on examine ce qu'a fait cet homme, il apparaît que cela est bénéfique à l'une et à l'autre accidentellement. En effet, du fait d'exposer la philosophie à quelqu'un qui n'est pas homme à la connaître, il résulte essentiellement soit l'invalidation (*'ibṭāl*) de la philosophie, soit l'invalidation de la Révélation, mais il peut [aussi] résulter accidentellement la conciliation des deux. Le bien eût été que la philosophie ne fût pas exposée à la foule. Mais puisque [de fait] elle a été exposée, le bien est que la partie de la foule qui pense que la Révélation est contradictoire avec la philosophie connaisse que ce n'est pas le cas, et de même, que ceux qui se réclament de la philosophie et pensent que la philosophie est contradictoire [avec la Révélation] connaissent aussi que ce n'est pas le cas ; et cela en ce que l'un et l'autre de ces groupes se rendra compte qu'il ne les connaît pas telles qu'elles sont en réalité, à

savoir la Révélation telle qu'elle est et la philosophie telle qu'elle est, et qu'une opinion sur la Révélation que l'on croit contradictoire avec la philosophie est soit une opinion présentant un caractère d'innovation blâmable (*mubtada'*) du point de vue de la Révélation et non fondée dans celle-ci, soit une opinion fausse dans la philosophie, c'est-à-dire une interprétation fausse de celle-ci. »

110. L'éclectisme d'al-Ghazālī est encore évoqué dans *al-Kashf*, p. 89 : dans *Mishkāt al-'anwār* (« La niche des lumières »), al-Ghazālī adopte des positions métaphysiques en accord avec celles des philosophes, alors qu'il les critique dans d'autres ouvrages, dont *Tahāfut al-falāsifa*. Ibn Rushd fait la même constatation dans *Tahāfut at-tahāfut*, p. 117, et laisse entendre en plusieurs passages qu'al-Ghazālī était probablement d'accord au fond avec les philosophes, mais qu'il aurait été obligé d'affirmer le contraire, sous la pression de ses contemporains (cf. *Tahāfut at-tahāfut*, p. 108 ; p. 159-160).

111. Vers de 'Imrān b. Ḥittān, cité par al-Mubarrad, *al-Kāmil*, éd. M. A. 'Ibrāhīm, le Caire, Dār nahdat Miṣr li-ṭ-ṭibā'a wa-n-nashr, s. d., vol. III, p. 170.

112. C'est-à-dire les livres d'al-Ghazālī où des connaissances métaphysiques ou psychologiques normalement réservées à l'élite sont exposées sous forme dialectique ou rhétorique.

113. Tous les manuscrits portent « *faḍīla 'ilmiyya* » (vertu intellectuelle), mais il nous paraît justifié, avec Hourani (*Kitāb Faṣl al-maqāl*, p. 26, note 266), de corriger en « *faḍīla 'amaliyya* » (vertu pratique). Comparer avec texte, *supra*, § 13 : outre le défaut de disposition innée, les causes qui peuvent induire en erreur l'étudiant en philosophie sont qu'il n'a pas procédé dans le bon ordre, qu'il n'a pas trouvé de maître pour le diriger dans la compréhension du contenu (des livres de philosophie), ou *que ses passions l'accaparent*, et il faut sans doute considérer cette formule comme synonyme d'absence de *vertu pratique*, inaptitude à régler sa conduite sur les exigences morales par l'observance des prescriptions de la Loi, qui sont l'expression de ces exigences. La « vertu pratique » paraît être synonyme de *'adāla shar'iyya* (honorabilité légale), fait de respecter les prescriptions de la Loi.

114. *Wa-lākinna man'[a]-hā bi-l-jumla. Man'* (interdiction) est une conjecture de Hourani (*Kitāb Faṣl al-maqāl*, p. 37, n. 237), le mot étant illisible dans les deux manuscrits de l'Escurial et de la Biblioteca nacionál. Gauthier (*Traité décisif*, p. 22) propose *shā'i'*, et traduit en conséquence : « Mais celui qui divulgue [le contenu de] ces [livres] à la masse [...]. » En fait, il est exclu que *jumla* puisse avoir le sens de « masse ».

115. *Coran*, XXXI, 13 (nous traduisons).

116. Les manuscrits et les éditions portent : « at-takallum *bayna sh-sharī'at[i] wa-l-ḥikma* », qui ne nous paraît pas offrir de sens acceptable. Butterworth (« The source that nourishes... », p. 110) comprend : « the discussion between the Law and wisdom » (le

dialogue entre la Loi et la sagesse), ce qui est peut-être trop moderne. Il nous semble plutôt que le texte est ici défectueux, et que l'on peut rétablir : « *at-takallum* <fī-mā> *bayna* , etc. ».

117. C'est-à-dire les questions philosophiques de l'éternité du monde, de la vie future et de la connaissance par Dieu des particuliers.

118. C'est ce qu'al-Ghazālī appelle *muhlikāt* (causes de perdition) ; ce sont les vices moraux dont il faut se purifier le cœur.

119. *'Iḥyā' 'ulūm ad-dīn.* Ibn Rushd fait ici écho à la classification des sciences religieuses proposée par al-Ghazālī au début de l'*Iḥyā'*. La science, dit al-Ghazālī dans l'introduction de son ouvrage, se divise en science du « dévoilement » (*mukāshafa*) et science des « relations » (*mu'āmalāt*) avec Dieu et avec les hommes (cf. al-Ghazālī, *'Iḥyā' 'ulūm ad-dīn* [« La revivification des sciences de la Religion »], Beyrouth, Dār al-khayr, 1413 h./1993, t. I, p. 10). Dans la perspective mysticisante d'al-Ghazālī, la « science du dévoilement », qui a pour finalité la connaissance pure, correspond à la science théorétique. La seconde est à situer du côté de la pratique. Elle se divise elle-même en science « extérieure » (*ẓāhir*), portant soit sur les relations entre l'homme et Dieu (les prescriptions cultuelles, *'ibādāt*), soit sur les relations entre les hommes eux-mêmes (les coutumes, *'ādāt*); et science intérieure (*bāṭin*), science des vertus (*munjiyāt*) et des vices (*muhlikāt*) du cœur, appelée aussi « science des états de l'âme » (*ibid.*, p. 26). La science « extérieure » des prescriptions cultuelles et légales doit en principe être un prolongement de la science morale, et les vertus, procéder du cœur aux membres afin de se traduire en actes (*ibid.*, p. 27). Or la science de la Loi telle qu'elle est pratiquée *de facto* s'est soustraite à cette exigence éthique et dégradée ainsi en un formalisme vide, en une activité d'ordre purement mondain sans aucun caractère salvateur. On a vu (texte § 13, et *supra*, note 39) qu'Ibn Rushd semble s'inscrire dans la perspective d'al-Ghazālī en exigeant que l'« honorabilité légale » soit couplée à la vertu morale, dans la perspective aristotélicienne d'une hiérarchie des vertus ou perfections humaines : la perfection de l'action, qui est l'objet de la science de la Loi, doit procéder de la vertu morale, qui elle-même procède de la vertu intellectuelle.

120. Cf. Ibn Rushd, *Paraphrase de la logique d'Aristote*, éd. G. Jéhamy, Beyrouth, Publications de l'Université libanaise, 1982, t. II, p. 369-370, début du commentaire des *Seconds Analytiques* (71 a 3-16) : « La science qui doit nécessairement précéder toute chose [...] est de deux sortes : soit la science qu'une chose *est* ou n'*est* pas, et c'est ce que l'on nomme l'assentiment (*taṣdīq*) ; soit la science de ce que désigne le nom d'une chose, et c'est ce que l'on nomme la représentation (*taṣawwur*). » C'est la distinction entre formation du jugement et formation du concept,

d'une importance capitale dans la logique arabe (cf. I. Madkour, *L'Organon d'Aristote dans le monde arabe*, p. 53-56).

121. *'Ahl al-'ilm[i] bi-l-kalām*. Gauthier (*Traité décisif*, p. 23) traduit : « les représentants de la science du kalām ». Il paraît bien difficile ici de prendre *kalām* dans le sens de « théologie dialectique », car le contexte indique nettement le contraire. On ne voit pas pourquoi Ibn Rushd aurait placé sous l'autorité des *théologiens* une doctrine logique dans l'élaboration de laquelle ils n'ont aucune part, même s'ils ont évidemment pu la reprendre à leur compte. Il est plus probable qu'il faille comprendre *kalām* comme « discours rationnel », « logos », employé ici à la place du terme plus technique de *manṭiq* (logique) (cf. Hourani, *Averroes on the harmony*, p. 63 et p. 109, note 155).

122. Comparer avec Thomas d'Aquin, *Somme contre les Gentils,* L. I, chap. 4, p. 23-24, sur la nécessité de la vérité révélée. Si l'humanité ne disposait pour seule source de connaissance que de la raison naturelle, « on se trouverait devant trois dommages, si cette vérité était abandonnée aux seules entreprises de la raison. Le premier, c'est que peu d'hommes jouiraient de la connaissance de Dieu. Ce qui est l'aboutissement d'une studieuse enquête est en effet interdit à la plupart des hommes pour trois raisons. D'abord, certains en sont empêchés par les mauvaises dispositions de leur tempérament, qui les détourne du savoir : aucune étude ne pourrait leur permettre d'atteindre ce sommet de la science humaine qu'est la connaissance de Dieu [...]. Le deuxième dommage consiste en ce que les hommes qui arriveraient à découvrir cette vérité divine le feraient difficilement et après beaucoup de temps. Ceci en raison de la profondeur de cette vérité que l'on ne peut saisir par la voie de la raison que si l'intelligence humaine s'en est rendue capable par un long exercice; en raison aussi des nombreuses connaissances préalables qui sont nécessaires, on l'a dit [...]. Si donc pour connaître Dieu s'ouvrait la seule route de la raison, le genre humain demeurerait dans les plus profondes ténèbres de l'ignorance; la connaissance de Dieu qui contribue souverainement à rendre les hommes parfaits et bons ne serait le partage que d'un tout petit nombre, et pour ceux-là mêmes après beaucoup de temps. » Cf. aussi *Qaest. disp. de Veritate*, q. XIV, *De fide*, a. 10, à propos de la question « Utrum necessarium sit homini habere fidem », où Thomas indique cinq raisons de la nécessité de la foi, qu'il déclare explicitement avoir empruntées à Maïmonide : « Il y a des choses que nous pouvons parvenir à connaître aussi dans cette vie, comme celles que l'on peut prouver de Dieu par la démonstration. Mais, au commencement, il faut croire, comme le montre Rabbi Moïse à l'aide de cinq arguments. Le premier est la profondeur et la subtilité de ces objets de connaissance qui sont tout à fait éloignés des sens ; c'est pourquoi l'homme, au commencement, n'est pas capable de les connaître parfaitement. Le deuxième est l'extrême faiblesse initiale de l'intellect humain. Le troisième est le grand nombre de

choses qui sont exigées comme préalables à la démonstration, que l'homme ne peut apprendre que sur un temps très long. Le quatrième est l'absence de prédisposition à la connaissance, qu'il y a chez certains hommes, du fait de la grossièreté de leur tempérament. Le cinquième est la contrainte par les activités destinées à pourvoir aux nécessités de la vie. Il ressort de tout cela que, s'il fallait recevoir seulement par la démonstration tout ce qu'il est nécessaire de connaître à propos de Dieu, très peu d'hommes pourraient y parvenir, et même pour eux cela demanderait un long temps. » Ce texte résume en effet un passage du *Guide des égarés* où Maïmonide expose les « causes qui empêchent d'ouvrir l'enseignement par les sujets métaphysiques, d'éveiller l'attention sur ce qui mérite l'attention et de présenter cela au vulgaire ». Cf. Moïse Maïmonide, *Le Guide des égarés, suivi du Traité des huit chapitres*, trad. de l'arabe par S. Munk, nouvelle édition revue par Ch. Mopsik, Paris, Verdier, 1979, p. 77-83.

123. C'est l'existence dans le Texte d'énoncés contradictoires par leur sens obvie qui constitue le signal (*tanbīh*) de la nécessité de produire une interprétation qui les concilierait. Cf. texte, § 23.

124. Les prémisses « communément admises » (*mashhūra*) qui constituent le syllogisme dialectique, outre des propositions d'ordre moral, peuvent aussi être des propositions vraies auxquelles il est possible d'aboutir également par la démonstration, telles que par exemple « Dieu est un » ou « La terre est sphérique ». La différence est que l'on sait alors seulement que la chose est vraie, mais non *pourquoi* elle est vraie. L'opinion communément admise n'est pas fondée sur des prémisses vraies et premières. Si elles sont vraies, dit Ibn Rushd dans la Paraphrase des *Topiques*, elles le sont donc seulement par accident (cf. *Averroes' Three Short Commentaries, op. cit.*, p. 152-153). À un degré inférieur de crédibilité, le terme « opinatif » (*maẓnūn*) qualifie les prémisses du syllogisme rhétorique, qui sont « des énoncés d'une croyance à laquelle l'âme accorde foi tout en sachant que le contraire est possible » (*ibid.*, p. 169).

125. *An-nuẓẓār fī sh-sharī'a*. Il s'agit ici des théologiens.

126. Ibn Rushd envisage ici pour la première fois le cas où l'interprétation d'un énoncé révélé n'aboutit pas à une formulation démonstrative. C'est une reconnaissance de l'interprétation pratiquée dans le cadre de la théologie dialectique.

127. Dans les dernières pages du *Kashf*, Ibn Rushd propose une classification des idées (*al-ma'ānī*) contenues dans le Texte révélé selon que : 1° L'idée énoncée est elle-même ce qui *est* (*al-ma'nā lladhī ṣurriḥa bi-hi huwa l-ma'nā l-mawjūd*). Il n'y a pas alors de dédoublement en sens obvie et sens lointain, et donc absolument pas matière à interprétation. 2° L'idée énoncée est autre que ce qui *est*, mais elle sert à celle-ci de substitut (*badal*), à titre d'exemple/symbole (*'alā jihat[i] t-tamthīl*). Il faut alors envisager quatre cas : *a)* La connaissance du fait qu'il s'agit d'un symbole et

la connaissance de la réalité dont ce symbole est le substitut sont toutes deux difficiles d'accès. Dans ce cas, les hommes de démonstration interprètent en sorte de mettre l'énoncé en conformité avec la connaissance certaine dont ils ont le monopole, tandis que la foule assent au sens obvie sans difficulté puisqu'elle ne sait même pas qu'il s'agit d'un symbole; *b)* la connaissance du fait que c'est un symbole et la connaissance de la réalité symbolisée sont toutes les deux faciles d'accès. Dans ce cas, c'est d'interpréter et de publier son assentiment au sens dégagé par l'interprétation qui est conforme au dessein et à l'intention du Législateur (*ta'wīl^{u}-hu huwa l-maqṣūd^{u} min-hu*); *c)* la connaissance du fait que c'est un symbole est facile d'accès, mais la connaissance de la réalité dont ce symbole est le substitut est difficile d'accès (l'exemple donné est celui du *ḥadīth*: «La pierre noire est la main droite de Dieu sur la Terre»). Ici surgit un problème: on peut avoir à répondre à l'interrogation de l'homme de la foule, qui n'est pas habilité à connaître le sens vrai de l'énoncé mais a cependant compris que le sens obvie n'est pas le sens vrai. On peut alors soit répondre – et c'est préférable – qu'il s'agit là d'un de ces énoncés équivoques (*mutashābih*) dont Dieu seul connaît l'interprétation; soit recourir à la théorie ghazālienne des cinq modes possibles de l'existence d'une chose (cf. *supra*, note 67) – essentiel (*dhātī*), sensible (*ḥissī*), imaginaire (*khayālī*), intellectuel (*'aqlī*) et métaphorique/analogique (*shabahī*), pour proposer à l'homme de la foule, qui a déjà invalidé le premier mode, «essentiel», «substantiel», c'est-à-dire extérieur à l'âme et objectif, d'assentir à l'existence de la chose posée par l'énoncé selon l'un des quatre modes restants, suivant ses dispositions; *d)* la connaissance du fait que c'est un symbole est difficile d'accès, mais la connaissance de la réalité symbolisée est facile d'accès. Là aussi l'interprétation est possible, même s'il vaut mieux l'éviter (cf. Ibn Rushd, *al-Kashf*, p. 139-141). Il s'agit évidemment ici du troisième cas.

128. Nouvelle référence à *Coran*, III, 7. Cf. *supra*, note 57.

129. *Coran*, XVII, 85 (nous traduisons). Une traduction qui rendrait compte du sens initial dirait : l'Esprit (avec majuscule). De même l'expression «*min 'amr^{i} rabbī*» doit plutôt se comprendre comme: «procède du commandement de mon Seigneur» (trad. Masson), car comme le dit Gauthier (*Traité décisif*, p. 45-46, n. 61), «selon les commentaires les plus autorisés, il s'agit de l'ange Gabriel, agent de la révélation, qui est désigné parfois sous le nom de *Rouḥ el-qodoç* (l'Esprit de sainteté, le Saint-Esprit, par exemple *Qoran*, XVI, 104)» (XVI, 102 dans la numérotation des versets actuellement en usage). Ibn Rushd (*Tahāfut at-tahāfut*, p. 557) invoque ce verset pour affirmer que la psychologie en général est un domaine de connaissance réservée à l'élite.

130. *Taqwā*. Forme de la piété qui repose sur la crainte de Dieu. Révérence.

131. *Coran*, II, 183 (trad. Masson).

132. *Coran*, XXII, 37 (nous traduisons). Il s'agit des animaux immolés rituellement au sanctuaire de La Mecque.

133. *Coran*, XXIX, 45 (trad. Masson).

134. *Coran*, XXXIII, 72 (nous traduisons). Texte du verset complet : « Oui, nous avions proposé le dépôt aux cieux, à la terre et aux montagnes. Ceux-ci ont refusé de s'en charger, ils en ont été effrayés. Seul l'homme s'en est chargé, mais il est injuste et ignorant. » La tradition exégétique considère le plus souvent que le « dépôt » désigne d'une manière générale les obligations légales imposées aux hommes, et la responsabilité, la charge (*taklīf*) qui en résulte. Pour les commentateurs qui comprennent le verbe « refuser », et la totalité de l'énoncé au sens figuré, le verset exprime la gravité de la responsabilité qui pèse sur les hommes, et que même des créatures bien plus immenses ne pourraient assumer (cf. Ibn Juzayy, *at-Tashīl li-'ulūm at-tanzīl* [« Celui qui facilite l'accès aux sciences de la Révélation »], éd. M.A. al-Yūnisī et I.A. 'Awd, Le Caire, Dār al-kutub al-'ilmiyya, 1973, vol. III, p. 316-317). C'est de même une responsabilité très lourde qui pèse sur les hommes qui connaissent la vérité, en raison du tort qu'ils peuvent faire à la foule s'ils usent de cette connaissance inconsidérément.

135. C'est-à-dire jusqu'à : « [...] il est injuste et ignorant. » Habile et discrète transition avec la suite, où Ibn Rushd va justement s'en prendre à ceux qui, incapables d'assumer la responsabilité de ce dépôt, sont à l'origine des discordes de la Communauté musulmane.

136. *Firaq*, plur. de *firqa*, c'est-à-dire les différentes écoles, théologiques, mystiques, etc., en tant qu'elles marquent par leur multiplicité et leur fractionnement une rupture de l'unité originelle idéale de la doctrine de l'Islam, dont chaque école particulière se veut justement l'unique interprète.

137. Jugement qui s'accorde avec celui d'al-Ghazālī. Cf. *Fayṣal at-tafriqa*, p. 185.

138. Ibn Rushd fait peut-être ici écho à al-Ghazālī (*Fayṣal at-tafriqa*, p. 202) : « Parmi les gens les plus excessifs et extrémistes, on compte un groupe de théologiens qui ont taxé d'infidélité la masse des Musulmans et ont affirmé que celui qui ne connaissait pas comme eux la théologie (*kalām*), et ne connaissait pas les preuves apportées dans la Révélation au moyen des arguments qu'ils avaient rédigés, était infidèle. Ceux-là rognent la grande miséricorde que Dieu porte à Ses serviteurs. » Il se peut qu'al-Ghazālī fasse allusion aux Mu'tazilites. On ne voit pas précisément qui sont ces *Ash'arites* qu'évoque Ibn Rushd, mais Goldziher rapporte une opinion du célèbre historien et exégète at-Tabarī (m. 310 h./923), qui fut aussi juriste, et qui professait que « tout Musulman ayant atteint l'âge de la puberté qui ne connaît pas Dieu, avec tous Ses noms et Ses attributs, par le raisonnement est un

infidèle dont la vie et les biens sont hors la loi» (cf. I. Goldziher, *Die Zahiriten, ihr Lehrsytem und ihre Geschichte*, Leipzig, O. Schultze, 1884, p. 137, note 2).

139. [...] *at-turuq*^{u} *l-mushtarakat*^{u} *li-l-jamī'*^{i} *llatī da'ā sh-shar'*^{u} *min 'abwāb*^{i}*-hā jamī'*^{a} *n-nās*. Gauthier (*Traité décisif*, p. 30) traduit : «les méthodes communes à tous, portes par lesquelles la Loi divine appelle tous les hommes», faisant de *'abwāb* (portes) une apposition à *ṭuruq* (méthodes), alors que c'en est en fait le complément de nom. *Ṭuruq* devrait s'entendre ici au sens propre de «chemins». Les diverses voies conduisent également à la Vérité. La Révélation appelle *par* ces trois voies ; elle appelle les hommes vers la Vérité en leur proposant d'emprunter l'une ou l'autre des trois voies.

140. Sans doute en l'occurrence les théologiens d'autres écoles, comme les Mu'tazilites.

141. *Fa-'inna l-kitāb*^{a} *l-'azīz*^{a} *'idhā tu'ummila wujidat fī-hi t-ṭuruq*^{u} *th-thalāth*^{u} *l-mawjūdat*^{u} *li-jamī'*^{i} *n-nās*^{i} *wa-t-ṭuruq*^{u} *l-mushtarakat*^{u} *li-ta'līm*^{i} *'akthar*^{i} *n-nās*^{i} *wa-l-khāṣṣa*. Le sens qui se présente immédiatement pour cette phrase est que l'on trouve dans le Coran : 1° les trois méthodes existant pour tous les hommes ; 2° les méthodes communes pour l'enseignement de la grande masse ; 3° la méthode «particulière». C'est ce sens que rendent les traductions hébraïques médiévales (cf. G. F. Hourani, *Kitāb Faṣl al-maqāl*, Leiden, Brill, 1959, p. 18, note C). Müller (*Philosophie und Theologie von Averroes*, Munich, 1875, p. 24) traduit également dans ce sens. Mais il est évidemment impossible qu'il faille ajouter « les méthodes communes pour l'enseignement du plus grand nombre» et la «méthode particulière» aux «trois méthodes communes à tous les hommes», Ibn Rushd établissant clairement par ailleurs (cf. texte, § 52) que les deux méthodes communes pour l'enseignement du plus grand nombre (la dialectique et la rhétorique) et la méthode particulière à une infime minorité d'hommes (la démonstration) sont ces «trois voies existant pour tous les hommes», parce que l'assentiment de tout un chacun se produit nécessairement par une des trois. Il faut donc, de toute manière, que la suite de l'énoncé définisse les trois méthodes communes à tous les hommes, et non qu'il soit question d'autres méthodes en plus de ces trois. Ayant bien vu le problème, Gauthier y remédie, mais en en suscitant un autre encore plus compliqué, qui, celui-là, n'avait vraiment pas lieu d'être. Voici sa traduction (*Traité décisif*, p. 30) : «Car si on examine le Livre précieux, on y trouve les trois méthodes : la [méthode] qui existe pour tous les hommes, les [méthodes] communes pour l'enseignement du plus grand nombre, et la [méthode] réservée.» Il s'en explique dans une longue note (*Traité décisif*, p. 46-48, note 70). La première, dit Gauthier, «ne peut être que la méthode oratoire. [...] La méthode réservée [aux philosophes], c'est la méthode démonstrative ; quant

aux “méthodes communes pour l’enseignement du plus grand nombre”, on ne peut entendre par là que la méthode oratoire et la méthode dialectique (très rudimentaire) réunies à l’intention des hommes d’arguments oratoires, qui en effet constituent la grande masse, les deux autres classes, théologiens et philosophes, ne formant, même réunies [?], qu’une infime minorité. Ce deuxième membre de cette division tripartite empiète donc quelque peu sur la première. » La seule explication que Gauthier puisse proposer de ce curieux empiétement est qu’« Ibn Rochd, parfois, relâche quelque peu la rigueur de sa répartition des esprits en trois compartiments étanches », ce qui est tout de même assez peu probable s’agissant d’un point aussi fondamental de sa doctrine. Hourani (*Kitāb Faṣl al-maqāl*, p. 38) résout le problème par une interpolation : « *wa* <*hādhihi hiya*> *ṭ-ṭuruqu l-mushtaraka* [...] » (litt. <*qui sont*> les méthodes communes...) qui rend bien à la phrase le sens attendu.

142. Il y a des cas où l’interprétation s’impose à tous, lorsque l’énoncé se signale lui-même de façon évidente comme ne devant pas être reçu dans son sens obvie ; qu’il est obvie, par l’énoncé lui-même, que ce n’est pas son sens obvie qui est le « visé » (*maqṣūd*). Dans le cas où il s’agit d’une idée qui peut être facilement appréhendée par tous, il faut considérer que la figure par l’intermédiaire de laquelle est exprimé le sens visé n’est pas un « surcodage » destiné à soustraire certaines idées à la foule, pour qui elles seraient trop obscures, mais un codage « simple », relevant de l’usage normal de la langue. Dans ce cas, précisait Ibn Rushd dans le *Kashf*, l’interprétation s’impose (cf. *supra*, note 127).

143. L’enseignement de la Révélation se délivre dans une forme *parfaitement* appropriée à la réalisation de son dessein. Si elle choisit d’énoncer telle idée sous telle forme, c’est donc que celle-ci est nécessairement la plus adéquate possible à l’enseignement de l’ensemble des hommes. Donc, si l’on reformule une idée contenue dans le Coran suivant l’interprétation pour substituer cette reformulation à la formulation originale – en dehors bien sûr de la pratique de l’interprétation limitée à l’élite, qui est elle-même partie du dessein de la Révélation –, la formulation produite sera forcément moins persuasive que la formulation originale du Coran, sans quoi c’est elle que le Coran aurait employée.

144. *’I‘jāz*. Selon le dogme musulman, le seul miracle dont se prévaut Muhammad est le caractère miraculeusement inimitable du texte coranique. C’est un thème classique de la Théologie musulmane.

145. Parce que les doctrines des écoles théologiques, avec les défauts qu’Ibn Rushd leur attribue, ont pris le pas sur la lettre des enseignements du Coran.

146. Gauthier (*Traité décisif*, p. 32) traduit : « [...] nous ferons pour cela tout ce qu’Il nous permettra », car il ignore ici, comme partout dans le texte, *’athbata* dans le sens de « consigner, mettre par écrit ». Le faux sens a ici des conséquences particulièrement fâcheuses, puisqu’il conduit à escamoter l’annonce que fait Ibn

Rushd de son intention d'écrire encore sur le sujet, ce qu'il fera effectivement avec le *Kitāb al-Kashf 'an manāhij al-'adilla*, rédigé en 575 h. (1179/80), la même année que le *Faṣl al-maqāl* ou bien un ou deux ans plus tard (cf. Hourani, *Averroes on the Harmony...*, p. 1).

147. C'est un hommage à la politique doctrinale des Almohades, qui ont combattu le conformisme imitatif (*taqlīd*) des docteurs de la Loi mālikites, prôné un « retour aux sources » en matière de Droit et promu la pratique de la philosophie. La « voie moyenne » en matière de dogme renvoie sans doute à la doctrine théologique d'Ibn Tūmart, officialisée par le régime almohade. On a remarqué les affinités des positions théologiques d'Ibn Rushd dans le *Kashf*, procédés de démonstration du dogme qui s'appuient sur le sens obvie par lesquels le Législateur entendait produire l'assentiment de la foule, et qui sont opposés aux croyances altérées par l'interprétation abusive des théologiens, avec la théologie du Mahdī almohade. On sait, sur la foi d'une liste des œuvres d'Ibn Rushd contenues dans un manuscrit de l'Escurial, qu'il est l'auteur d'un Commentaire de la profession de foi de l'Imām et Mahdī (*Sharḥ 'aqīdat al-'imām al-mahdī*). Malgré cela, Gauthier (*La Théorie d'Ibn Rochd*, p. 90-91) affirme qu'Ibn Rushd ne pouvait en aucun cas approuver la divulgation de l'enseignement théologique d'Ibn Tūmart et que, par conséquent, l'hommage appuyé qu'il rend ici à la politique des Almohades ne peut se comprendre que dans un contexte où ceux-ci auraient déjà perdu la foi dans les principes fondateurs de leur mouvement, et renoncé à leur prosélytisme en direction de la foule. Sur les rapports d'Ibn Rushd avec l'almohadisme ; cf. D. Urvoy, *Pensers d'al-Andalus. La vie intellectuelle à Cordoue et Séville au temps des empires berbères (fin XIe siècle-début XIIIe siècle)*, Toulouse, CNRS/PUM, 1990, p. 182-183.

DOSSIER

LE *DISCOURS DÉCISIF* VU PAR LES AUTEURS ARABES MODERNES

Comparé à l'extraordinaire fortune que devait connaître l'œuvre d'Ibn Rushd-Averroès dans le monde occidental peu de temps après sa mort et pour de nombreux siècles, l'impact de l'auteur dans le monde musulman est resté absolument négligeable jusqu'à l'aube de l'époque moderne. S'il y a bien épisodiquement dans la littérature arabe postérieure quelques références isolées aux commentaires philosophiques d'Ibn Rushd, ou à d'autres ouvrages «polémiques» comme l'*Incohérence* (*Tahāfut*) ou le *Dévoilement* (*al-Kashf*)[1], la théorie exposée dans le *Discours décisif* semble n'avoir pas du tout retenu l'attention des auteurs arabes avant la fin du XIXᵉ siècle, ni en Orient ni au Maghreb.

La redécouverte et la réappropriation par les penseurs arabes de notre texte à l'aube de l'époque moderne coïncide avec ce que l'on appelle la *Nahḍa*, la Renaissance arabe, période où, à partir du début du XIXᵉ siècle, le choc frontal que subit le monde arabo-musulman avec une civilisation occidentale expansionniste suscite dans l'avant-garde politique, culturelle et religieuse de différents pays arabo-musulmans la brusque prise de conscience d'un formidable retard historique à combler. De cette confrontation forcée avec l'Autre occidental naît une pensée arabe moderne. L'expérience de la culture occidentale moderne et la volonté de progrès fournissent l'impulsion à un

1. Pour une recension succincte de ces mentions, cf. Anke von Kügelgen, *Averroes und die arabische Moderne*, Leiden, Brill, 1994, p. 4-10.

questionnement de fond sur les causes du déclin, de l'arriération du monde arabo-musulman.

Un certain nombre de problèmes sont ainsi posés pour la première fois hors des cadres de la pensée juridico-religieuse traditionnelle: fondement du pouvoir politique, organisation de la société, condition de la femme, validité de la science moderne. À partir de la fin du XIXe siècle, l'ensemble de ces problèmes est assumé par un courant réformiste musulman, pour qui la modernisation des sociétés musulmanes dépend d'une réinterprétation des Sources de la Religion, dont la signification vraie a été dévoyée par le cours du développement historique des sociétés musulmanes. La modernité a-religieuse dont le modèle est offert par l'Occident n'est pas applicable dans le monde musulman, ni souhaitable, puisque l'Islam *vraiment* compris est, contrairement au christianisme, une religion rationnelle qui, non seulement n'entrave pas le progrès de la raison humaine, mais le favorise. À côté de ce courant réformiste religieux existe une tendance sécularisante qui réclamera une révision du rapport de la société et de la culture à la religion sur le modèle de l'expérience occidentale.

Par-delà leurs clivages, les modernistes arabes s'accordent en général sur un constat : le contraste entre l'état présent de leur culture et son éclat passé. L'époque de la *Nahḍa* est marquée par le souci de redécouvrir et de se réapproprier des pans entiers d'un héritage culturel injustement renié dans les siècles passés, notamment la culture philosophique arabo-musulmane. Dans cette démarche de réappropriation, Ibn Rushd était promis à un rôle particulier : on le savait (grâce à Renan !), la transmission de son œuvre à l'Occident médiéval avait été un facteur déterminant d'essor intellectuel et de développement du rationalisme. À l'inverse, l'oubli d'Ibn Rushd, et le fait que son œuvre n'ait pas fait date dans sa propre aire culturelle, le monde arabo-musulman, n'étaient-il pas pour le moins des symptômes du déclin intellectuel de ce monde, de son glissement vers un obscurantisme auquel il s'agissait maintenant de le soustraire ? On comprend donc l'intérêt particulier qu'a pu éveiller chez les intellectuels arabes à partir de la fin du XIXe siècle l'œuvre du philosophe de Cordoue. La figure d'Ibn Rushd était vouée au rôle d'emblème de toutes les aspirations modernistes ou progressistes.

Le thème traité par le *Discours décisif*, le rapport entre philosophie et religion, raison et Révélation, entre évidemment en résonance, dans le contexte de la *Nahḍa*, avec un certain nombre de débats immédiatement actuels, et cette œuvre du XIIe siècle acquiert soudain une actualité qui sans doute ne lui avait pas été reconnue à sa propre époque. C'est ce qui explique le grand nombre d'éditions du texte dans le monde arabe à partir de cette époque. Édité pour la première fois en Allemagne par M. J. Müller en 1859 avec le *Kashf* et la *Ḍamīma* sous le titre *Philosophie und Theologie von Averroes*, le texte donne lieu à de multiples éditions dans le monde arabe à partir de 1895. On en trouvera la liste dans Philipp W. Rosemann, « Averroes : "A catalogue of editions and scholarly writings from 1821 onwards" » in : *Bulletin de philosophie médiévale*, Louvain-la-Neuve, 30 (1988), p. 153-221.

L'œuvre d'Ibn Rushd a donc été assez abondamment commentée depuis la fin du XIXe siècle dans le monde arabe. Nous nous contenterons ici de traduire quelques extraits d'auteurs arabes qui commentent directement les thèses d'Ibn Rushd dans le *Discours décisif.* On pourra être surpris par le caractère polémique ou apologétique de certains de ces textes. C'est, comme on l'a dit, que la problématique du rapport entre raison et révélation est encore largement perçue comme actuelle dans le contexte de la pensée arabe moderne. Aussi les auteurs qui écrivent sur le sujet sont-ils comme tenus à une implication immédiate dans les problèmes soulevés par le texte, à des prises de position et à des interprétations qui reflètent parfois davantage les tensions présentes de la pensée arabe moderne que la teneur propre de la pensée d'Ibn Rushd dans son milieu historique. Ibn Rushd est en effet devenu, surtout à partir de la seconde moitié du XXe siècle, un enjeu majeur dans le débat intellectuel arabe. Son héritage est alors revendiqué par de multiples courants et l'interprétation de ses thèses tiré dans le sens de soucis idéologiques divergents.

Ainsi des auteurs rattachés au courant sécularisant, comme Faraḥ Anṭūn ou plus récemment Zakī Najīb Maḥmūd, ont surtout cherché à relever les limites de la tentative d'Ibn Rushd, et remis en cause le bien-fondé de sa démarche conciliatoire comme incompatible avec l'exigence d'autonomie absolue de la raison telle que la pose la science moderne.

À l'inverse, Ibn Rushd a souvent été reçu par les réformistes-fondamentalistes comme un précurseur de leur propre projet, et sa théorie – dont on retient avant tout l'idée que la religion est conforme à la raison et qu'une coexistence harmonieuse entre l'une et l'autre est possible –, utilisée comme argument en faveur du grand postulat réformiste selon lequel la religion islamique, essentiellement rationnelle, peut et doit servir à l'émancipation des sociétés musulmanes. C'est le souci qui transparaît par exemple dans les analyses de Muḥammad Yūsuf Mūsā et de Muḥammad 'Amāra.

Dans la lecture marxiste de Ṭayyib Tīzīnī, Ibn Rushd se présente au contraire comme un philosophe rationaliste radical, matérialiste et athée, dont la théorie de l'harmonie entre la religion et la philosophie doit être comprise comme une stratégie destinée à donner le change aux masses aliénées par une idéologie «idéaliste» d'obédience féodale. La figure d'Ibn Rushd occupe une position centrale dans l'œuvre du penseur marocain Muḥammad 'Ābid al-Jābirī, qui s'attache dans son projet de critique de la raison arabe à une relecture de l'histoire culturelle arabo-islamique avec la perspective de réinvestir cette lecture dans l'élaboration d'une «modernité arabe.» La pensée d'Ibn Rushd, point culminant d'un mouvement développé dans l'Occident musulman en rupture avec les fondements épistémologiques de la pensée orientale, représente une «relève» au sein de la raison arabe. La notion de «réunion» (*jam'*) de la religion et de la philosophie, malgré les homologies formelles de la théorie d'Ibn Rushd avec celles des philosophes orientaux, prend donc un sens radicalement différent. Elle ne doit pas être comprise comme un «concilationnisme», une volonté de fondre la philosopie dans la religion, mais au contraire comme une préfiguration de la possibilité d'une autonomisation complète de la raison au sein de la culture arabo-musulmane, possibilité avec laquelle la conscience arabe présente doit renouer pour fonder sa modernité dans la tradition.

En somme, la discussion moderne des thèses d'Ibn Rushd s'articule autour de deux axes principaux: premièrement, l'interprétation et l'évaluation de la théorie elle-même (est-elle un «juste milieu» entre le rationalisme et la foi, ou un «conciliationnisme» qui impose des limites à la raison, ou à la religion, ou à l'une et à l'autre; rend-elle au contraire possible l'émancipation de la raison?); deuxièmement, la possibilité et l'opportunité de prolonger cette théorie, diversement interprétée, ou de la réinvestir dans le présent des sociétés arabes. Ici, même les auteurs les plus critiques ne rejettent jamais complètement l'héritage rushdien. À la diversité, aux contradictions des interprétations données aux thèses du philosophe de Cordoue, fait pendant un quasi-consensus sur son intérêt et son actualité.

EXTRAITS

FARAḤ ANṬŪN (1874-1922). *Journaliste et écrivain chrétien d'origine libanaise, laïcisant et défenseur d'une certaine occidentalisation des sociétés arabes, il diffuse dans son journal* al-Jāmi'a *d'Alexandrie les œuvres d'écrivains et de penseurs européens, en particulier Renan. Il publie en 1903 à Alexandrie un ouvrage intitulé* Ibn rushd wa falsafat^{u}-hu *(«Ibn Rushd et sa philosophie»), première étude moderne consacrée à la philosophie musulmane dans le monde arabe. L'image d'Ibn Rushd que brosse Faraḥ Anṭūn dans le passage suivant est certes celle d'un précurseur du rationalisme moderne : l'entreprise « conciliatoire » d'Ibn Rushd a ce mérite d'avoir renversé la primauté traditionnelle de la religion sur la science. Dans la conciliation rushdienne, c'est la science qui prend le pas sur la religion, et celle-ci qui doit se plier à la science. Faraḥ Anṭūn reproche pourtant à Ibn Rushd de n'avoir pas rompu avec la démarche conciliatoire elle-même, et prône une dissociation radicale du domaine de la croyance, qui relève du « cœur », d'avec la science, qui se fonde exclusivement sur la raison.*

Son principe est qu'il faut mettre la religion en conformité avec la science, et non la science en conformité avec la religion. Cela veut dire qu'il subordonnait la religion à la science et non le contraire. À preuve cette grande règle qu'il établit dans le *Discours décisif* : « Nous affirmons catégoriquement que partout où il y a contradiction entre un résultat de la démonstration et le sens obvie d'un énoncé du Texte révélé, cet énoncé est susceptible d'être interprété suivant des règles d'interprétation conformes aux usages tropologiques de la langue arabe. » [...]

Certains lecteurs pourraient objecter : « Comment peut-on dire que les principes d'Ibn Rushd s'opposent aux fondements de la Religion, alors que lui-même appelait à la conciliation entre la philosophie et la Religion ? N'est-il pas l'auteur du *Livre du Discours décisif sur la connexion existant entre la révélation et la philosophie* ? N'est-ce pas lui qui s'est fait l'apôtre de la réconciliation entre la Religion et la science ? Affirmer dès lors que sa doctrine est opposée à la religion est contradictoire. La réponse à cette question exige que l'on s'y attarde un peu : il ne fait pas de doute que le philosophe Ibn Rushd appelle à la conciliation entre la religion et la philosophie. Mais la manière dont il le fait est nouvelle. Voici ce qu'il dit en somme sur le sujet dans le *Discours décisif :* il affirme la nécessité de l'interprétation afin de mettre la religion en conformité avec la science (et non le contraire, comme nous l'avons déjà dit). Donc, tout ce qui n'est pas recevable du point de vue de la raison et de la démonstration scientifique doit être interprété. L'Imām al-Ghazālī, lui, affirmait seulement que l'interprétation est permise, mais non nécessaire. Et cela encore dans le seul but d'éviter de sombrer dans « l'orgueil », comme il le dit à la cinquième page de *L'Incohérence des philosophes*, et seulement lorsqu'il existe une preuve formelle et évidente [de l'impossibilité de prendre l'énoncé au sens obvie]. Mais si la raison ne peut démentir l'énoncé dans son sens obvie par des preuves formelles, il ne faut pas l'interpréter puisque tout est possible à la puissance divine. La différence entre les deux doctrines est absolument évidente. Chacune des deux est le fondement d'un immense édifice. Sur la première, c'est la science qu'on édifie ; sur la seconde, la religion. [...]

La conciliation voulue par Ibn Rushd entre la philosophie et la religion repose sur deux piliers : premièrement, la religion se divise en obvie et en lointain, et l'élite connaît par le sens lointain et le sens obvie, tandis que la foule ne connaît que par le sens obvie ; deuxièmement, il faut interpréter les énoncés dont le sens obvie n'est pas compatible avec les conclusions de la raison, sauf lorsqu'il s'agit des principes fondamentaux, c'est-à-dire des dogmes majeurs. Il est bien évident que les religieux ne sont guère favorables à cette division, et guère favorables à l'interprétation, car avec elles, la religion échappe au domaine du révélé, et vient pour ainsi dire se rattacher à un autre corps, celui de la science. Elle se trouve contrainte à suivre cette dernière dans ses transformations intellectuelles et ses évolutions dialectiques, même lorsque celles-ci ne sont encore que de l'ordre de la conjecture ou de l'hypothèse. C'est pour cela que l'Imām al-Ghazālī proclame que même ces choses que [les philosophes] considèrent comme étant au delà de la raison et qu'ils disent devoir être interprétées parce qu'ils y croient, que même ces choses sont possibles, et que Dieu a la puissance de faire qu'elles soient telles qu'il l'a déclaré dans les Livres révélés. [...]

Après ce qui précède, on peut s'attendre à une question de la part d'un lecteur amoureux de recherche, qu'il soit musulman, chrétien ou juif. Voici cette question : Que devons-nous donc faire, et que devons-nous croire ? Faut-il croire avec Ibn Rushd en la nécessité de l'interprétation spirituelle [des données concernant la vie future], ou avec al-Ghazālī, en l'obligation d'accorder foi aux données contenues dans les Livres révélés, parce que, comme le dit ce grand Imām, « la précision des données sur les circonstances [de la vie future] est telle qu'il est improbable qu'elles doivent être interprétées » ? Et comment mettre tout cela en conformité avec la raison, la démonstration, avec la science naturelle ou positive, qui est le fondement du savoir dans cette époque ? Notre réponse est simple. Nous ne répondrons pas, comme Ibn Rushd l'a fait, qu'il faut se garder d'examiner ces questions d'un point de vue rationnel. Il n'y a pas de limite, à notre époque, à l'investigation de la raison. Et lorsqu'on lui en pose, cela revient à l'étouffer et à la tuer. [...]

La science doit être inscrite dans le domaine de la raison, parce que ses règles reposent sur l'observation, sur l'expérience et sur la vérification. Quant à la religion, elle doit être inscrite dans le domaine du «cœur», parce que ses règles reposent sur l'acceptation des données apportées par les Écritures, sans examen de leurs fondements. Et qu'on ne vienne pas dire que cette division entre «la raison» et «le cœur» serait un péché contre la science ou remettrait en cause l'autorité de la science, puisque la science aspire à l'investigation de toute chose et de tous les principes. La science elle-même ne nie pas son impuissance dans certains cas. Ainsi par exemple la science postule-t-elle l'existence d'une matière dont est composé le monde pour expliquer l'existence de l'univers (ce que l'on appelle aujourd'hui l'éther). Elle postule de même l'existence de l'âme pour expliquer certaines actions des humains dans la veille ou dans le sommeil, qui seraient inexplicables autrement. Si la science elle-même continue jusqu'à nos jours à fonder ses règles sur des postulats, y compris dans des questions scientifiques, physiques, comment aurait-elle le droit de nier l'existence des «choses du cœur» sous prétexte que ce ne sont pas des choses démontrées.

La différence entre notre solution et celle du philosophe Ibn Rushd apparaît donc clairement. Notre réponse préserve tout à la fois l'intégrité de la science et celle de la religion, et dessine à chacune d'elles un domaine à l'intérieur duquel elles se meuvent librement, sans s'assujettir l'une à l'autre. La solution d'Abū l-Walīd, elle, assujettit la religion et l'asservit à la science, l'interprète et l'explique à plaisir. Si ce philosophe compte parmi ses titres de distinction d'avoir œuvré à la conciliation de la philosophie et de la religion, cet engagement fut aussi l'une des plus grandes causes de ses malheurs. Nous pensons que ce fut à bien des égards une erreur, et que probablement, si ce maître prééminent s'était contenté d'étudier la philosophie et de l'enseigner, sans clamer que la philosophie concordait avec la religion et était en conformité avec elle ; s'il avait déclaré qu'il étudiait la philosophie et l'enseignait, mais sans en faire grand cas, simplement pour amuser les esprits, et que son seul maître restait la religion, il se serait évité beaucoup des persécutions qui le frappèrent, et qu'aux yeux des savants religieux il avait en partie méritées, puisqu'il prétendait assujettir et asservir la religion à la philosophie.

FARAḤ 'ANṬŪN, *Ibn Rushd wa falsafat*ᵘ*-hu* («Ibn Rushd et sa philosophie»), Beyrouth, Dār aṭ-ṭalī'a, 1981, p. 120-124.

MAḤMŪD QĀSIM (1913-1973). *Égyptien, professeur à l'Université du Caire, il consacra de nombreuses années de sa vie aux études rushdiennes, et il est notamment l'éditeur du* Kashf. *Son livre* Al-faylasūf al-muftarā 'alay-hi ibn rushd *(«Le philosophe diffamé, Ibn Rushd») parut pour la première fois en 1954 et fut réédité ultérieurement sous le titre* Ibn rushd wa falsafat[u]-hu d-dīniyya *(«Ibn Rushd et sa philosophie religieuse»). Maḥmūd Qāsim répond dans ce passage à Léon Gauthier, qui considérerait Ibn Rushd comme un rationaliste foncier dont la théorie de la conciliation n'aurait pour seule fonction que de donner des gages à la foule.*

En vérité, Gauthier s'est trompé parce qu'il a, sans s'en rendre compte, assimilé le parcours des philosophes musulmans à celui des philosophes chrétiens. Car il sait sans aucun doute que Descartes, qui est l'un de leurs plus grands philosophes, ne croyait pas d'une foi reposant sur la raison et la certitude, mais faisait reposer sa croyance sur les opinions reçues de ses parents dans l'enfance. Cet orientaliste n'ignore pas non plus que Pascal, autre penseur chrétien, affirme que la foi est une sorte de pari dans lequel l'homme sacrifie sa raison à sa foi. C'est Pascal aussi qui s'adresse à sa raison en lui tenant ce langage : «Humiliez-vous, raison impuissante ! [...] ».

Mais 'Abū l-Walīd Ibn Rushd, lui, est un philosophe rationaliste et croyant tout à la fois, sans qu'il y ait là la moindre contradiction, et sans qu'il ait été pour cela obligé d'humilier sa raison ou de la refréner. Croyant sincère, il l'est aussi parce qu'il essaie de concilier sa religion avec ses idées philosophiques, et qu'il a composé sur ce sujet deux livres qui n'étaient pas adressés à la foule, mais à l'élite. La preuve en est que, après avoir exposé sa théorie de la conciliation entre la religion et la raison, il y ajoute une épître, l'«*Appendice*» (*aḍ-Ḍamīma*), qu'il avait envoyée à l'un de ses amis fidèles pour lui fournir davantage de détails sur la question de la science divine des particuliers. Nous disons : davantage de détails, car l'idée générale se trouve dans ses autres livres. Cela veut bien dire qu'Ibn Rushd ne cherchait pas du tout à flatter la foule, ou à gagner sa sympathie ou sa confiance, ni à se préserver contre une agression éventuelle de sa part. Bien plus, on a vu que ce qui lui était reproché, la cause de son «calvaire», c'était justement d'avoir voulu concilier la Religion et la philosophie, et de s'être écarté des opinions ash'arites. [...]

Si le philosophe de Cordoue a voulu apporter une démonstration aux dogmes de l'Islam, c'est d'abord pour réaliser la concorde entre tous les Musulmans, et ensuite pour satisfaire à un désir, à un besoin de rationalité semblable à celui d'un Thomas d'Aquin, par exemple, qui s'efforça de trouver des fondements rationnels à certains dogmes chrétiens, non à tous. Comment ces orientalistes peuvent-ils reconnaître la sincérité du second lorsqu'il démontre certains dogmes de sa religion, et nier en même temps la sincérité du philosophe musulman, alors qu'ils reconnaissent par ailleurs que Thomas a suivi les traces de notre philosophe, adopté sa méthode et emprunté ses démonstrations ? Qu'y a-t-il donc d'étonnant de leur point de vue à ce qu'Ibn Rushd essaie de démontrer les dogmes en s'appuyant sur sa connaissance de la philosophie d'Aristote ? [...]

Ibn Rushd considère comme illicite d'exposer à la foule la théorie de la concordance entre la religion et la philosophie ou les interprétations faites par les *mujtahid*-s de certains textes équivoques, parce que cela risque d'attiser entre les hommes des haines réciproques et de déchirer la Révélation en morceaux. Il reproche à al-Ghazālī d'avoir exposé des choses de cet ordre à la foule. Il dit que les chefs politiques des musulmans ont l'obligation d'interdire les livres d'Abū Ḥāmid (al-Ghazālī) qui contiennent cette science que seuls ont le droit de connaître ceux qui en sont capables. Enfin il désigne comme infidèles ceux qui exposent ces interprétations à qui n'est pas homme à les connaître. Cela étant, comment croire que son projet de concilier la religion et la raison était adressé à la foule, et que son intention était seulement de persuader cette dernière de l'absence de contradiction entre la Religion et la philosophie d'Aristote ?

Mais Gauthier, qui fonde ses opinions sur l'idée peu fiable qu'Ibn Rushd est un philosophe rationaliste au sens où l'entendent les Chrétiens, et en particulier les gens de leur clergé, aboutit à l'erreur fatale qui gâte toute son étude. Car la position d'Ibn Rushd n'est pas celle que s'imagine Gauthier, et toutes les opinions qu'il a exposées dans le *Dévoilement* se trouvent également dans l'*Incohérence de l'incohérence* et dans le *Discours décisif*. Et si le philosophe a mis dans ces livres des choses qui diffèrent peu ou prou de ce qu'il a écrit dans ses commentaires d'Aristote, il faut être juste et ne pas considérer que c'est là la preuve de son rationalisme extrémiste, comme on l'affirme. Car la position du commentateur diffère de celle du philosophe, et l'on peut parfaitement commenter, ou reformuler les opinions d'un autres sans les partager.

MAḤMŪD QĀSIM, *Ibn rushd wa falsafat*ᵘ*-hu d-dīniyya* (« Ibn Rushd et sa philosophie religieuse »), Le Caire, Maktabat al-'anjlū l-miṣriyya, 1969, p. 82-86.

MUḤAMMAD YŪSUF MŪSĀ (1899-1963). *Il a enseigné la philosophie à la faculté religieuse d'al-'Azhar et le droit musulman à l'Université du Caire. Fondamentaliste modéré, il se rattache à un courant néo-mu'tazilite. Auteur de deux ouvrages sur Ibn Rushd,* Ibn rushd al-faylasūf *(«Ibn Rushd le philosophe»), 1945, et* Bayna d-dīn wa-l-falsafa *(«Entre religion et philosophie»), 1959, il considère que l'étouffement de la pensée philosophique fut l'une des causes du déclin de la culture arabo-islamique.*

On peut dire que le philosophe andalou ne tient pas pour la Religion seule à l'exclusion de la philosophie, ni pour la philosophie à l'exclusion de la Religion, mais essaie, à l'instar de nombre de ses prédécesseurs comme de ses successeurs au Moyen Âge et à l'époque moderne, de suivre une voie moyenne, en montrant que la philosophie et la Religion sont tributaires l'une de l'autre, que chacune concerne spécifiquement certaines catégories de personnes [...], c'est-à-dire qu'il a choisi à propos de la question du rapport entre Religion et philosophie la position de tous ceux qui croient à la fois dans la Religion et dans la valeur de la raison et de la pensée. [...]

On ne peut à notre avis considérer comme étrangère à l'esprit de la Religion l'idée d'Ibn Rushd qu'il faut interpréter les textes qui ne concordent pas avec les données de l'examen de la saine raison. Al-Ghazālī lui-même, la «Preuve de l'Islam» et l'adversaire des pilosophes, affirme dans son épître sur les règles de l'interprétation qu'il ne faut pas démentir les conclusions de la raison au nom du Texte, la véridicité du texte ne pouvant être établie autrement que par la raison. Il recommande également que l'on tente d'opérer la réunion de la Religion et de la philosophie ou, comme il dit, entre le «savoir transmis» et le «savoir rationnel», parce qu'il est impossible de démentir la raison. Si en effet on entreprenait de la démentir, il n'y aurait pas loin à ce que le démenti porte aussi sur la véridicité du Texte révélé, puisque nous connaissons celui-ci, et décidons de sa véridicité exclusivement au moyen de la raison. [...]

En vérité, il faudrait peut-être dire que le philosophe andalou ne peut sans doute pas être qualifié de rationaliste à l'égard de n'importe qui et en toutes circonstances, pas plus que de non-rationaliste. Il nous paraît plutôt qu'il fut non-rationaliste à l'égard de la foule inapte à assumer l'examen rationnel et la démonstration; et rationaliste à l'égard des hommes aptes à l'examen rationnel et à la philosophie. Du fait qu'Ibn Rushd a simultanément cultivé les deux attitudes, ses propos peuvent parfois laisser penser qu'il se serait à un moment départi de l'attitude rationaliste pour embrasser l'attitude contraire.

MUḤAMMAD YŪSUF MŪSĀ, *Bayna d-dīn wa-l-falsafa fī ra'y ibn rushd wa-falāsifat al-'aṣr al-wasīṭ* («Entre reli-gion et philosophie, d'après Ibn Rushd et les philosophes du Moyen Âge») , Le Caire, Dār al-ma'ārif, 1959, p. 90-110.

MUḤAMMAD 'AMĀRA (né en 1931). *Néoréformiste musulman, élève de Maḥmūd Qāsim, influencé par la pensée de gauche, toute son œuvre est traversée par le souci de relever les valeurs rationalistes et révolutionnaires dont est porteur le patrimoine arabo-musulman pour assurer l'émancipation des sociétés musulmanes contemporaines. Il est l'auteur d'un ouvrage sur Ibn Rushd,* al-Māddiyya wa-l-mithāliyya fī falsafat ibn rushd *(«Matérialisme et idéalisme dans la philosophie d'Ibn Rushd»), 1971, et a édité le* Discours décisif.

Bien que son domaine privilégié de recherche ait été la philosophie aristotélicienne, et malgré son admiration sans pareille pour le Sage grec, qui lui faisait voir dans les principes de la doctrine de celui-ci «l'aboutissement ultime de ce qui peut être connu par les intellects humains»; malgré la constante condamnation de la philosophie par les docteurs de la Loi et la masse des gens simples, cause de bien des épreuves, voire de peines et de persécutions pour nombre de philosophes ou de théosophes; et malgré le conservatisme d'une large base de la société andalouse et maghrébine et la prévention générale de cette société à l'égard de la philosophie; malgré tout cela, Ibn Rushd s'est présenté comme un porte-drapeau en ce domaine, non seulement en tant qu'il étudia et commenta Aristote, en tant que philosophe produisant pour une élite d'adeptes et d'étudiants de philosophie, mais en s'affrontant à la plus capitale des questions posées aux pionniers de ce domaine, la tentative de concilier les règles de la pilosophie avec les fondements des dogmes posés par les religions. [...]

La voie qu'il choisit, d'établir une distinction entre la foule, les théologiens et les philosophes, ne procède pas, comme on pourrait l'imaginer, d'une quelconque arrogance intellectuelle, d'une volonté de consacrer la coupure avec le commun des mortels, d'un mépris de quiconque ne serait pas philosophe. Cette attitude procède seulement du sentiment particulier de responsabilité qu'éprouve le penseur croyant qui considère qu'il doit préserver les domaines intangibles des sciences et du savoir contre la banalisation que susciterait leur diffusion dans des milieux qui ne sont pas les leurs. Ibn Rushd ne dit pas que la philosophie, la connaissance vraie, est l'apanage d'une classe particulière d'hommes ou d'un lignage particulier, mais simplement qu'il y a des outils à acquérir pour l'étudier, un prix à payer par ceux qui aspirent à la connaissance de la vérité par ce moyen. Le champ de la philosophie est ouvert à tous, à condition que ceux qui s'y dirigent s'arment de manière à sortir victorieux de la bataille qu'ils se disposent à engager pour la conquête de la certitude par la démonsration. [...]

Un défaut affecte parfois les études consacrées à certains de nos philosophes, c'est qu'on néglige souvent, intentionnellement ou non, la relation de ces philosophes à leur société, l'interaction entre leur pensée et ces sociétés, et le rôle qu'ils jouent dans le progrès politique, social et civilisationnel de ces sociétés. [...] ce qui rend ce défaut plus criant encore dans le cas de la pensée arabo-musulmane, c'est que cette pensée et les grands hommes qui la marquèrent ne connurent jamais le clivage manifeste dans certaines sociétés entre «pensée» et «pratique.» Au contraire, la vie de ces penseurs, et les différents aspects de l'activité intellectuelle arabo-musulmane sont la plus merveilleuse incarnation de l'unité entre les soucis des penseurs et leur action, entre leurs préoccupations intellectuelles et leurs aspirations à faire appliquer leurs théories dans les sociétés dans lesquelles ils vivent.

MUḤAMMAD 'AMĀRA, «Ibn rushd wa-l-falsafat al-'aqliyya fī l-'islām» («Ibn Rushd et la philosophie rationaliste en Islam») in *aṭ-Ṭalī'a*, novembre 1968, p. 138-144.

MĀJID FAKHRĪ. *Ce professeur libanais est un spécialiste de la pensée médiévale. Il est notamment l'auteur, en anglais, du classique A History of Islamic Philosophy, traduit dans plusieurs langues, et d'un ouvrage en arabe sur Ibn Rushd,* Ibn rushd, faylasūf qurṭuba *(« Ibn Rushd, le philosophe de Cordoue »), 1960. Dans le texte qui suit, il relève la dimension religieuse et spirituelle de l'œuvre d'Ibn Rushd et fait justice de l'accusation d'hypocrisie portée contre le philosophe.*

Ibn Rushd croyait dans le caractère sacré des versets du Coran. Mais il était de surcroît absolument persuadé, comme d'une évidence absolue, de l'unité de la vérité. Cette évidence n'impliquait pas seulement pour lui la nécessité du recours à l'interprétation, mais aussi la reconnaissance de l'égalité de valeur entre la philosophie et la Révélation, ou de la raison et de l'inspiration, en tant que toutes les deux sont des sources primordiales et authentiques de la vérité. Si certains philosophes, comme Ibn Sīnā, dans un excès d'admiration pour la philosophie, tendirent à remettre en cause parfois cette égalité de valeur, d'autres par contre, comme al-Kindī, ne l'ont jamais remise en doute. Ibn Rushd affirme clairement cette égalité, et tire toutes les conséquences logiques qu'elle implique.

Il n'est pas nécessaire de nous étendre sur l'attachement sans limites d'Ibn Rushd pour la philosophie, ni sur son admiration pour Aristote, par qui, selon lui, «la vérité a été parfaite». L'admiration que portait à Aristote un Saint Thomas d'Aquin n'arrive qu'au second rang derrière son admiration pour les Écritures, et il se permettait parfois de contredire Aristote sur certaines propositions fondamentales. Ibn Rushd par contre n'a jamais explicitement pris ses distances avec Aristote. Comment a-t-il pu dès lors continuer à admettre la véridicité du Coran comme parole révélée ? Ou bien, pour poser la question le plus simplement qui soit : comment Ibn Rushd, philosophe authentique, a-t-il pu demeurer un Musulman authentique ? On pourrait généraliser la question, et demander: est-il possible d'être à la fois un Musulman authentique et un philosophe authentique ?

Qu'Ibn Rushd ait été jusqu'à son dernier souffle un authentique philosophe et un authentique Musulman, c'est là quelque chose dont nous ne voyons pas de raison de douter, et nous ne pensons pas qu'on puisse retenir l'hypothèse répandue à certaines périodes du Moyen Âge et selon laquelle Ibn Rushd aurait en la matière fait preuve de cette hypocrisie et de cette duplicité que l'on a par euphémisme rebaptisées «théorie des deux vérités». Dans un excellent petit livre intitulé *Reason and Revelation in the Middle Age*, Étienne Gilson a bien noté toutes les difficultés historiques et logiques que soulevait l'hypothèse de la théorie des deux vérités. Aussi quiconque étudie la philosophie médiévale, et celle d'Ibn Rushd en particulier, ne peut-il qu'exprimer son étonnement devant la détermination avec laquelle certains savants soutiennent encore cette idée. [...]

Il faut noter qu'Ibn Rushd ne reconnaît en aucun cas au philosophe le droit de produire des dogmes nouveaux, ou à l'inverse d'éliminer des dogmes anciens clairement énoncés dans le Coran et la Tradition. Cela implique que le philosophe se trouve dans la position d'un commentateur des Textes révélés, entièrement lié par ces Textes. C'est là une première restriction, peut-être la plus importante, qui touche l'interprétation philosophique. Mais il y en a d'autres, non moins significatives : le philosophe, tout comme le commun des mortels, a un souci particulier de son salut individuel, ou, comme l'on dit communément dans les sources arabes, de la « félicité dans les deux demeures ». Et pour assurer son salut, le philosophe doit adhérer à un certain nombre de dogmes qui en constituent la condition *sine qua non*. [...]

Ibn Rushd n'a jamais joui, ni dans l'Orient musulman, ni dans l'Occident chrétien, de la considération à laquelle il pouvait prétendre au titre de philosophe religieux original. En Occident, parce que ses écrits religieux demeurèrent à peu près inconnus jusqu'au XIVe siècle, où l'*Incohérence de l'incohérence* fut traduite en latin. En Orient, parce que le triomphe des Ḥanbalites et le déclin intellectuel général du monde musulman ne permettait plus vraiment qu'on engageât avec l'assiduité voulue un effort intellectuel pour prolonger les recherches entamées par Ibn Rushd. Depuis le XIIe siècle, surtout sous l'influence d'Ibn Sīnā, les théologiens multipliaient les discussions absconses sur des questions telles que l'être, la quiddité, l'accident, ou se consacraient à la rédaction de commentaires sur les commentaires des anciens, particulièrement en logique. La plupart des écrits qui font exception sont l'œuvre de shī'ites. Depuis l'époque d'as-Suhrawardī (m. 1191), les philosophes illuministes poursuivent en effet l'œuvre de spéculation intellectuelle inaugurée par leurs devanciers. Même si leur éclectisme les amenait parfois à pousser les théories de leurs devanciers dans le sens qui leur convenait, ils n'en continuèrent pas moins d'affirmer le devoir pour le philosophe d'engager les lumières de la raison dans l'examen des données de la Révélation. Il est donc surprenant que malgré cela Ibn Rushd n'ait pas bénéficié d'une renommée plus grande dans ces milieux qui demeurèrent florissants, surtout en Iran, jusqu'à l'époque moderne.

MĀJID FAKHRĪ, *Dirāsāt fī l-fikr al-'islāmī* (« Études sur la pensée islamique »), Beyrouth, Dār an-nahār li-n-nashr, 2e éd. 1977, p. 138-148.

ṬAYYIB TĪZĪNĪ (né en 1938). *Syrien, professeur de philosophie à l'université de Damas, il est l'un des représentants les plus importants de la pensée marxiste dans le monde arabe. Dans Mashrū' ru'ya jadīda li-l-fikr al-'arabī fī l-'aṣr al-wasīṭ* (« Projet pour une vision nouvelle de la pensée arabe au Moyen Âge »), *il développe la thèse selon laquelle la philosophie dans le monde musulman aurait été l'expression idéologique d'une remise en cause du féodalisme médiéval, et dégage les aspects « matérialistes » et « athées » de la pensée d'Ibn Sînâ et d'Ibn Rushd, dont la théorie du rapport entre la religion et la philosophie est effectivement, pour Tīzīnī, une expression de la fameuse thèse de la « double vérité ».*

Les idées révolutionnaires et scientifiques d'Ibn Rushd lui valurent de sérieux ennuis. Les forces de la réaction religieuse et politique lui portèrent une haine féroce, si bien qu'il fut exilé à Lucena, près de Cordoue, et que ses livres furent brûlés. C'était le début d'une bataille furieuse et féroce contre la philosophie et la pensée rationnelle en général. L'évolution de l'équilibre des forces en présence fit pourtant que le souverain lui pardonna après un temps, et qu'il put rentrer et rejoindre la cour. Toute recherche approfondie sur l'histoire d'Ibn Rushd doit absolument prendre en compte le fait suivant : c'est l'opposition d'ordre politique et intellectuel entre une grande partie des masses populaires, qui ont à leur tête des religieux fanatiques, et les intellectuels et libres penseurs pour lesquels la raison est une donnée essentielle, qui détermine la situation politique et intellectuelle à l'époque d'Ibn Rushd. Les souverains oscillent entre ces deux tendances majeures. Si cette opposition a bien imprimé sa marque sur l'évolution intellectuelle en al-Andalus, elle a par là contribué à y rendre extrêmement compliqué le cheminement de la philosophie et de la pensée. Ibn Rushd, comme avant lui Ibn Bājja, fut touché de plein fouet par les salves des littéralistes et des fanatiques. On doit alors peu ou prou, directement ou indirectement, ressentir la vague de terrorisme intellectuel qui touchait ce pays. Cette situation met celui qui étudie l'histoire de la philosophie et de la pensée en général devant la tâche délicate de comprendre la nature de ce terrorisme intellectuel, et de le prendre en compte lorsqu'il s'agit d'évaluer la production de cette époque. On n'a donc pas le droit, cette réalité historique étant, d'attendre des penseurs de cette époque qu'ils aient effectivement dit tout ce qu'ils voulaient dire. Le style allégorique dans l'écriture et l'équivoque occupent une place importante dans leur écrits. [...]

En réalité, c'est la mentalité (l'idéologie) féodale qui domine alors sur le plan de la vie publique la plus large. Cette mentalité se caractérise par le littéralisme, l'immobilisme, et l'obscurantisme eschatologique dans le domaine de la pensée et de la raison. Elle est en outre marquée par la volonté de subordonner toute forme de conscience sociale, art, éthique, politique, philosophie, etc., aux exigences de la fonction d'assurer la consécration et la consolidation d'un lien social primaire et inhumain.

Lorsque nous observons qu'Ibn Rushd, et d'autres avant lui, comme Ibn Ṭufayl, accordent une moindre valeur à la foule qu'aux philosophes ou aux intellectuels en général, il faut assurer qu'il s'agit là de défendre la philosophie et la pensée rationnelle, et de disputer à cette mentalité féodale la maîtrise de la philosophie et de la raison. En d'autres termes, les philosophes arabo-musulmans rationalistes et matérialistes étaient moins contre les masses que celles-ci n'étaient contre eux. Ceci montre que la thèse des «deux vérités», une vérité philosophique et rationnelle et une vérité religieuse et fidéiste, telle qu'elle existe chez certains philosophes musulmans dont Ibn Rushd lui-même, n'est en réalité que la sublimation et la condensation de la réalité conflictuelle existant entre les philosophes et les masses fanatiques d'alors. La théorie des «deux vérités» reflète de façon étonnante cette opposition conflictuelle, et le fait que la plupart des philosophes tenants de cette théorie penchent du côté de la vérité philosophique rationnelle leur a évidemment valu de rencontrer l'opposition de la foule, conduite dans une direction inverse.

ṬAYYIB TĪZĪNĪ, *Mashrū' ru'ya jadīda li-l-fikr al-'arabī fī l-'aṣr al-wasīṭ* («Projet pour une vision nouvelle de la pensée arabe au Moyen Âge»), Damas, Dār Dimashq, 1971, p. 355-357.

ZAKĪ NAJĪB MAḤMŪD (1905-1993). *Professeur de philosophie et auteur prolixe, il se fit connaître dans la première phase de son activité intellectuelle pour ses thèses positivistes et son rejet du turāth (tradition) arabo-musulman. Il reviendra par la suite sur cette position, et cherchera à établir des passerelles entre la tradition intellectuelle arabo-musulmane et l'esprit de la modernité. Il est l'un des rares penseurs arabes modernes à juger plutôt négativement la théorie d'Ibn Rushd sur le rapport entre raison et révélation, et à ne pas la considérer comme un modèle susceptible d'être prolongé dans le présent.*

Il existe une similitude entre la structure de l'activité intellectuelle dans le monde arabo-musulman aux XIe et XIIe siècles et sa structure aux XIXe et XXe siècles, en tant que l'une et l'autre s'accordent à reconnaître à la révélation musulmane le rôle de fondement de l'édifice de la pensée arabe, à quoi vient s'additionner, venue de l'extérieur, une pensée autre, fondée sur la raison (la philosophie grecque dans le premier cas, les sciences modernes dans le second).

Dans les deux cas, certains intellectuels considèrent la nouvelle venue comme un danger menaçant la pensée «originaire» (*'aṣīl*), tandis que d'autres n'y voient aucun danger, puisque le «nouveau» et l'«originaire» ont une finalité identique, même s'ils diffèrent par les moyens qu'ils mettent en œuvre pour y arriver. Ibn Rushd fut – pour la première de ces deux époques – le plus éminent des penseurs qui défendirent la seconde opinion.

S'il y a effectivement similitude entre les structures intellectuelles à ces deux époques – malgré l'énorme disparité des matières intellectuelles traitées ici et là – notre tentative d'examen de la position d'Ibn Rushd peut amener des éléments susceptibles de nous orienter positivement dans notre vie culturelle présente. [...]

Dès le début du *Discours décisif*, Ibn Rushd a voulu prendre soin d'assurer que la philosophie était licite, voire obligatoire, du point de vue de la Loi révélée. Comme on le voit, ce point de vue confère à la révélation une priorité logique sur la philosophie. Il semble que les propositions du Texte aient pour Ibn rushd le statut des principes premiers dont on conclut, dans la philosophie, ce qui est valide et ce qui ne l'est pas. Ce point de vue d'Ibn Rushd nous paraît contraire à la nature de l'attitude philosophique dans son sens plénier, parce que la véritable philosophie rejette les présupposés. [...]

Lorsque Ibn Rushd affirme de lui-même (dans le *Kashf*, p. 175)[2] qu'il peut procéder dans sa démarche tantôt de la philosophie à la Révélation, tantôt de la révélation à la philosophie, et que les résultats coincident dans les deux cas, ce n'est donc pas tout à fait vrai : la démarche par laquelle on procède de la philosophie à la Révélation représente un pas moindre que la démarche inverse, puisque Ibn Rushd se pose à lui-même comme condition, en l'effectuant, de la faire reposer sur une croyance préalable dans la Révélation. Si donc on dit, comme certains le font, que le *Discours décisif* est une défense de la philosophie contre ses ennemis, nous rectifierons : c'est une défense défaillante sur un point essentiel.

On dit que la révélation et la philosophie aboutissent à une même vérité. Mais qu'est-ce qui nous garantit qu'elles ne se contredisent pas? La réponse d'Ibn Rushd sur ce point ne

2. De l'édition M. Qāsim, Le Caire, 1964.

convainc que celui qui croit préalablement dans la révlation musulmane. Il pose que la Révélation est la vérité et que la philosophie est la vérité. Or, étant donné qu'il n'y a pas plusieurs vérités, la révélation et la philosophie sont essentiellement une, même si elles diffèrent par les moyens d'expression auxquels elles recourent. [...]

Nous voyons qu'Ibn Rushd donne à la foi dans la Révélation le statut de condition préalable. La pensée philosophique aurait préféré que son autonomie fût préservée, de sorte que, si elle aboutissait à une conclusion confirmant les données apportées par la révélation, la confirmation fût plus probante. Ainsi, à la question : «Qu'est-ce qui garantit l'absence de contradiction entre la révélation et la philosophie ?», on répondrait qu'il n'y a aucune garantie, que la révélation dit ce qu'elle dit, mais que nous, nous faisons porter notre recherche sur l'élucidation de la réalité de l'univers au moyen de la pensée philosophique démonstrative, et que si les résultats auxquels nous parvenons sont conformes au donné révélé, c'est tant mieux. Sinon, nous sommes obligés, en cas de contradiction, de choisir entre l'assentiment reposant sur la foi pure et l'acceptation des conclusions de la recherche rationnelle ; ou encore de recourir à l'interprétation du Texte révélé de façon à mettre celui-ci en conformité avec les conclusions de la démonstration rationnelle.

ZAKĪ NAJĪB MAḤMŪD, *Qiyam min at-turāth* («Valeurs issues de la tradition»), Le Caire, Dār ash-shurūq, 1984.

MUḤAMMAD ʿĀBID AL-JĀBIRĪ (né en 1936). *Professeur à l'Université de Rabat, il s'efforce, dans son œuvre majeure,* Critique de la raison arabe, *de renouveler le regard de la conscience arabe sur la «tradition»* (turāth) *et d'historiciser le rapport des Arabes à leur passé.*

Ibn Rushd refuse de faire de la religion un substitut de la philosophie, ou de la philosophie un substitut de la religion en opérant leur fusion ou leur conciliation. Il préserve au contraire leur autonomie, et instaure entre elles une sorte de parallélisme en vertu duquel elles se rencontreraient en définitive à hauteur de la vérité absolue. Mais cela ne doit pas obliger à vouloir établir une correspondance parfaite entre les deux à propos de chaque question, ni à vouloir aller et venir entre l'une et l'autre pour chaque question particulière. Cela n'est pas possible, car l'édifice de la religion diffère, par sa nature et sa constitution, de l'édifice de la philosophie, chacun ayant ses principes propres. Si les principes de la philosophie sont issus de la raison, et varient par conséquent à mesure de la puissance de celle-ci, ce qui leur confère un caractère de relativité, il y a par contre dans les principes de la religion, outre ceux qui concordent avec des principes rationnels, «des choses divines qui excèdent la faculté des intellects humains et dont nous devons reconnaître l'existence, bien que nous en ignorions les causes» (*Tahāfut*, vol. II, p. 791)[3]. Ainsi, de même que nous devons accepter de prendre à la lettre certains énoncés portant sur des prescriptions cultuelles sans en saisir le dessein – comme par exemple le fait de rompre le jeûne au mois de Ramadan au coucher du soleil –, de même nous sommes obligés de prendre à la lettre nombre d'énoncés portant sur des dogmes religieux. «Peut-être le fait d'avoir à prendre à la lettre des choses scientifiques [théoriques, dogmatiques] est-il une situation plus heureuse que d'avoir à prendre à la lettre des choses pratiques», c'est-à-dire de l'ordre des prescriptions cultuelles (*Tahāfut*, vol. II, p. 650).

La division de la parole religieuse en sens obvie et en sens lointain n'est donc pas complètement parallèle chez Ibn Rushd à la division des hommes en une «foule» et une «élite». Le sens lointain n'est pas l'apanage de l'«élite», pas plus que le sens obvie n'est l'apanage de la foule, comme c'est le cas pour les philosophes et les soufis orientaux. L'obligation de prendre au sens obvie certains énoncés n'engage pas uniquement la foule, mais les savants eux-mêmes, et ce sur des points déterminés, comme par exemple, dans le cas des prescriptions légales, la question de la rupture du jeûne au coucher du soleil. Ibn Rushd ne tient pas pour l'existence de «deux vérités», dont l'une serait réservée à l'élite et l'autre à la foule, comme le prétendent certains auteurs. Ibn Rushd assure au contraire que la vérité est une, mais que c'est la saisie de la vérité par les savants qui diffère de sa saisie par la foule. Cette inégalité devant la saisie de la vérité et le degré de conscience que l'on en a a pour seule cause l'inégalité des niveaux de connaissance de chacun, et rien d'autre. C'est pourquoi il faut à nouveau affirmer qu'il n'y a aucun rapport entre les notions d'«élite» et de «foule» chez les philosophes et les soufis de l'Orient, et les notions d'élite (les savants) et de foule (la masse de la population) chez Ibn Rushd. La distinction entre l'élite et la foule chez les philosophes et les soufis orientaux, s'établit en fonction d'une distinction entre deux types de connaissance : une connaissance gnostique, illuminative, inspirée, ou procé-

3. Références de l'édition S. Dunyā, Le Caire, 1965.

dant de la conjonction avec l'Intellect agent, propre à des catégories limitées de personnes, les philosophes, les hommes de la «connaissance vraie»; et une connaissance commune, sensible ou procédant des facultés immanentes de l'âme, propre à la foule. Ibn Rushd, lui ne connaît qu'une seule espèce de connaissance, la connaissance rationnelle qui, partant des choses sensibles, se construit en connaissance théorique et abstraite par l'acquisition de la science. Ainsi, la notion d'«élite» recouvre les gens de démonstration, tenants d'une connaissance intellectuelle, et celle de «foule», les hommes dont «l'assentiment ne se produit que du fait de l'imagination» parce que leur faculté de conception est tributaire des choses sensibles, et que par conséquent, «il leur est fort difficile d'assentir à l'existence d'un être qui n'entretient aucune relation à quelque chose d'imaginable» (*Fasl al-maqāl*, p. 46)[4]. L'exemple donné par Ibn Rushd est celui-ci : la foule ne peut pas assentir à l'idée que le soleil est plus grand que la terre, parce que sa connaissance reste liée aux données que lui fournissent les sens. Mais si l'on enseignait aux hommes de la foule les méthodes de calcul qui ont permis aux savants d'établir la vérité scientifique, ils seraient capables de concevoir que le soleil est effectivement plus grand que la terre, bien que cela ne soit pas perçu par les sens. De cet exemple, le philosophe de Cordoue conclut que «ce à quoi la raison aboutit en dernier lieu (savoir à l'issue de la démonstration est, pour la foule (c'est à dire avant la démonstration), de l'ordre de l'impossible» (*Tahāfut*, vol. I, p. 342).

C'est pour cette raison, et pour cette raison seule, qu'Ibn Rushd blâme les philosophes et les théologiens orientaux d'avoir divulgué la philosophie à la masse sans tenir compte de la faculté de celle-ci à recevoir cette connaissance, jetant ainsi le trouble dans sa pensée et ses croyances.

MUḤAMMAD 'ĀBID AL-JĀBIRĪ, *Naḥnu wa-t-turāth* («Nous et la tradition»), Beyrouth-Casablanca, Dār at-tanwîr, 4e éd. 1985, p. 246-247.

4. Références de l'édition Nādir, Beyrouth, 1961.

BIBLIOGRAPHIE

Éditions et traductions du *Faṣl al-maqāl*

'Amāra M. (éd.), *Faṣl al-maqāl,* Le Caire, Dār al-ma'ārif, 1969.
Campanini M. (trad.), *Averroè. Il trattato decisivo sull'accordo delle religione con la filosofia* (I classici della BUR), Biblioteca universale Rizzoli, 1994.
Gauthier L. (éd. et trad.), *Traité décisif sur l'accord de la religion et de la philosophie*, Alger 1948, reprint Vrin-Reprise, Paris, 1983.
Hourani G. F. (éd.), *Kitāb faṣl al-maqāl*, Leiden, Brill, 1959.
– (trad.), *Averroes on the Harmony of Religion and Philosophy*, Londres, Luzac, 1961.
Müller, M. J. (éd.), *Philosophie und Theologie von Averroes*, Munich, 1859.
– (trad.), Averroes, *Harmonie der Religion und Philosophie*, in *Philosophie und Theologie von Averroes*, Munich, 1875.
Nādir E. (éd.), *Kitāb faṣl al-maqāl*, Beyrouth, Dar el-Machreq, ^{3}1986.

Œuvres d'Ibn Rushd

Averroes' Commentary on Plato's Republic, éd. et trad. de l'hébreu E.I.J. Rosenthal, Cambridge (G.-B.), Cambridge University Press, 1956.
Averroes. Epitome of Parva Naturalia, trad. H. Blumberg, Cambridge, Massachusetts, 1961.
Averroès. Grand Commentaire de la Métaphysique d'Aristote (tafsīr ma ba'd aṭ-ṭabī'at), *Livre Lam-lambda*, trad. A. Martin, Paris, Les Belles Lettres, 1984.
Averroes' Three Short Commentaries on Aristotle's « Topics », « Rhetorics » and « Poetics », éd. et trad. Ch. E. Butterworth, Albany, 1977.
Bidāyat al-mujtahid wa nihāyat al-muqtaṣid, Le Caire, Maktabat al-kulliyāt al-'azhariyya, 1394 h./1974.

Jawāmi' kitāb as-samā' aṭ-ṭabī'ī, éd. J. Puig, Madrid, 1983.
Jawāmi' kitāb as-samā' wa-l-'ālam, Haydarābād, Dā'irat al-ma'ārif al-'uthmāniyya, 1947.
al-Kashf 'an manāhij al-'adilla, in *Falsafat Ibn Rushd*, Beyrouth, Dār al-'āfāq al-jadīda, 1402 h./1982.
Tafsīr mā ba'd aṭ-ṭabī'at (« Grand commentaire » de la métaphysique), éd. M. Bouyges, Beyrouth, Dar el-Machreq, 1973.
Tahāfut at-tahāfut, éd. M. Bouyges, Beyrouth, Dar el-Machreq, 1992.
Talkhīs mantiq 'aristū (*Paraphrase de la Logique d'Aristote*) éd. G. Jéhamy, Beyrouth, Publications de l'Université libanaise, 1982.

Œuvres médiévales

Avicenne, *La Métaphysique du Shifā'*, trad. G. Anawati, Paris, Vrin, 1978.
al-Fārābī, *Kitāb al-ḥurūf*, éd. Muḥsin Mahdī, Dar el-machreq, Beyrouth, 1970.
– *Traité des opinions des habitants de la Cité idéale*, Introd., trad. et notes par T. Sabri (Études musulmanes, 31), Paris, Vrin, 1990.
al-Ghazālī, *Fayṣal at-tafriqa bayna l-'islām wa-z-zandaqa*, éd. S. Dunyā, Le Caire, Dār 'iḥyā' al-kutub al-'arabiyya, 1381 h./1961.
– *'Iḥyā' 'ulūm ad-dīn*, Beyrouth, Dār al-khayr, 1413 h./1993.
– *al-Iqtisād fī l-i'tiqād*, Damas, al-Ḥikma, 1415 h./1994.
– *al-Munqidh min aḍ-ḍalāl*, éd. A. al-Marrāq, Tunis, ad-Dār at-tūnisiyya li-n-nashr-Alger, al-Mu'assasat al-wataniyya li-l-kitāb, 1984.
– *Tahāfut al-falāsifa*, reprint de l'éd. M. Bouyges, Dar el-Machreq, Beyrouth, 1982.
Eliya Delmédigo, *Examen de la religion. Le testament philosophique du judaïsme à la veille de l'expulsion*, trad. M.-R. Hayoun, Paris, Cerf, 1992.
Ibn 'Abī 'Usaybi'a, *'Uyūn al-'anbā' fī ṭabaqāt al-'aṭibbā'*, éd. Nizār Ridā, Beyrouth, Dār maktabat al-Ḥayāt, s. d.
Ibn Ḥajar al-'Asqalānī, *Sharḥ nukhbat al-fikar fī mustalaḥ 'ahl al-'athar*, Le Caire, 1352 h./1934.
Ibn Juzayy, *at-Tashīl li-'ulūm at-tanzīl*, éd. M.A. al-Yūnisī et I.A. 'Awd, Le Caire, Dūr al-kutub al-'ilmiyya, 1973.
Ibn Tūmart, *Le Livre de Mohamed ibn Toumert, Mahdi des Almohades*, éd. D. Luciani, Alger, Imprimerie orientale P. Fontana, 1903.

al-Juwaynī, *al-Burhān fī 'uṣūl al-fiqh*, éd. A. ad-Dīb, Le Caire, Dār al-'anṣār, 1400 h./1980.
Moïse Maïmonide, *Le Guide des égarés, suivi du Traité des huit chapitres*, trad. de l'arabe par S. Munk, nouvelle édition revue par Ch. Mopsik, Paris, Verdier, 1979.
as-Sakākī, *Miftāḥ al-'ulūm*, Dār al-kutub al-'ilmiyya, Beyrouth, 1407 h./1987.
Thomas d'Aquin, *Contre Averroès*, trad. A. de Libera (GF 713), Paris, GF-Flammarion, 1994.

Travaux modernes

Études générales

Abu'n Nasr J, *History of the Maghreb in the Islamic Period*, Cambridge (G.-B.), Cambridge University Press, 1987.
Arnaldez R., *Aspects de la pensée musulmane*, Paris, Vrin, 1987.
Badawi A., *Histoire de la philosophie en Islam* (2 vol.), Paris, Vrin, 1968.
Butterworth Ch. E. (éd.), *The Political Aspects of Islamic Philosophy*. Essays in Honor of Muhsin S. Mahdi (Harvard Middle Eastern Monographs), Cambridge (Mass.), Harvard University Press, 1992.
Caspar R., *Traité de théologie musulmane*, Rome, Pontificio Istituto di Studi arabi, 1987.
Collectif, *Encyclopédie de l'Islam*, nouv. éd., Leiden, Brill-Paris, Maisonneuve et Larose, 1960- (= *E.I.*^{2}), s.v. «Kiyās», «Ḥashwiyya», «Ma'ād», «Ibn Rushd».
Collectif, *Encyclopédie philosophique universelle, Les Notions philosophiques*, éd. S. Auroux, Paris, PUF, 1990, s.v. «aš'arisme», «bāṭin», «dalīl», «ḥikma», «mawǧūd», «mu'tazilisme», «nubuwwa», «šarī'a», «taṣawwur», «taṣdīq», «ta'wīl».
Coulson N.J., *A History of Islamic Law*, Edinburgh, Edinburgh University Press, 1964.
Druart Th.-A. et Marmura M.E., «Mediaeval Islamic Philosophy and Theology. Bibliographical Guide (1986-1989)», in *Bulletin de philosophie médiévale*, 32 (1990), p. 106-135.
Elamrani-Jamal Abdelali, «De la multiplicité des modes de la prophétie chez Ibn Sīnā», in J. Jolivet & R. Rashed (éd.), *Études sur Avicenne*, Paris, Les Belles Lettres, 1984, p. 125-142.

Endress G., «Die arabisch-islamische Philosophie. Ein Forschungsbericht», in *Zeitschrift für Geschichte der arabisch-islamischen Wissenschaften*, 5 (1989), p. 1-47.
Fakhry M., *Histoire de la philosophie islamique*, traduit de l'anglais par Marwān Nasr, Paris, Cerf, 1989.
Frank R.M., *Beings and their Attributes. The Teaching of the Basrian School of the Mu'tazila in the Classical Period*, Albany, State University of New York Press, 1978.
Gardet L. & Anawati G.C., *Introduction à la théologie musulmane. Essai de théologie comparée*, Paris, Vrin, 1970.
el-Ghannouchi A., «La Falsafa face aux pouvoirs religieux et politique de l'époque classique», in Actes du colloque *Défi à la philosophie. Défi de la philosophie*, Tunis 11-17 avril 1988, Université de Tunis, Centre d'études et de recherches économiques et sociales, 1989, p. 179-201.
Gimaret D., *La Doctrine d'al-Ash'arī*, Paris, Cerf, 1990.
Goldziher I., *Die Zahiriten, ihr Lehrsytem und ihre Geschichte*, Leipzig, O. Schultze, 1884.
Huici Miranda A., *Historia politica del imperio Almohade*, Tétouan, 1956-1957.
Jabre F., *La Notion de certitude selon Ghazali*, Paris, Vrin, 1958.
Laoust H., *Les Schismes dans l'Islam*, Paris, Payot, 1965.
Leaman O., *An Introduction to Mediaeval Islamic Philosophy*, Cambridge (G.-B.), Cambridge University Press, 1985.
de Libera A., *La Philosophie médiévale* (Premier Cycle), Paris, PUF, ^{2}1995.
– *Penser au Moyen Âge* (Chemins de pensée), Paris, Éd. du Seuil, ^{3}1996.
Madkour I., *L'Organon d'Aristote dans le monde arabe*, Paris, Vrin, ^{2}1969.
Michot J., *La Destinée de l'homme selon Avicenne, le retour à Dieu et l'imagination,* Louvain, Peeters, 1986.
al-Ṣāleh S., *La Vie future selon le Coran*, Paris, Vrin, 1971.
Touati Ch., *Prophètes, talmudistes, philosophes* (Patrimoines, judaïsme), Paris, Cerf, 1990.
Watt W.M., *History of Muslim Spain*, Edinburgh, Edinburgh University Press, 1965.
Wolfson H.-A., *The Philosophy of the Kalām*, Harvard University Press, 1976.

Études sur la pensée en al-Andalus

Arnaldez R., *À la croisée des trois monothéismes. Une communauté de pensée au Moyen Âge* (Bibliothèque Albin Michel, «Idées»), Paris, Albin Michel, 1993.

Fabre Th. (éd.), *L'Héritage andalou*, (Penser la Méditerranée des deux rives), La Tour d'Aigues, Éd. de l'Aube, 1995.
Goldziher I., « Introduction », in *Le Livre de Mohamed Ibn Toumert, Mahdi des Almohades*, éd. D. Luciani, Alger, Imprimerie orientale P. Fontana, 1903.
Martinez Lorca A. (éd.), *Ensayos sobre la filosofía en al-Andalus*, Barcelone, Anthropos, 1990.
Santiago-Otero H. (éd.), *Diálogo filosófico-religioso entre cristianismo, judaísmo e islamismo durante la edad media en la península ibérica* (Rencontres de philosophie médiévale, 3), Turnhout, Brepols, 1994.
Urvoy D., *Pensers d'al-Andalus. La vie intellectuelle à Cordoue et Séville aux temps des empires berbères (fin XIe siècle-début XIIIe siècle)*, Toulouse, CNRS/PUM, 1990.

Études sur Ibn Rushd

Butterworth Ch. E., « The source that nourishes Averroes's decisive determination », in *Arabic Sciences and Philosophy, a Historical Journal*, vol. 5, n 1, mars 1995, p. 93-119.
Brunshvig R., « Averroès juriste », in *Études d'orientalisme à la mémoire de Levi-Provençal*, I, Paris, Maisonneuve et Larose, 1962, p. 3-68.
Fakhrī M., *Ibn Rushd, faylasūf qurṭuba*, Beyrouth, al-maṭba'at al-kathūlīkiyya, 1960.
Gauthier L., *La Théorie d'Ibn Rochd (Averroès) sur les rapports de la religion et de la philosophie*, Paris, Leroux, 1909 ; reprint Vrin-Reprise, 1983.
el-Ghannouchi A., « La problématique de l'haeccéité et de l'altérité chez Avicenne et Averroès », in J. Jolivet (éd.), *Multiple Averroès*, Paris, Les Belles Lettres, 1978.
Hourani, G.F., « Averroès musulman », in J. Jolivet (éd.), *Multiple Averroès*, Paris, Les Belles Lettres, 1978.
Hyman A., « Les types d'arguments dans les écrits théologico-politiques et polémiques d'Averroès », in *Penser avec Aristote*, Toulouse, Erès, 1991.
Kogan, B.S., « Eternity and origination : Averroes' discourse about the manner of the world's existence », in *Islamic Theology and Philosophy, Studies in Honor of George F. Hourani*, New York Albany, 1984.
Langhade J. & Mallet D., « Droit et philosophie au XIIe siècle dans al-Andalus : Averroès (Ibn Rushd) », in *Revue de*

l'Occident musulman et de la Méditerranée, 40 (1985), p. 103-121.

Leaman O., *Averroes and his Philosophy*, Oxford, Clarendon Press, 1988.

Mahdī M., «Averroes on divine Law and human wisdom», in J. Cropsey (éd.), *Ancient and Moderns : Essays on the Tradition of Political Philosophy in honor of Leo Strauss*, New York Albany, 1964, p. 114-131.

– «Remarks on Averroes' Decisive Treatise», in *Islamic Theology and Philosophy, Studies in Honor of George F. Hourani*, New York Albany, 1984, p. 188-202.

Makkī M.A., «Contribución de Averroes a la ciencia jurídica musulmana», in A. M. Lorca (éd.), *Al encuentro de Averroes*, Madrid, Editorial Trotta, 1993, p. 15-38.

Morata P.N., «La presentación de Averroes en la corte Almohade» in *Ciudad de Dios*, CLIII (1941), p. 101-122.

Mūsā M. Y., *Bayna d-dīn wa-l-falsafa fī ra'y ibn rushd wa-falāsifat al-'aṣr al-wasīṭ*, Le Caire, Dār al-ma'ārif, 1959.

Qāsim M., *Ibn rushd wa falsafatu-hu d-dīniyya*, Le Caire, Maktabat al-'anjlū l-misriyya, 1969.

Turki A., «La place d'Averroès juriste dans l'histoire du malikisme et de l'Espagne musulmane», *in* Multiple Averroès, *Paris, Les Belles Lettres, 1978.*

Études sur l'averroïsme

Asín Palacios M., «El averroismo teológico de Santo Tomás de Aquino», in *Homenaje a D. Francisco Codera en su jubilación del doctorado*, Saragosse, Escar, 1904, p. 271-331 repris in *Huellas del Islam*, Madrid, Espasa-Calpe, 1941, p. 13-69.

Bianchi L., *L'errore di Aristotele. La Polemica contro l'Eternità del Mondo nel XIII Secolo*, Florence, 1984.

– *Il Vescovo e i Filosofi. La condanna parigina del 1277 e l'evoluzione dell'aristotelismo scolastico* (Quodlibet, 6), Bergame, Pierluigi Lubrina, 1990.

Campanini M., *L'intelligenza della fede. Filosofia e religione in Averroe e l'averroismo* (Quodlibet, 5), Bergame, Pierluigi Lubrina, 1989.

Dahan G., «*Epistola Dialogi*. Une traduction latine de l'*Igeret ha-vikuaḥ* de Shemtov ibn Falaqera. Étude et traduction», *Sefarad*, 39 (1979), p. 1-112.

Fioravanti G., «Boezio di Dacia e la storiografia sull'averroismo», *Studi medievali*, 7 (1966), p. 283-322.

Hayoun M.-R. & de Libera A., *Averroès et l'averroïsme* («Que sais-je?» 2631), Paris, PUF, 1991.

Hissette R., *Enquête sur les 219 articles condamnés à Paris le 7 mars 1277* (Philosophes médiévaux, XXII), Louvain, Publications universitaires-Paris, Vander-Oyez, 1977.

Imbach R., «L'averroïsme latin du XIIIe siècle», in *Gli studi di filosofia medievale fra otto e novecento. Contributo a un bilancio storiografico*, Atti del convegno internazionale Roma, 21-23 settembre 1989, a cura di R. Imbach e A. Maierù (Storia e Letteratura, 179), Rome, Edizioni di Storia e Letteratura, 1991, p. 191-208.

von Kügelgen A., *Averroes und die arabische Moderne*, Leiden, Brill, 1994.

Niewöhner F. & Sturlese L. (éd.), *Averroismus im Mittelalter und in der Renaissance*, Zürich, Spur Verlag, 1994.

Vajda G., *Isaac Albalag. Averroïste juif, traducteur et commentateur d'al-Ghazali*, Paris, 1960.

Études de théologie et de philosophie arabo-islamiques à l'époque classique, éd. par D. Gimaret, M.-R. Hayoun et J. Jolivet, Londres, Variorum Reprints, 1980.

935	m. al-Ash'ari.	
950	m. al-Fārābī.	
1031-1060		Henri I roi de France.
1037	m. Ibn Sīnā (Avicenne).	
1051	m. Ibn Gabirol.	
1055	Entrée des turcs saljūqides à Bagdad.	
1060-1108		Philippe Ier roi de France.
1064	m. Ibn Ḥazm.	
1066		Bataille d'Hastings.
1071		Prise de Bari par Robert Guiscard. Fin de la présence byzantine en Italie.
1076		Anselme de Cantorbéry, *Monologion.*
1078		† Michel Psellos.
v. 1078		Anselme de Cantorbéry, *Proslogion.*
1085		Prise de Tolède par Alphonse VI de Castille.
1086-1147	Règne des Almoravides en Espagne musulmane.	
1088		† Berengar de Tours.

1089		† Lanfranc de Pavie.
v. 1093	al-Ghazālī, *Tahāfut al-falāsifa (L'incohérence des philosophes).*	
1094		Prise de Valence par le Cid.
1095-1099		Première croisade.
1106	Autodafé des œuvres d'al-Ghazālī dans les villes de l'empire almoravide.	
1108-1137		Louis VI le Gros roi de France.
1111	m. al-Ghazālī.	
1118	Début de la prédication d'Ibn Tūmart.	
v. 1120		† Eustrate de Nicée.
1124	Fondation de la communauté almohade à Tinmel.	
v. 1125		Abélard, *Ethica.*
v. 1125-1150		Jacques de Venise traduit Aristote en latin.
1126	**Naissance d'Ibn Rushd**.	
v. 1130	m. Ibn Tūmart.	Abélard, *Logica Ingredientibus.*
1137-1180		Louis VII le Jeune roi de France.
1139	m. Ibn Bājja.	
1141	m. Juda Ha-Lévi.	Abélard, *Dialogue.*
1142		† Abélard. † Adélard de Bath.

1147-1150		Deuxième croisade.
1147-1269	Règne des Almohades.	
1147	Prise de Marrakech par les Almohades.	
1150	Établissement de la souveraineté almohade sur al-Andalus.	
1151		† Gundissalinus.
1153	m. ash-Shahrastānī.	† Bernard de Clairvaux.
	Séjour d'Ibn Rushd à Marrakech auprès de 'Abd al-Mu'min.	
v. 1160		Jean de Salisbury, *Policraticus.*
1163	m. 'Abd al-Mu'min.	
1168	**Ibn Rushd, première version de la *Bidāyat al-Mujtahid* («*Début pour qui s'efforce*»).**	
av. 1169	**Ibn Rushd, Petits commentaires sur l'*Organon*, la *Physique* et la *Métaphysique* d'Aristote.**	
v. 1169 (?)	**Présentation d'Ibn Rushd à Abū Ya'qūb Yūsuf.**	
v. 1169-1170	**Ibn Rushd cadi de Séville.**	
1170	**Ibn Rushd, Commentaire moyen de la *Physique* d'Aristote.**	
1174	**Ibn Rushd, Commentaires moyens de la *Rhétorique* et de la *Métaphysique* d'Aristote.**	
v. 1175		Jean de Salisbury, *Metalogicon.*

1178	**Ibn Rushd, *De substantia orbis.***	
1179-1223		Philippe Auguste roi de France.
v. 1179-1180	**Ibn Rushd, *Faṣl al-maqāl* (Discours décisif), *al-Kashf ʻan manāhij al-'adilla* (Dévoilement des procédés de la démonstration).**	
1180		Alain de Lille, *Anticlaudianus.*
1182	**Ibn Rushd médecin personnel d'Abū Ya'qūb Yūsuf.** **Ibn Rushd grand cadi de Cordoue.**	
1184	m. Abū Ya'qūb Yūsuf.	
1185	m. Ibn Ṭufayl.	
1189-1199		Richard Cœur de Lion roi d'Angleterre.
1187	Saladin reprend Jérsualem.	
1190	Maïmonide, *Dalālat al-ḥā'irīn (Le Guide des égarés).*	
1191		Troisième croisade.
1195	**Exil d'Ibn Rushd à Lucena.**	
1198	**m. Ibn Rushd.**	
1199	m. Abū Yūsuf Ya'qūb al-Manṣūr.	
1200		Privilège de Philippe Auguste en faveur des écoles de Paris.
1202		Quatrième croisade.

		† Alain de Lille.
1204	m. Maïmonide.	Prise de Constantinople par les croisés. *Partitio Romaniae.*
1204-1261		Empire latin de de Constantinople.
1210		Aristote interdit à Paris.
1212	Bataille de Las Navas de Tolosa. Progrès de la *Reconquista* en Espagne.	
1214		Bataille de Bouvines.
1215		Statut de Robert de Courçon.
1217		Arrivée des Dominicains à Paris.
1217-1219		Cinquième croisade.
1219		Arrivée des Franciscains à Paris.
v. 1220-1230		Michel Scot traduit Ibn Rushd.
v. 1220-1235		Michel Scot traduit Aristote.
1270		Premières condamnations de la philosophie à Paris. † Saint Louis. Thomas d'Aquin, *De unitate intellectus contra averroistas.*
1277		Condamnation de 219 thèses philosophiques à Paris. Condamnations d'Oxford.